销售就是要
玩转细节

南勇◎著

江苏凤凰文艺出版社
JIANGSU PHOENIX LITERATURE AND
ART PUBLISHING, LTD

图书在版编目（ＣＩＰ）数据

销售就是要玩转细节 / 南勇著. -- 南京: 江苏凤
凰文艺出版社, 2018.6
ISBN 978-7-5594-2218-7

Ⅰ. ①销… Ⅱ. ①南… Ⅲ. ①销售 – 方法
Ⅳ. ①F713.3

中国版本图书馆CIP数据核字（2018）第107549号

书　　　名	销售就是要玩转细节
作　　　者	南　勇
责 任 编 辑	邹晓燕　黄孝阳
出 版 发 行	江苏凤凰文艺出版社
出版社地址	南京市中央路 165 号，邮编：210009
出版社网址	http://www.jswenyi.com
发　　　行	北京时代华语国际传媒股份有限公司　010-83670231
印　　　刷	北京中科印刷有限公司
开　　　本	690×980毫米　1/16
印　　　张	16
字　　　数	240 千字
版　　　次	2018 年 6 月第 1 版　2018 年 6 月第 1 次印刷
标 准 书 号	ISBN 978-7-5594-2218-7
定　　　价	49.80 元

▶▶▶ 第一章
销售从停车场开始

◎ 停车场也是店铺的一部分

◎ "停车场管理"的门道

◎ 环境的"心理舒适度"

◎ 搞定"环境死角"

01 停车场也是店铺的一部分

> 只要有哪个店家能在"停车场"问题上做做文章，哪怕只取得一点点进展，便会异常轻松地脱颖而出，将一项难得的核心竞争力收入囊中。

古人云："蜀道难，难于上青天。"

今人说："停车难，难于登蜀道。"

这种说法或许有些夸张，却也戳中了不少现代中国人的痛点。

也许是中国经济发展太快，超出了大多数人的预想——曾经延绵数十载，名扬世界的"自行车王国"称号犹在耳边，仿佛一夜之间，这个国家便摇身一变，神奇地成了"汽车王国"。这一巨变让所有人措手不及，无论是硬件还是软件都没跟上趟，"开车难，停车更难"便成了大城小镇中最常见的一道风景。

关于"停车难"，相信每一个新旧有车族都有着一肚子的感慨要说，一肚子的苦水要倒。

我也不例外。

这不，就在上周，区区一个礼拜之内，就发生了三件让我闹心的事儿。

周三的晚上，受微信朋友圈一条分享信息的诱惑，和媳妇，开车去一家叫作"天宫火炉"的自助烧烤店吃饭。这一路上遭的罪，那就甭提了。

晚上六点出门，正是车水马龙的时候。交通高峰期的风景无异于"马路杀手嘉年华"，绝对称得上"险象环生"甚至是"九死一生"，这一点相信大家耳熟能详，就不说了。平日里短短二十多分钟的路程，足足走了一个多小时，费尽九牛二虎之力总算来到了烧烤店附近，我俩却更蒙圈了——明明导航仪已经明确告知"到达目的地，导航结束"，可是我们却根本看不见烧烤店的门脸，完全不知道这家店到底在哪儿！

马路边儿是一排或高或矮的建筑物，建筑物前是一片或宽或窄、已然堆满了各种车辆的平地，到底"天宫火炉"那块招牌在哪儿挂着呢？店铺停车场的标志又在哪里？！

极度吃力地来回兜了几圈，还是不明所以，索性将车开到那排建筑物前的平地上——甭管三七二十一，先找个地方停下再说。

老天有眼。刚把车开上马路牙子，我们就发现了一个不起眼的停车位。正当大喜过望的我们想把车顺势塞进去的时候，不知从哪里冒出一个人来，使劲冲我们摆手，大声嚷嚷着"此地禁止停车！"无奈之下，只好摇开车窗向那个人打听烧烤店的位置，对方用手指向一个方向，我眯着眼睛好一通看，才在一排花花绿绿的霓虹灯招牌中勉强看见了那家店的门脸。

没脾气，只好再次启动汽车，在密密麻麻、摆放得乱七八糟的车辆中龟速穿行。路况极差，地上到处都是大大小小的污水滩，到处都是各种各样的垃圾和数不清的碎石块。门脸已然近在眼前，忽然车身一震，左前轱辘陷进一个大坑里，底盘被一块石头剐蹭了一下，发出"刺啦"的刺耳声响，我不禁在心里暗骂一句"真晦气！又是一道疤！"

来到店前，我们又蒙圈了。还是没法停车！不是有没有车位的问题，而是根本不存在"车位"这个东西！地上既没有指示牌，也没有任何白线，已然停在那里的车辆全部都是见缝插针、歪七扭八，没有一丁点章法。这可怎么办？！

好在运气不错，当我们赶到时，有辆车正试图离开那里，让我们看到了一点希望。可问题是，那辆车怎么才能离开，我们又怎么才能进去？！店铺与停车场之间，几乎已经没有什么空当可言，更何况店门口还停了一大堆自行车，空间便更显狭窄，这种情况，说是"单行道"都有些勉强，如何能够错车？！

无奈之下，只好冒险倒车。总算让出了那辆车，来到了空位前，我却再一次傻眼了：那个空位，至少有三分之一是个大坑不说，如果把车停进去，车屁股会有一半暴露在后面车辆的出车路径上，换言之，只要后面的车驶离，很有可能剐蹭到我们的车！可是如果不完全停进去，车头就会暴露在前方的空当里，同样有被剐蹭的可能。

又费了一番劲儿，在反复权衡下小心翼翼地将车停好。下车后我和媳妇两个人围着车转了三圈，心里却还是不踏实。

那天晚上的饭吃得要多别扭有多别扭。席间媳妇一个劲儿地催我出去看看，确认一下情况，尽管她也明白这种"确认"毫无意义。我虽然装作一副不在乎的样子婉拒了她，可是心思却始终留在停车场，始终惦记着我们的爱车。

……

这一周的周六，我俩又带着孩子来到市内某大型购物中心消遣。这一次，我们将车停进了地下停车场。到底是高档购物中心，停车场的现代化程度不是一般停车场可以比拟的，难得享受了一次完美的停车体验。可是一下车，还是蒙圈了。这是一家世界知名的顶级购物中心，规模实在太大，光地下停车场的面积，感觉就能和北京的"鸟巢"有一拼，可问题是，我们怎么才能进入购物中心？路在哪里？电梯在哪里？

坦白说，停车场里的硬件设施是一流的，各种指示牌多如牛毛，也异常详尽。可问题恰恰出在这里，这么多的标识牌，反而把我们彻底看晕、搞蒙了，完全一头雾水，不明就里。于是只好向另外的车主打听，可得到的答案居然是：我们也在找，也正蒙着呢！

无奈之下，只好四下张望，希望能看到工作人员的身影。可是举目四望良久，那可爱的身影却一个也没见着！

心灰意冷的我们只好像无头苍蝇一样在停车场里漫无目的地行走，心里暗暗祈祷奇迹的发生，而奇迹也真就发生了！我们看见了一个穿着制服的工人（洗车工或者是维修工）！

大喜过望的我们赶紧抓住他问路，得到的回答却依然是：不知道！

……

当我们费尽周折，终于进入花花绿绿、灯火辉煌的购物中心大卖场时，时间已经过去了至少二十分钟。好不容易从昏暗阴冷的地下来到光明温暖的地上，我们的兴致却怎么也提不起来。

几个小时后，当一家人踏上归途时，又遇到新的麻烦。

可能是由于出口处的队排得太长，我们前面的车有些不耐烦，居然开上了入场道，结果把入口给堵死了。后面的车也见猎心喜，有样学样，一拥而入占领了入场道，然后无一例外地全部塞在入口处动弹不得。车子进不来，入场车在马路上大排长龙，又堵住了出场车的去路。这下可好，所有的车子出不去也进不来，全都僵在那里。两边的队伍越排越长，让排在前面的车想掉头回去都没可能，两条长长的车龙不但瘫痪了整个停车场，也堵死了半条马路。

每个人都指望能有人出来管一管。管他是谁，警察也好，保安也罢，其他什么岗位的工作人员也行，总之，局面已经发展到这一步：必须有个大活人跳出来，做点什么，也许才会有一线生机。

可是，二十分钟过去，半个小时过去，始终没有任何人出现。耳际只能听见此起彼伏的汽车喇叭声和驾驶员焦躁的谩骂声……

我实在忍不了了，从车上跳了下来，运用自己在国外学过的交通引导技术，一边扯着脖子猛喊，一边试图打开一个缺口。

五六分钟后，我成功了。堵住入口处的第一辆出场车在我的引导下，在入场司机们的谩骂声中，终于无比惊险地和排在最前头的入场车擦身而过，总算撕开了一个小小的豁口，两边的车龙终于可以缓缓而动了。

有惊无险地闯出这"一字长蛇阵"，我和媳妇都长长地松了一口气。

常言道："一朝被蛇咬，十年怕井绳。"有了这次教训，估计以后这家购物中心我们是不太敢来了。

回家的路上，我们经过一家专营某欧系豪车品牌的4S店，平日里爱车如命的媳妇想进去逛逛，开开眼界。在入口处，看见了一片大水潭（面积大概能有一个停车位那么大），旁边竖着一块牌子，上面有几个大字：此处有积水，请绕行。大字下面还有一排小字：对于给您造成的不便，我们深感歉意。由于头天晚上下过一场大雨，马路上有积水本身不新鲜，但这块牌子激起了我的兴趣：照我的目测，这点积水只需要两个人、两把铁锹、两个水桶，用不了十分钟时间便能清理干净。这么点事儿，居然要靠竖个牌子来处理，真不知店家是怎么想的！

入场之后，我们再一次碰到令人头痛的停车问题。由于是周末，来店的客人很多，场内车满为患，转了好几圈都找不到车位。无奈之下只好求助于门口的保安。

保安低声咕哝了一句，一脸不情愿的模样，扭扭捏捏地进了展厅。约莫过了七八分钟的样子，展厅里走出几个穿西装、打领带的小伙子，看上去好像是公司内部的员工。但见他们一头钻进停车场，不一会儿的工夫，几辆车子开了出来，开到展厅侧后方的一片窄小逼仄的空地上停下。这时我才意识到：原来，是工作人员的车辆占了顾客的停车位！我定睛一瞧，依稀看见那片空地上用白漆刷着"员工停车位"的字样，只不过随着雨打风吹，白漆脱落得厉害，字迹几乎已经无法辨认。

显然，这家店的员工随意占用顾客停车位已然成了常态。理由很简单：说到底，还是顾客停车位使着舒服。因此，不到万不得已，没人愿意把自己的车停到一个阴暗窄小的角落里。

店家把最佳位置留给顾客，把条件较差的位置留给自己的员工，既是一种常识，也是对顾客的一片心意。只不过老板的"好心"和业界的常识全都让员工当成了"驴肝肺"。这样的"好心"，我也是哭笑不得。

尤其联想到这家店经营的是世界知名的欧系奢侈品牌，其管理素质居然低下到如此程度，实在是令人咋舌。

事实也证明我的判断是正确的。我们一家人在那家店的感受并不愉快，进去之后待了不到半个小时就出来了。回家的路上媳妇还一个劲儿地碎碎念，抱怨这个，抱怨那个，啰唆个没完。

总之，好好的一个周末，都被这一连串的不快经历给毁了。

相信这几个案例中的情况，很多人都或多或少经历过，甚至许多人有可能已经见多不怪，但是，它们所蕴含的商业含义，却绝对不可小觑。

让我们回到商业的原点。

商业是什么？卖的是商品，还是服务？

答案显然是后者。

那么，服务又是什么呢？

是顾客的感受，顾客的心情。

所以，所有的商业从本质上讲都是服务业，所有的服务业从本质上讲售卖的都是顾客的"感觉"。感觉好，一切都好说；感觉不好，一切免谈。

所谓"有钱难买我乐意"，说的就是这个意思。

显然，在"停车场"这个问题上，绝大多数商家都将其与自己的本业做了下意识的切割。在他们的心里，停车场是停车场，店铺是店铺，这是两码事。停车场是"外面"的事儿，店铺才是"里面"的事儿。做生意只需把"里面"的事儿搞定就行，至于"外面"的事儿，我管他呢！

这真是一种可悲的思维方式。既然停车问题已经给各行各业的顾客群体带来如此之多、如此之大、如此之深的困扰，对其视而不见，完全无视顾客的感受，所谓"商业"，所谓"生意"，又从何谈起呢？

所以，改变思维，就是现在。

一句话：停车场也是店铺的一部分，甚至是"店面"的一部分。

从今天开始，必须把这句话印在脑子里，刻在皮肤里，写进 DNA 里。

也许有人不服气：这种情况能怪我们吗?! 谁知道中国这么快就从"两轮王国"变成了"四轮王国"，各种硬件跟不上趟不说，人们的素质也成问题。现如今的人们虽然开上了汽车，脑子却还停留在自行车时代，把汽车当自行车开，想怎么来就怎么来，想往哪儿开就往哪儿开，管你什么秩序，管你什么互谅互让，管你什么交通常识，老子天下第一，只要自己痛快就行！可问题是，每个人都这么想，这么做，结局就是一个大大的悲剧，就是大家都倒霉，大家都晦气。这就是现状，走到哪儿都一样，和我们店家有什么关系？我们店家再怎么努力，再怎么和现状死磕，难不成还能扭转整个环境?!

这些话说得有点道理。大环境如此，确实容易让人产生一种莫名的无力感。不过，如果换个角度想想，恐怕情况便会大为不同。

俗话说："危机危机，危中有机。"正因为大环境如此，店家的立场反而有了特殊的用武之地，完全可以有所作为，甚至大有作为。

理由很简单。

所谓"大环境"，就意味着大家彼此彼此，每家店的处境都差不多。这种局面会带来两个好处：第一，无所作为，甚至根本没有意识到自己可以"有作为"的店家将是绝大多数；第二，顾客也在一定程度上被动地适应了这种局面，甚至表现得有些麻木。

这意味着什么?

意味着机会，特殊的机会。只要有哪个店家能在这个问题上做做文章，哪怕只取得一点点进展，便会异常轻松地脱颖而出，将一项难得的核心竞争力收入囊中。

那么，这看似杂乱无章的"停车场管理"环节中，又有哪些文章可做，哪些门道可循呢?

且听下文分解。

小结

停车场也是店铺的一部分，甚至是"店面"的一部分。

02 "停车场管理"的门道

"做生意"和"懂生意"真的是两码事;"搞专业"和"懂专业"也真的是两个不同的概念。

必须承认,在停车场管理这件事上,现如今逼仄的大环境确实给店家带来不少困难。这也是实情。不过,只要肯下功夫,善于思考,勇于尝试,想出一些行之有效的招数来,还是完全有可能的。

下面,就让我们来探讨一下这个问题。

其一,专人负责。

"专人"这两个字有两方面的意思,一个是广义的,一个是狭义的。

狭义:停车场本身需要专人负责。

广义:所有公司员工都对顾客的停车事宜负有责任。

先说说前者。

既然中国已经成了"汽车王国",那么,店家的意识也必须向这一国情看齐,至少是靠近。在西方国家,"入店"这个概念,是从顾客把车开进"停车场"那一刻算起的;换言之,"停车场也是店面的一部分","帮助顾客停车也是'店内服务'的一部分",这样的观念已经深入人心,成为一种常态,一种常识。这才是真正"专业"的态度,否则就是典型的"不专业""门外汉"。

这一点,显然需要服务行业整体进行一场彻底的意识革命。

总之,该花的钱就得花,该请的人就得请。中国已经发展到这个时代了,所谓"时不我与",如果不想被时代淘汰,就必须改变自己。

其实，公平地说，现在不少商家都已经在停车场配置了专职的引导人员，一般情况下，这一岗位都由保安员兼任。

问题在于，这些人的表现实在难称"专业"。

最起码，态度就是一个问题。

有几个停车场的引导员或保安员会给顾客好脸色看？

有几个引导员或保安员在顾客面前不是板着一张扑克脸，或者干脆一脸愠色，动辄对顾客大呼小叫甚至厉声呵斥？

有几个引导员或保安员在引导顾客泊车前或在顾客下车之后能面带微笑，热情地跟顾客说一声"欢迎光临"？

也许我所在的城市太小、太老土，起码我是没怎么见过。

不仅如此，在处理各种突发情况时，我所看到的场面也很令人失望。比如说，在停车场出入口处大排长龙、堵塞不堪的时候，我经常看见长龙的尽头站着一两个保安员，看似在"维持"秩序，其实却无所作为，就是一个人直愣愣地跟那儿站着，摆一个样子而已。

这样的工作态度，实在让人无语。在我看来，他们非但不是秩序的维持者，相反本身成了秩序混乱的诱因；非但没有帮到顾客，反倒成了顾客的麻烦。感觉来往车辆在路过他们身边时还得小心一点，否则很有可能剐蹭到他们。

显然，对这些商家而言，尽管配置了专人负责，却依然没有做到"停车场就是店面的一部分"这一点。也就是说，停车依然是"外面"的事儿，和"里面"无关。只要没进到"里面"，顾客的死活都不关我事，谁还顾得上顾客的心情？

这种"外面是鬼，里面才是人"、"外面是孙子，里面才是大爷"的心态，不知伤了多少顾客的心。

所谓"反省"，必须要从"态度"开始。

想起了自己在国外的一段打工经历。

我在日本留学的时候，曾经在一个交通引导辅助机构（一家民营企业）打了近六年的工，亲身领略过什么叫作真正的"专业"。

这家公司的工作内容很简单——和交通协警不一样，我们只接商业机构（大型商场、购物中心、娱乐中心等）的活儿，在周末或节假日交通压力骤然升高的时候出工，协助其维持停车场的秩序。

尽管不是正规的交警或协警，我们的专业程度却一点也不亚于他们。

首先，这种专业体现在行头上。大檐帽、专业的制服、电子指挥棒，一样都不少。

其次，这种专业体现在行为规范上。要想上岗，必须经过严格的培训。身体的姿态、手部的动作、语言的使用都有一套明确的规定，任何一个细节出现纰漏，都有丢掉工作的危险。

最后，这种专业体现在服务意识和服务态度上。每一辆顾客的车开进停车场，我们都要在引导完毕，顾客步出车门的那一刹那面对顾客大声呼喊"欢迎光临！"（いらっしゃいませようこそ！）每一辆顾客的车离去的时候，我们也要在引导完毕之后冲着逐渐远去的车屁股深深鞠躬并高声致礼：感谢您的每一次光临！（毎度ありがとうございました！）

由于商业高峰时间段的停车场车多、人杂、噪声大，我们的嗓门必须要洪亮，感情必须要充沛，只有这样，才能将我们的存在感，将我们的一腔热情准确完整地传递给顾客。这是最起码的要求。

不止如此，对于所有合作店家，我们还必须了解人家的一些基本经营情况，以便随时为来店顾客提供相应的咨询服务。对我们而言，"不知道"这三个字是绝对的禁语，这一条既是潜规则也是明规则。这就意味着，只要有顾客向我们寻求帮助，那么为其解决问题这件事便成了我们的责任。即便自己解决不了，我们也将对这件事负责到底，动用一切资源，想尽一切办法帮助顾客，一直到他们的问题得到圆满解决为止。换言之，只要顾客找到了我们，他们便找到了"终点"。其他的事都是我们的事，从此与顾客无关。

与此同时，我们还承担了一大堆店家的琐事：比如说停车场的清洁、购物车的回收、迷路儿童的关照等事宜，都是我们的工作。

这些事看似细小、简单，把它们全部做好、做到位却并不容易。需要每一个一线人员具有极高的情商、极强的观察力、极快的反应力、极利索的动手能力。从另一个方面来说，当所有这些琐事与细节都能得到较为认真的对待以及较为圆满的处理的时候，店家的档次、顾客的购物体验提升得可不是一星半点，那可是"几何量级"的改善。

日本在服务质量方面的口碑，就是这样一点一滴地做起来、积累起来的。

回国后，曾经有许多人无数遍地问过我：日本人在管理上到底有什么秘诀？

我的回答总是同样的一句话：没有什么秘诀。就是把小事、琐事做好而已。做到这一点，就叫"专业"。

专业的人做专业的事。就这么简单。

说完了狭义的"专人"，再来聊聊广义的"专人"。

这个"广义"，是"公司一盘棋"的概念。无论你是谁，你的岗位是什么，只要你是公司的员工，就有义务为顾客提供最佳的服务，有义务让顾客获得最好的体验。这也是一种"专业"精神。

这就意味着，只要停车场发生重度拥堵，店内的任何人员，哪怕有一点点空闲，或有条件创造一点点空闲，都有义务在第一时间冲出来，为顾客提供热情而优质的引导服务。

不要用"术业有专攻"的大道理或所谓"分工"的理论来为自己找借口。在现代职场中，除了"分工"之外，"合作"也是一种基本职业素养。任何一本管理书籍都会提到这一点。将"分工"与"合作"割裂开来的想法本身就是荒谬的，不专业的。

因此，哪怕你就是一个维修工或洗车工，哪怕你就是一个公司会计，日常工作与"待客"无关，在遇到特殊情况时，或者哪怕仅仅是偶尔路过，见到了顾客时，都必须瞬间调整自己的角色，将"待客"二字放进你的意识里，体现在你的行动上。

换言之，甭管你是谁，只要你是公司的员工，身上穿着公司的工装，在见到顾客的时候必须止步，然后热情地向顾客打招呼。只要顾客有任何疑问或困扰，你都必须无条件予以解决或协助解决，绝不可擦身而过或者视而不见。

这才是做生意的姿态，这才是专业的态度，这才是真正的职业素养。

这一点，在西方国家早已成为常识、蔚为风气，相信愈发频繁地走出国门的国人，对此应该有所感悟。

说到这里，又想到一个有趣的案例。

前一阵去一家小区附近的路边小店吃饭，看到了这样一副光景：时值中午，那条本就不宽的马路被来往的汽车塞得满满的，堵得死死的。于是，一个"奇观"出现了：这边厢，马路上各种车辆大排长龙，寸步难行，鸣笛声、咒骂声不绝于耳；那边厢，马路两旁的各家食肆、餐馆和商铺客人寥寥，工作人员无所事事，居然都站在店门口或干脆跑到路边看热闹，却没有一个人愿意站出来，帮着维持一下交通秩序。

这种场面真是令人不可思议。

那些堵在路上的汽车里，肯定有不少自家店铺的客户啊！

客户进不了店，自己就赚不到钱。这种时候，居然不着急，不想着做点什么，而是一副"看热闹不怕事大"的心态，这生意还怎么做?!

这个场面再一次雄辩地证明了一个道理："做生意"和"懂生意"真的是两码事；"搞专业"和"懂专业"也真的是两个不同的概念。

看来，有些人是需要好好反省一下了。

其二，提供便利。

要不惜一切代价，尽最大努力为顾客提供泊车便利。

首先，你要有指示牌。而且指示牌的数量、种类、摆放位置、字迹大小，甚至牌子和文字的颜色，都要方便顾客辨认，方便顾客领会。如果采用图示，则必须标准、必须简洁明了，绝不能过于烦琐、矫枉过正。要知道，顾客是普通人，不是专家，没有义务在最短时间内掌握你的专业知识，而你却有义务在最短时间内把握顾客的真实意图，满足顾客的基本需求。这才是一种"服务"

的心态，而不是一种"教育"乃至"教训"的态度。

其次，你要在地上画上白线和方向指示标记。

白线意味着"秩序"，意味着安全，意味着管理效率的提升以及管理成本的降低。

没有白线的停车位最令顾客头痛。一来不安全，二来也容易造成混乱。

特别需要指出的是，有些店家确实在停车场上描画了白线，可问题是这种行为往往是一锤子买卖，一旦画上店家便彻底撒手不管了。任凭日月流逝，风吹日晒，白线日渐斑驳，愈发难以辨认，直至最后消失不见。

这样的画线行为形同虚设，是没有任何意义的。所以，重点不在于"画线"这个动作本身，重点在于让顾客"看见"你画的线。而且还是"清晰"地看见。

为了做到这一点，"画线"应该变成一种日常行为，需要经常补画，确保白线的清晰度甚至是美观度。

这样做还有一个好处。那就是借助这个细节，能够充分体现店家的经营素养和管理素养。

就好像一个长期不洗脸、不梳头的人会显得不精神、很邋遢甚至很落魄一样，斑驳凌乱的线条也会让店家显得很落魄甚至很破败，给人一种"江河日下"、"生意不旺"的感觉（即便真实情况未必是这样），至少第一感觉会如此。

尤其是停车场，这是店家与顾客产生的第一个接点，是顾客对店家形成第一印象的第一个环节，因此其意义绝对不可小觑，怎么形容都不过分。

最后，停车场一定要清洁、整洁。

所谓"5S 管理（整理、整顿、清洁、清扫、素养）"，绝不是从店内开始，而是从店外开始，从停车场开始。

场内不可以有垃圾，更不可以有污水、砖头和石块。

往极端里说，一个烟头，甚至是一张碎纸片，都不可以有。

换言之，场地条件不一定多优越、多高级，哪怕不是大理石地面，哪怕只是彻头彻尾的硬土地面，只要你能做到绝对的干净、整洁，就会立马显得上档次，立马给人一种秩序井然、高素质的感觉。

当然，过分的坑坑洼洼也不行，尽可能做到平整，既是美观的要求，也是安全的要求。一般来说，做到这一点并不难，难就难在意识上的改变。

说到停车场的清洁状况，我感到很感慨。

我经常看见马路旁的店家里走出一个员工，手里端着一个大盆，一抬手将盆中的脏水泼在店前的停车场上；也经常能见到在门口搞卫生的店员，打扫完毕之后将垃圾堆在店门口或停车场的某个角落，再将扫帚或簸箕压在上面，然后一转身，若无其事地回到店里。

这样的场景，不知让顾客看在眼里，会是什么感受？这不是明摆着毁自己的店，属于典型的"砸店"行为吗？自己砸自己的店?!

这些行为让顾客看在眼里会怎么想？让顾客踏着脏水和垃圾进店？让顾客把自己的爱车停在脏水上、垃圾旁？还是说，你压根儿就不欢迎顾客来店，想把顾客像脏水和垃圾一样泼出去、扫出去?!

真是够了！

这种现象不得到根本的扭转，则服务行业无望矣！

这要是在国外，如果有哪个店家的员工敢做出这种行为，被老板开除八百回都不冤！

我在日本留学、生活八年，无论是大街小巷、大店小店、高端店低端店，我见过的所有店家，其店前停车场的干净、整洁程度都令人咋舌，几乎堪用"艺术品"一词来形容。

那里的停车场，所有的白线好像都是当天早上刚画过似的，无比洁白、无比清晰、无比整齐，连刷子分叉的痕迹都看不见，更不要说四处飞溅的漆点子了。

场地里的清洁度就更不用说了。不要说烟头的痕迹，更不要提碎石砖块，人家的地面上几乎连一片落叶，一个碎纸片你都找不着。

不夸张地说，来到人家的停车场，你都会有下车后立马换拖鞋的冲动。

当然，我们的条件不如人家，也没有必要达到那么高的标准，但是，起码的干净整洁，一定要做到，也一定能做到。

不要拿"大环境"做借口，更不要拿"国情"或"国民素质"说事儿，你硬件赶不上人家，软件还赶不上吗?! 清洁整座城市你做不到，清洁自家门口的一亩三分地还做不到吗?! 全体市民你改变不了，自家员工你还改变不了吗?! 你店里才几个人，就有这么吃力?!

如果国人真想和日本人叫叫板，真想让外国人高看一眼我们中国人，就请从自己做起，从自家店面做起，从停车场做起，从最起码的"干净整洁"做起。

也许许多店家不以为然，认为停车场"寒碜"点儿无所谓，只要店面干净整洁上档次，"高大上"就行了。这样的想法是错误的。真正的"高大上"往往体现在那些多数人不注意的小处（细节）上，而不是多数人都注意的大处上。

举个例子，为什么我们到国外旅游的时候总觉得人家比我们先进，比我们发达，比我们"高大上"？是因为"大处"（基础设施）比我们好吗？非也。事实上，现如今我们中国在基础设施和城市面貌方面已经丝毫不输于西方国家，甚至有过之而无不及了，可为什么许多国人还是会有我们不如人家发达，不如人家先进，不如人家"高大上"的感觉呢？无他，全部是细节，差异全都在小处上。

归根结底，这还是一个"意识"问题。

讲一个例子。

让我们拿现如今在中国发展得如火如荼的游乐场行业说事。

我去过许多国外的游乐场，也逛过许多国内的游乐场。针对其中的一个细节，有种感受积压很久，不吐不快。这个细节与"刷漆"有关。

我一直想不通，为什么国内的许多游乐场在硬件上极尽奢华，已然能甩国外几条街了，却搞不定一个小小的"刷漆"环节?!

好好的游乐场，那么高档的硬件设施，为什么偏偏把本应成为装点门面最关键环节的油漆刷得那么潦草，那么随意?! 那么多艰难复杂的工程都熬过来了，为什么单单搞不定这至关重要的"临门一脚"?!

无论是地上的漆，还是墙面的漆，抑或是各种各样边边角角的漆，甚至是游戏设施身上的漆，鲜有不刷得歪七扭八的，鲜有刷子的痕迹不纤毫毕现的，鲜有不分叉的，鲜有不把漆点子溅得到处都是的……

一言以蔽之：别人是"金玉其外，败絮其中"，我们可好，反着来，成了"金玉其中，败絮其外"了！

国内的刷漆匠就真的这么差劲？国产的油漆就真的这么劣质、这么老土？

恐怕不是，至少不全是。问题肯定出在管理层上，真正"老土"的肯定不是油漆质量，也不是刷漆匠的手艺，而是管理者的意识。

之所以国内的游乐场无论投入多离谱的巨资，无论搞出多大的动静也始终给人一种"土老帽"的感觉，真正的原因恐怕在这里。

也许有些店家还是不以为然。他们会认为顾客对这些"小节"不在意，这些琐碎的地方粗糙点儿，并不会影响顾客对自家店的观感，更不会影响自己的生意，所以没必要大惊小怪、小题大做。

诚然，一般来说，除非那些特别敏感，特别吹毛求疵的顾客，没有人会"在意"这些小节，或至少没有人会真正抱怨乃至投诉这些小节；可问题是，不在意、不抱怨、不投诉不代表没感觉。这是两码事。从商业的逻辑上说，顾客对店家的感觉，对服务品质的感觉是一个"系统工程"，亦即这种感觉是由无数小细节、小感受构成的。有一个量变到质变的过程。换言之，即便一两个小细节与小感受无所谓，但是积少成多就"有所谓"了，就会构成顾客对店家的第一印象乃至最终印象，而这种印象一旦形成便很难纠正，具有极为顽固的不可逆性。这就意味着无论事后店家再如何努力，也很难扭转顾客的印象，很难让顾客回心转意，从而对店家的生意造成致命的、不可逆的终极影响。

这就是商业的逻辑，商业的本质。既然要做生意，不懂这一逻辑是荒谬的。

其三，亲疏有别。

顾客停车区与员工停车区一定要分开，并且予以明示。

员工停车区的条件可以差一些，偏僻一些，狭窄一些；而顾客停车区的条件则必须好一些，方便一些，宽敞一些。不止如此，这两个区块都必须用文字明示出来，可以树招牌，也可以用白漆刷在地面上，如果有条件的话，甚至可以将两个停车区整体涂上不同的颜色予以区分，不但要确保明晰，还要力求醒目。

这样做，其实是在心理学上要了一点小花招。等于鲜明地向顾客亮出了"取悦"的姿态，尽管有些露骨，却能收到奇效。因为这就意味着，顾客的与众不同和尊贵身份，从他们将车辆驶入停车场的那一瞬间便被确认，而且这种身份的确认，将贯穿他们在店内逗留期间的整个过程。

俗话说："人心都是肉长的"，"礼多人不怪"。对于这样的厚待，相信平时再钝感的顾客也会有所感觉，平时再不拘小节的顾客也不会心生厌烦。

既然我们天天喊"顾客是上帝"，天天嚷嚷着要让顾客享受"最尊贵的服务"，那么显然，这种奢侈的待遇应该先从停车场开始。

想当初我在汽车圈混的时候，不仅要求旗下所有经销店必须无条件做到上述"亲疏有别"的细节，而且在炎热的夏季，还会要求工作人员主动为顾客的车辆罩上车衣。

我始终认为，把工作做到这种程度，才称得上真正的"细致"，真正的"专业"。

需要强调的一点是，这些做法不仅对那些"高富帅"的潮店或奢侈品店适用，那些"矮矬穷"的路边小店也照样能用。

几桶油漆的事儿，花不了多大的成本，费不了多大的劲儿，店家的用心程度却很有可能感动顾客，令顾客对店家刮目相看。

不错，不起眼的路边小店也这样做，可能会招致某些人的不屑乃至嘲笑。不过这也没关系，即便是那些嘲笑你的人，也不会因为自己被"过度尊重"而对你产生不满。你只需盯着自己的生意就行，个别人的眼光大可不必放在心上。

另外，还有一点需要特别注意。

划分顾客停车区的时候，切勿对顾客的高低尊卑再做进一步的划分。换言之，不建议采用单独划出所谓"VIP停车位（区）"的做法。

现在有些店家，尤其是售卖奢侈品牌的高档店，有采取这种方式区分顾客等级的情况，不过这种方法显然是不可取的。

一言以蔽之，对店家而言，所有的顾客都是尊贵的，无论他们买多买少、买贵买贱。对待顾客的态度，必须是一视同仁。这是服务业最起码的要求。给顾客打标签的行为绝对是行业大忌。

有些人可能会不以为然，他们会提出这样的质疑：你说的这也太不靠谱了！服务行业怎么不能划分高低贵贱？服务行业的高低贵贱比比皆是好吗？高铁上的座位是不是分着等级？飞机上的舱位是不是分着等级？就连火车站的候车区都有等级之分！不分等级，你怎么搞服务业？！

诚然，这些都是实话。问题在于，空间性质不同，所以带给顾客的心理感受也不同。

具体地说，火车站候车区很大，即便有个"特区"偏安一隅也不会给人潮如织的候车大厅带来"尊卑有别"的明示或暗示。换言之，大多数候车者在这个广大而嘈杂的空间里是没有闲暇关注乃至感受这种区别的；飞机里的舱位安排也一样。不同档次，不同价位的客舱有着先天的封闭性，彼此互相隔离，并不会在所有乘客面前赤裸裸地展示"尊卑有别"的待遇。

没错，现如今的服务业，依靠种种"金卡""银卡""贵宾卡""VIP卡"对服务对象和服务内容划分等级的营销管理方式比比皆是，可这些方式无一例外地具有一定的封闭性和隔离性，甚至具有某种私密性，换言之，这样的服务方法极少以明显的方式，在大庭广众面前赤裸裸地展示出来。兜售这种服务的时候也许很大众，可实施这种服务的时候绝对很小众。这一点，相信每个现代人都或多或少有些经历。

停车场则不同，它太缺乏封闭性和隔离性，因此太直观、太露骨、太咄咄逼人，在这样的地方对顾客划分高低贵贱，无疑是一种挑衅，甚至是一种公开的羞辱。优待个别人，得罪更多的人，显然称不上"上佳之策"。

当然，赤裸裸地展示差别的设施和制度安排也存在，不过一般情况下所有这些设施与制度安排都有着较长的历史，已经成为一种文化烙印烙嵌在人们的潜意识里，让人们习以为常、见多不怪。显然，这样的文化并不容易复制，并不适合"初创"，因此，贸然引进是要冒巨大风险的。

其实，即便是这些人们已然习以为常的"差别"以及"被差别"现象，如果处理不当或某种特殊环境使然，也会招致人们的反感，甚至会引发人们的愤怒。

比如说，机场的所谓"绿色通道"安排，在某些具体细节的操作上便饱受社会各界，尤其是底层民众的诟病。直到今天其实都是有争议的。可人家那是公共基础设施，咱们管不了，自己的店面，自己的生意，还是别找这样的麻烦了。

有一个例外。在日本，各种设施和店家的停车场都会安排专用的残障人士停车位，不过，这样的安排显然与"尊卑有别"无关，完全是一种福利制度，因此不会给多数顾客造成不良心理暗示。

这是题外话，这里便点到为止，不再赘述了。

其四，代客泊车。

在中国目前的汽车生态下，泊车成了一个大问题。尽管在各种险象环生、千钧一发的状态下泊车已经成为一种常态，早已见多不怪，依然有太多的人对这种情况感到无比头痛。

这就是机会。如果你能帮助顾客解决这一难题，你将拥有一项别人所无法比拟的核心竞争优势。

显然，"代客泊车"就是一个颇具价值的解决方案。特别是在交通高峰期、夜晚或者环境条件较为复杂恶劣的情况下，如果能享受到代客泊车的服务，对于顾客，尤其是驾车前来的女性顾客来讲简直称得上是一种解放，一种奢侈。

遗憾的是，尽管这项服务的诸多好处并不难想到，敢于在实际业务中践行这类服务的店家却是少之又少。究其原因，无非是怕承担风险——动顾客的车可不是一件小事！万一把车剐了碰了，这个责任我可担不起，这份钱我也赔不起！

理解。有这样的想法很正常。可是不知这些店家想过没有，恰恰是这份担心，这种风险，本身也意味着一个巨大的机会？

在经济学当中有这样一个概念，叫作"风险互换交易"——把你的风险（或潜在风险）转让给我，但是要为此付费。对你而言，甩掉了一个烫手山芋，无险一身轻；对我而言，尽管到手的是一个烫手山芋，却能得到钱。如此各得其所，互利共赢。

代客泊车就是这样一种交易——把顾客的风险转嫁给店家，固然会增加店家的风险，可与此同时，顾客所获得的释然感却会成为店家的一个极大的加分项，为店家创造大量的潜在价值。显然，这也是一种"双赢"的状态，店家并不吃亏。

就好像在职场中总是抢着干别人不愿意干的活更容易获得老板的青睐一样，天下鲜有没有回报的付出。从这个意义上讲，"有风险""没人愿意干"，这些因素全是好东西，因为它们为你创造了大量潜在的获利机会，你应该对此报以感恩之心，趋之若鹜才对，而不是相反。

顺便说一句，名闻遐迩的"海底捞"就是这么干的，很多年前便开始推行代客泊车服务。

表面上看，这家店似乎很傻，在做一件得不偿失的事情；殊不知，正是这样一点一滴的积累，成就了海底捞超高的顾客满意度和超强的企业 IP（口碑，社会形象等无形资产）值，让海底捞成为中国餐饮业的一个巨无霸，几乎拥有了碾压性的竞争优势。

当然，风险确实存在，这一点无须讳言。既然有风险，也当然需要得到妥善的预防和处理。

给大家支上一招。不妨这样做：

可以把剐蹭顾客的车辆作为一种经营风险，将其转嫁给保险公司。也就是购买所谓的"经营险"。与此同时，一旦出现问题，除了照价赔偿之外，作为歉意的一种表达方式，还可以发给对象客户一张"终生优惠卡"。这张卡的好处在于，无论店家在此后的岁月中是否搞优惠促销活动，也无论这样的活动力度有多大，持卡者可终生享有在店家当期最优惠价格的基础上再打一个折扣（比如说八折）的权利。不止如此，这样的权利还可以在对象客户的朋友圈中实现共享，无限延伸。具体地说，只要任何一个人能够说出持卡客户的任何一条有效信息，均可享受相同（或相近）的优惠条件。

这样一来，坏事就会变成好事。通过这个小事故，店家不但能够交到一个朋友，锁死一个客户，还能够牢牢地锁住这个客户所有的亲朋好友。

所谓"不打不成交"，就是这个意思。

小结

"风险""没人愿意干"，这些因素全是好东西，因为它们为你创造了大量潜在的获利机会，你应该对此报以感恩之心，趋之若鹜才对，而不是相反。

03 环境的"心理舒适度"

"抬高别人,放低自己"与人权无关,只与情商有关。

这既是做人的规矩,也是服务行业的常识。

现在,让我们来谈谈"店面环境"的问题。

从停车场来到店里面,无论是顾客还是店家,都将面对生意场上的终极对决——商务谈判(以下简称"商谈"或"谈判")。

显然,为商谈营造一个良好的外部环境,对整个谈判过程以及最后的成交,都有着决定性的意义。

那么,如何做才能获得一个合格的商谈环境呢?

需要做到如下几点:

其一,重视"配角"。

如果把店面比喻成一个舞台,把谈判双方,亦即顾客与销售人员比喻成这个舞台上的"主角",那么,任何一个有机会出现在这个舞台上且自身与商谈没有直接关系的工作人员,理论上都是这个舞台的"配角"。

记得某位西方著名的电影大师曾经说过这么一段话:

一部经典影片之所以精彩,真正的功臣往往不是主角,而是配角。那些配角大放异彩的影片,往往比那些主角表现优异的片子更容易打动人心,在观众心里留下深刻的印象。

这句话我服。我本人也有同感。其实,人们之所以常常对某部影片的主角印象深刻,最根本的理由是因为电影本身很精彩;而一部电影之所以会精彩,配角的表现往往比主角的表现更重要——这就意味着，即便主角更容易被人记住，这种记忆的支撑点也在于配角。只不过主角戏份更重一些，出场机会更多一些，存在感更扎眼一些，相对而言更容易形成记忆点而已。

相反，如果配角不给力，影片本身不精彩，主角即便使出浑身解数也不可能给观众留下深刻印象。这也是为什么那些拿了奖的主角，常常会在台上声泪俱下地感谢"绿叶"（配角）映衬功劳的原因。

所谓"只有小角色，没有小演员"，说的就是这个道理。

这个事情无论强调多少遍都不过分。

举几个例子。

案例甲：某顾客在一家汽车销售店的展厅里与一位销售人员正在商谈，忽然耳边传来了一阵窸窸窣窣的声音。定睛一看，原来是距他们不远处的一辆展车旁边，有几个销售人员正围成一圈，争论着什么。尽管他们把声音压得很低，好像也怕打搅到他人，但是在回音效果很好的展厅里，还是能清晰地听见他们的议论声。这位顾客的注意力不禁被那几个人的议论所吸引，站在自己对面的销售人员到底说了点什么却几乎完全没概念，因为压根儿就没听进去。

案例乙：某顾客正在展厅里与一位销售人员商谈，忽然发现展厅的角落里站着一位经理模样的中年男人。但见他面色严肃，一只手插在裤兜里，一只手拿着一根烟，正在边抽烟边向自己的方向张望。这位顾客有些好奇，不禁也向四周张望了一下，这才意识到展厅里"捉对厮杀"（正在商谈）的主儿，除了自己这一组外，还有其他几组人。显然，这位经理在履行自己的职责，监督自己下属的表现。看得出来这一招挺有效，展厅里的工作人员意识到自己上司的存在，个个都表现得中规中矩，无可挑剔。可是这位顾客还是觉得有点不舒服，有点扫兴，只是无法准确地描述这种感觉的来源。

案例丙：某顾客正在展厅里与一位销售人员面谈，无意中抬起头，正好视线与一位路过的公司会计相撞，但见那位会计冲着顾客微微一点头，脸上绽出怡人的笑意；顾客也赶忙报以微笑，并点头示意。尽管双方都是下意识的举动，可这偶得的"神来之笔"还是让顾客倍感愉快。

　　怎么样？看了这三个案例，有什么感觉？

　　不出意料的话，相信你一定会把前两个案例视为"反面教材"，只有最后一个案例才是"正面教材"。

　　让我们一起分析一下。

　　先说案例甲。看得出来，那几个发出窸窸窣窣声音的销售人员还是有所顾忌的，他们也知道不能干扰同事的商谈，所以刻意压低了声音。问题在于，展厅是一个空旷的地方，隔音并不好，即便音量不高，些许的动静也很容易传到不远处的顾客耳里去，从而对那里的商谈造成干扰。所以，尽管并非本意使然，这几位员工还是犯了行规，应该受到批评。话说回来，员工之间进行沟通并没有什么不可，即便是发生议论乃至争论都是可以理解，甚至值得鼓励的。只要这些沟通内容不偏离轨道，与本职工作相关即可。问题在于，如果这样的沟通与顾客本身并没有直接的联系，最好还是把场所换一下，换到办公室里。这并不是什么难事，所差的仅仅是一点点意识而已。

　　顺便说一句，在展厅里沟通也会有不打搅同事商谈的可能。比如说销售旺季展厅里人满为患、熙熙攘攘，其热闹程度和"菜市场"有一拼的时候，你怎么嘚瑟都没事儿，即便倒立也没人会注意到你。这个时候，只要别太出格，你就可以随心所欲地做自己喜欢的事。可如果情况不是这样，你就要多长一个心眼儿，时刻留意周遭的环境变化，时刻谨记自己的"配角"职能。

　　说到底，这也是一种情商高的表现。

　　再说案例乙。与案例甲一样，这里也有一个"情商"的问题。

　　没错，作为部门经理，你有权利也有义务监督你的下属，让他们意识到你的存在，并通过这种意识保持适度的紧张感，从而确保良好的职业状态。这种行为本来无可厚非，问题在于，这是你们"内部"的事情，与顾客无关。因此最好在"内部"解决，不要将它呈现在顾客面前，否则很有可能引起顾客的不适乃至不快。

　　不妨换位思考一下。如果你自己是顾客，正在与一位工作人员商谈，这个时候突然发现不远处有个中年男人一脸严肃地盯着自己，而且还是那种手插兜、嘴叼烟的状态，你会有什么感觉？

甭管你有什么感觉，那种感觉一定不会是什么好感觉。

所以，这位经理犯的错误是：一、失礼。直勾勾地盯着人看，以及插着兜、抽着烟的pose（姿势）都是非常不礼貌的行为，这是起码的常识。二、内外不分。在作为"外人"的顾客面前解决"内部"问题，显然是一种错误的搭配方式。

解决问题的方法也很简单，还是那句话，换一个场所。退到办公室里做这件事。哪怕偷窥都行。只要别让顾客意识到你的存在，甭说抽烟，就算倒立也没人管你。

最后，再来说说案例丙。

尽管这是一个非常不起眼的"小"案例，却又是一个极具价值的"大"案例，其现实指导意义不可小觑。之所以这样说，理由如下：一般情况下，日常生活中的许多点睛之笔往往都会稍纵即逝，极难沉淀，也极难被复制。这是一个莫大的问题。解决方法也只有一个，那就是必须将生活中的小灵感、小火花细心留存下来，然后再通过积累、归纳与总结将其变成一个个可复制、可普及的"操作要领"乃至"职业常识"。

只要坚持不懈，假以时日，一定能迎来"星火燎原"之势。

重新回到案例丙。不知那位偶然路过的会计是有心还是无意，他充满善意的"点头微笑"显然给了顾客一个良好的感觉，并留下一个美好的印象。

不要小看这一点。正因为这位会计是"配角"，与正在进行中的商谈没有直接关系，所以这个善意的举动才会显得格外的真挚、格外的美好，也因此格外的动人。我们假设这位顾客在店家滞留的整个过程中，无论是商谈环节还是其他环节，哪怕仅仅是商谈间隙去趟厕所的时候，偶遇的每一个"配角"都能如此对待他，都能给他一句热情的问候或一个灿烂的笑脸，那会是一种什么样的效果？

我们再假设，如果顾客每一次来店，都会频繁地遇到这样的人，经历这样的事，又会怎样？

答案不言自明。

可见，"配角"不可小觑。"主角"的光彩，要靠"配角"映衬。

如果你是一位现场管理人员，从今天开始，请把注意力从"主角"身上适度移开，放到"配角"身上。

其二，"非礼勿动"。

古人云：非礼勿动。意思是说，对别人不礼貌，让别人产生反感的事情，一定不要做。

对服务行业而言，这一点显得尤为重要。

在顾客面前，什么事该做，什么事不该做，我们的工作人员一定要心中有数。这个道理大家都懂，没有谁会主动做出一些不礼貌的举动，上赶着招惹顾客。可问题在于，"无心之过"的存在也不可小觑。从某个角度讲，正因为"无心"，也许这样的过失后果会更严重，更容易引起顾客的不悦也说不定。

让我们以"休闲"举例。

工作人员也是人，也会疲劳，也需要休息乃至娱乐，此乃天经地义，本来无可厚非；可是，如果这样的休闲被顾客看到乃至于干脆就在顾客的眼前发生，情况就会有所不同。这样的事情也属于失礼，会引起顾客的不快。

举几个例子。

比如说你去某家汽车 4S 店修车，在等待的过程中坐在顾客休息区的沙发上看报纸。偶一抬头，忽然发现，不远处的沙发上坐着几个制服模样的工作人员，正在抽着烟、喝着咖啡、聊着闲天儿。这个时候，你会有什么感觉？

当你扭过头来，试图把注意力重新放到眼前的报纸上时，另一个制服模样的工作人员走了过来，在你身旁的沙发上坐下，手里也端着一杯咖啡，开始低头看报纸，你又会有什么感觉？

当你站起身，想去报栏处换一张报纸时，忽然看见旁边的大屏幕彩电前还有几个制服模样的小伙子正聚成一堆，兴致勃勃地看着足球赛的转播，看到高兴处还不禁手舞足蹈，大声喝彩起来。这个时候，你的感觉又会如何？

显然，上述案例中的工作人员都处于一种休闲状态。这本来没有什么。这些员工肯定是持续工作了很长时间，偶尔抽空小憩一下的。换言之，他们的休闲场面仅仅是百忙中的一个瞬间，且肯定得到了上司的允许。很正常，学生尚有课间休息的时间，何况是员工?! 可现在的问题是，这样的休闲光景，确实容易引发顾客的不快。一张一弛是文武之道，这个道理顾客也懂。顾客并不会因为看到了员工在休闲，便会本能地认为这些人在偷懒，在消极怠工。不过，这样的场面确实不应该在顾客面前发生，顾客并不喜欢在这种事情上让员工享受和自己"平起平坐"的待遇。

理由很简单。顾客会这样想：既然你口口声声地说我的地位是"尊贵"的，那就意味着我与你的员工之间应该有所不同，而且这种"不同"必须让我明确地感知到。只有这样，我才会产生"尊贵"的实感。否则，就意味着你在忽悠我，意味着你"言行不一"。因此，至少在我的视线所及范围之内，我不希望看到你的员工享受与我同样的待遇，这样的场面对我而言无异于"失礼"，会令我心情不悦。

这也是人之常情，无可厚非。

因此，并不是说要有意歧视员工，只不过为了坐实顾客"尊贵"的地位，有些事情员工需要做适当的让步，有些场面员工需要尽可能地回避。

总之，"抬高别人，放低自己"与人权无关，只与情商有关。这既是做人的规矩，也是服务行业的常识。搞不懂这一点，是不适合做这行的。

其三，"隔墙有耳"。

某日上午，与媳妇一起开车去4S店更换轮胎。到店时刚过九点，客人稀少，整个展厅笼罩在一片寂静中。

在前台办好手续，来到客户休息区坐下。服务人员送来两杯热咖啡，我们两口子边喝边摆弄着手机，惬意地打发着等待的时间。

忽然一阵响亮的鼓掌声和口号声从不远处传来，令我俩吃了一惊。抬头看时，却并不见展厅里有半个人影，除了我们俩和那位服务人员之外。

顺着声音的方向仔细寻找，这才意识到原来声音是从展厅一侧的一间办公室里传来的。去过4S店的朋友们都知道，展厅边上的办公室往往都是玻璃幕墙结构，隔音效果并不好。更何况彼时展厅里客人稀少，这办公室传出来的声音就显得格外响亮，格外刺耳。除非堵住耳朵，否则你想不听都不行。

显然，那间办公室里正在开例行晨会，刚才的掌声和聒噪声正是晨会中常见的"打气"和"鼓劲"环节。我也干过这一行，这样的场面并不陌生。只不过本来一片静寂的环境忽然之间被打乱，方才的那份惬意冷不丁地被干扰，心中还是感到有一些不快。

好在我的心里有明确预期：以我过往的经验来看，晨会短则五分钟，长则十分钟就会结束。换言之，我们只需稍作忍耐，这种恼人的聒噪声便会过去。

这样一想，心里也便好受了一些。

没承想，我的预期彻底落了空。这个恼人的晨会，居然磨磨叽叽地持续了近一个小时！直到客人陆续来店，这个会议也没有结束。展厅服务人员不得不一次又一次地敲门而入，从里面唤出几位工作人员接待客户，剩下的人继续开会。

细听之下，会上讨论的东西无外乎"业绩的总结""客户跟进的督促""工作要点的重复""各种问题的严重性"以及"奖勤罚懒"之类的内容，问题在于，这样的内容全部都是店家自己的事情，与顾客没有半毛钱关系，顾客也不可能对其产生半点兴趣，在这种情况下，顾客却要被迫"旁听"会议的整个议程，实在是有违待客之道。

当然，由于经营管理上的需要，店家开会讨论事情无可厚非；更何况是在一个相对封闭的环境里，是在自己的"地盘"上开会，旁人更加无权说三道四。问题是"隔墙有耳"，在一个隔音效果如此差劲的环境里，以如此聒噪的方式开会，必然会给顾客带来极大的困扰，这一点店家不可能完全无感，更加不应该完全无视。

解决方法也很简单。或者选择一个隔音效果相对较好的地方开会，尽量避开顾客较集中的地方（毕竟家丑不可外扬，你在会上透露那么多的"隐私"，都被顾客听了去真的好吗？）；或者尽量提高会议的效率，缩短会议的时间，少开那种"又臭又长"的会（不客气地讲，真正会开会的店家没有几个。大多数人开的都是那种车轱辘话反复说，问题却一个也解决不了的"老爷会""磨叽会"），总之，只要你心里有顾客，具备最起码的情商，解决这类问题应该不是什么难事。

顺便说一句，我在展厅里被逼"旁听"的那个晨会中，不时会蹦出"顾客满意度"这个词汇。看得出来，这家店对于顾客满意度指标极其重视，为了提升顾客满意度的水准可谓绞尽脑汁，下了不少功夫。问题在于，"顾客满意度"不仅仅是一个空洞的指标，或者是一项有待完成的"任务"，它是顾客实实在在的感受，是顾客对于店家的服务质量发自内心的评判结果，而能否获得这样的结果，不在于某个数字指标或规定任务的完成度，而在于店家能否在每一个细节上真正做到位，真正做到"想顾客之所想，急顾客之所急"。换言之，满意度不是某一个人施与另一个人的恩惠，更加不是某一个人必须对另一个人做的规定动作，而是两个人站在相同的立场上共进退。

诚然，满意度的完成需要一些机械化手段的辅佐，但是这些机械化的因素本身不应该成为满意度的核心内容。只有将心比心、换位思考才能构成真正意义上的满意度。这样说来，在那个丝毫不顾及顾客感受的晨会中反复出现"顾客满意度"这样的字眼，无异于一种强烈的讽刺。

其四，强化"隐私意识"。

这是在另一家4S店发生的事。坐在沙发上看报纸的我，耳边传来一阵清晰的对话声。抬眼一看，原来是两米开外的一张圆桌旁，一位销售人员正在和自己的顾客商谈合同的内容。由于最关键的价格环节已经谈妥，剩下的事情似乎进行得相当顺利，基本上都是一些常规性的手续。但见销售人员不停地提问，并迅速地在合同文本上记录下顾客的一些基本信息——问题就出在这里。这些顾客信息有些内容涉及隐私，本不该如此大咧咧地"公示"出来，可不知为何无论是那位销售人员还是他的顾客似乎对此都并不在意，非但没有丝毫"回避"的意思，有些没说清楚的地方甚至还会多重复几次。

坐在一旁的我感到很尴尬。也许是留过几年洋的原因，我对个人隐私还是比较介意的。这种光天化日之下"被偷听"别人隐私的举动让自己很不好受，感到非常别扭。尤其是想到自己的隐私也有可能遭到相同的对待，心里对这家店不免起了几分提防之意。

没错，顾客的隐私一般来说对他人而言是没有意义的，确实没有人会真正关心，真正在意。可问题不在这里，问题在于顾客的"信任"。尊重顾客的隐私，等于尊重顾客的人格，反之亦然。只有受到店家的尊重，顾客才会对店家产生信任，才会放心地将自己的生意托付给店家，这也是商业常识。尽管中国人保护隐私的意识和西方人相比确实还有些差距，但是，如果店家能够主动拿出积极的"保护隐私"的姿态，必然会赢得顾客的信任分。毕竟"礼多人不怪"，没有人会对"自己被尊重"这件事情无感。即便是那些缺乏隐私意识的顾客亦如此。更何况，现如今由于个人信息泄露所造成的社会问题乃至恶性犯罪现象已然泛滥成灾，保护顾客隐私，抑或提醒顾客加强隐私保护意识不啻为一种义务，理应引起店家的高度重视。

这也是一种情商的表现。可惜这样的情商太少了。

不止汽车销售行业，在其他行业中也经常可以看到这样的现象：办事人员将一大堆已填完的表格放在窗口处或柜台上，似乎所有人均可随意翻看。万一有个心术不正的主儿想干点什么见不得人的事，这样的环境堪称"天赐良机"。别说"偷看"，即便拿出手机大大方方地拍几张照片，估计都没有人会注意，抑或即便注意了也没有人会真正在意。这样的隐私意识，我也是醉了。

估计外国人看在眼里，一定会惊掉下巴。

其实，解决问题的方法也很简单：在记录顾客信息时，完全可以由顾客自己动手，而不必由工作人员一一询问，代为记录。工作人员想给顾客"省点儿事"的心是好的，但事关重大，好心也有可能办坏事。至少顾客自己的隐私，还是交由顾客自己处理比较稳妥。至于那些顾客已经填妥的表格，无论出于什么理由，也不可以随意放置，必须将其收于专用的文件夹内，无条件做到"回避他人的耳目"。这既是店家对顾客应尽的义务，也是顾客对店家信心的源泉，其意义万万不可小觑。

小结

满意度不是某一个人施与另一个人的恩惠，更加不是某一个人必须对另一个人做的规定动作，而是两个人站在相同的立场上共进退。

04 搞定"环境死角"！

> 越是看似不起眼的地方，一旦"起眼"起来越是具有毁灭性。

管理学当中有一个经典的学说，叫作"木桶理论"。其大意是这样的：决定一个木桶是否结实、是否好使、是否能多盛一些水的关键，不在于木桶上的长板，而在于木桶上的短板。一个木桶上的长板拼装得再结实、再密实、再滴水不漏，只要有一块短板存在，所有长板的功效将瞬间丧失殆尽，形同虚设。换言之，决定木桶里水位高低的，永远是那块短板，与所有长板无关。

对于服务行业的环境问题而言，这个道理也同样适用：你在其他方面做得再好、再完美，只要有一个环境死角，就会让你所有的努力瞬间白费。

因此，搞定环境死角，对于服务行业而言绝对是事关生死的大事，万万大意不得。

那么，对付环境死角都有哪些要点和秘诀呢？

企业当中的环境死角不胜枚举，这里只挑几个典型的说一说，权当"抛砖引玉"。

其一，搞定厕所。

没错，不用怀疑你的眼睛。这至关重要的第一个要点，就是"搞定厕所"。

厕所问题有多重要，说出来恐怕令人觉得有些不可思议。

日本有位世界知名的经营管理大师曾经说过这样的话：一家公司经营得好不好，仅从厕所这一个环节就可以看出来。而且准确率极高，基本上八九不离十。

国际上还有一种流行的说法，大意是说：厕所是判断文明水平的标尺。厕所不过关，企业再牛也是三流企业；城市再牛也是落后城市；国家再牛也是发展中国家。

话糙理不糙。尽管语言偏激了一点，理儿确实是这个理儿。

在日本有这样的说法：对于一个家庭而言，最重要的场所有两个，其中之一便是所谓的"玄关"。

我们知道，日本人一般都住在"二户建（日文单词）"，也就是我们常说的独门独院的"别墅"里。小院的大门处，就叫作"玄关"。

那么，为什么日本人会这么重视玄关呢？

理由是这样的：玄关是迎接客人的场所，因此，只要看一下玄关，这个家庭是否好客，对客人是否礼貌便能一目了然。

按照我们中国人的说法，就是"门难进，脸难看"与"门好进，脸好看"的区别。

除了玄关之外，另一个日本人高度重视的场所就是厕所了。

他们认为：无论你把玄关和房屋打扫得多么干净，只要厕所的环境不过关，那么一切确保环境质量的努力都将瞬间归零，完全失去了意义。所谓"一粒老鼠屎，坏了一锅汤"就是这个意思。

显然，对于"一锅汤"来说，"一粒老鼠屎"的存在对其影响是极其巨大的，具有惊人的摧毁力和杀伤力，其作用绝对不可小觑。

厕所的意义也在这里。越是看似不起眼的地方，一旦"起眼"起来越是具有毁灭性。这也是为什么国际上，尤其是日本社会会对厕所这个环节如此重视的根本原因之一。

正因如此，日本才有这样一句谚语：越是那种容易弄脏的地方，就越是需要小心翼翼地使用，哪怕小心过头也在所不惜。

日本人的"洁癖"一说，可能正源于此。

我曾去过北京的某家德系豪华车销售店，那里的厕所环境给我留下了深刻印象。

事情的经过蛮有意思。

在一楼展厅闲逛的我向一位工作人员询问厕所的位置，对方告诉我厕所在二楼拐角处。可当我来到二楼后，却发现自己迷了路。那家店实在是太大，地形太复杂，而且一楼与二楼之间还有一个夹层，搞得我晕头转向。于是我决定采取最原始也是最常用的办法：用鼻子找。众所周知，在中国找厕所既难也容易。难，是因为数量少；容易，是因为味道大。基本上只要你没有感冒，鼻子的嗅觉还算正常，在一个肯定有厕所的地界上找到这间厕所应该易如反掌。

可是我错了。用鼻子嗅了一路，我还是一头雾水，始终找不到方向。于是只好再抓住一个店员打听，总算知道了厕所的下落。可是来到厕所附近，我还是一头雾水：怎么还是闻不到那熟悉的味道？难道说我又找错地方了?!

这次没有找错。经过一番周折，我终于来到了目的地，看到了那熟悉的标记。问题在于，没有味道！或者准确地说，没有那种厕所特有的味道。何止如此，一种说不出的沁人心脾的香味，正缓缓流入我的鼻腔，反而让我有些不适应。

推门进去，我的眼前一亮！

这哪里是厕所，分明是个小画廊！

但见四周墙壁上，全都挂满了油画；门边的角落里，放了几盆薰衣草——难怪会香气宜人；洗面台被擦拭得干干净净，没有一点污渍；台上的镜子明亮得连一个雾点都没有；地面也是光洁如镜，几乎能照出人影来……总之，置身其中的你，绝不会产生任何"我这是在厕所"的实感，相反会有一种"在这个地方办'那事儿'合适吗？"的疑惑。

小小的厕所都能做到这种程度，这家公司在其他方面的表现也便可想而知。在这家店里，我还遇到一位穿着考究、气质高雅的中年男士，并与他寒暄了几句。按照他本人的说法，由于工作的原因他经常往返中欧之间，对两地在文化与环境方面的异同颇有一些心得。一般来说，他对中国店家的表现没有太高的期望值，而这家店却让他很吃惊，使他有一种"身处欧洲"的错觉。换言之，这家店是他在国内见过的，唯一的一家可以在综合服务品质方面和西方叫板的店。

当然，一两个人的评价未必能证明什么，不过，这家欧系品牌店确实在综合业绩上表现优异，而且在北京城极具人气，这也是客观事实。

顺便说一句，随着经济的发展和国人综合素质的提高，近些年来中国商家在大环境以及服务品质方面确实有了较大的进展。我们的许多硬件已经与西方不相上下，甚至有过之而无不及，这一点举世公认。我本人在日本生活过近十年，对这一点深有感触。我承认，现如今的中国店家，至少在第一印象上面，已经不亚于日本了（也就是说，当你走进一家国内的店，至少三五分钟，甚至十来分钟之内，你不会觉得这家店与日本的店有什么明显的不同）。这就意味着，不只是硬件，甚至在某些软件上，我们与人家的差距已然越来越小，非常接近了。反之，如果非说我们现在依然比不过人家，依然和人家有着较大的差距，那么这个差距，也只能体现在"厕所"这一件事上。只要搞定了厕所，我们就可以昂首挺胸，大大方方地宣布自己的社会文明与商业文明的发展程度已然与西方看齐，不再相差分毫。从这个意义上讲，中国人在国际上的面子，很大程度上系于"厕所"一身。这绝不是什么夸张的说法。

有人可能会说：你举的这个例子太特殊。一来，那家店是德系豪华品牌店，采用的是德式管理方式，那水平自然没得说。二来，那家店身处首都北京，先天条件优越，自然综合素质会高一点。否则，你换个三四线城市的店看看，看他们能不能做到那个水平?！

这套说辞，是许多店家常用的借口。没错，改变一个国家或一个城市的整体素质确实不是一件容易的事，但改变一家公司的素质却未必那么难。一家公司才有几个人？几十人还是几百人？改变这么几个人，能有多大难处？

退一万步讲，即便全面提升员工素质，全面改造员工的思维和行为不是一件容易的事，把厕所鼓捣得干净一点、美观一点，又不是什么高科技，需要用到什么了不得的技能、了不得的工具，为什么就做不到呢?！

所以，归根结底还是一个意识问题。

管理者的意识不改变，员工的意识很难改变，健康的企业文化也很难建立起来。

说一段我个人的亲身经历。

几年前，我曾经在一座六线城市管理过一家汽车销售店。那座城市的环境之肮脏，污染之严重在全国范围内也是比较有名的。可是，我们那家店却在当地创造了一个小小的奇迹，被冠以"花园店面"的美称。

首先，我们花了大价钱，买了上百盆的绿色植物（有些热带植物几乎比人都高），将一楼展厅和二楼办公区布置得春色盎然，就像一个天然的植物园。

另外，我们还请专业的画家帮忙，为我们绘制了数百幅油画和水粉画，挂满了里里外外的墙壁，让整家店四处洋溢着浓浓的艺术氛围。

最后，也是最重要的一点。和别的店家不同，我们店光保洁员就请了四位（别的店一般都是两位，甚至只有一位）。这是四位来自农村的大姐。在进店的第一天，我就给她们提出了明确的要求：必须确保"零脚印"。也就是说，整个店面，尤其是一楼展厅的地板上，不可以留下一个脚印，否则就算失职。

要知道，那座城市的污染极其严重，汽车销售店一般来说又都大多位于郊区，守着国道口，来来往往的都是重型运输车，扬尘现象更是夸张，常常会有"遮天蔽日"的感觉。在这种情况下，只要你从外面进来，展厅地面必然会留下一串清晰的脚印，踩的人多了，不消两分钟地面就没法看了。更何况汽车销售店的地板用的都是高级瓷砖，既容易擦干净，也容易弄脏；擦亮了特别漂亮，弄脏后也格外难看。

保洁工作难就难在这里。所以我才会提出"零脚印"的要求，而为了达到这个要求，保洁员必须一刻不停地擦拭地板，成千上万次地重复相同的动作。工作的难度可想而知。

好在这个难关，我们用"高薪"二字攻破了。可是接下来的另一道难关，却让我颇费了一番周折。

这道难关就是"厕所"。

为了彻底搞定"厕所问题"，我开了一个行业先例，专门为厕所配了两名保洁员。一楼二楼各一个。他们不用干别的工作，一天八小时唯一要做的事情，就是把两个楼层的厕所打扫好，维护好。只要能做到这一点，我们就为其支付高薪。

　　刚开始，两位保洁大姐很兴奋，以为自己捡到了便宜，于是便忙不迭地一口应承下来。没承想，在我一番详细解释之后，她俩又皱起了眉头，打死也不想干了。

　　原来，我的要求很"古怪"，厕所环境卫生状况是否合格，只有一个标准：冲马桶的水是否能喝。

　　其实，这也不是什么新鲜事，更不是我本人的创意，这种事在西方尤其是日本早已非常常见。无论是松下幸之助还是稻盛和夫，都有过与厕所环境有关的轶事在坊间流传。这等区区小事，在日企当中实属稀松平常，没有人会大惊小怪。问题在于，这里是中国，而且我所在的是一座民风相对保守的六线小城。不止如此，我所面对的是几位农村大姐，在她们心目中抽水马桶的存在可能已经是"现代文明"的代名词，让她们再往前走一步，可谓难上加难。

　　无奈之下，我只好率先垂范，亲自上阵打扫厕所的马桶，将其擦拭得洁白如玉、光亮照人。然后，又取来一个纸杯，从马桶里舀了半杯水，一仰脖灌了下去。

　　我抹了抹嘴，对两位大姐道：我们这里的自来水和国外不同，有漂白粉，不适合生饮，所以不要求您二位做到这一步。但标准还是标准，这个没得商量。所以，每次我来检查，喝水这事儿我自己办，您二位不用喝，在一旁看着就行。不过，如果这水喝下去，除了漂白粉的味道还有其他什么异味，那就别怪我不客气了！

　　我的举动惊着了两位大姐。显然刚才这一幕彻底颠覆了她们的三观。她们呆愣了半晌，好不容易缓过神来，连忙应承道：当然当然，没问题没问题。您都能喝进去，我们打扫一下又有什么问题呢？保证符合您的要求，绝不能让您喝坏了肚子！

　　事实上，那天之后，我喝马桶水的次数并不多。两位大姐很给力，很快进入了状态，我也无须再与马桶水死磕了。说到底是农村妇女，干活这件事本身不是问题，甚至干脏活累活也不是什么大不了的事儿，关键在于意识，意识一旦突破了，任何行动上的问题都是小问题。

搞定了厕所问题，对接下来的管理工作也有极大的助益。

员工从这个小细节中看出了领导的意图，了解了领导的决心，也明白了企业文化的发展方向，因此，他们会本能地调整自己的身心状态，尽量迎合这样的意图、决心和方向，在日常工作中自动地配合领导的管理。这就让管理工作变得相对轻松。

最典型的例子就是，每当公司出台一个高标准的管理制度（我们当时的公司制度，都是直接以日企的制度为蓝本制定的），员工极少有怨言。他们认为，自己进了一家"不一样"的店，自然会发生一些"不一样"的事，这所有的"不一样"，都是理所应当的，没必要大惊小怪。

这就是环境的力量。

其效果也是极其明显的。最直接的效果就是：那座城市经营相同品牌的店除了我们之外还有一家。那家店是我们的前辈，比我们早几年落户当地。而在我们的店进驻这座城市之后，不到两年时间，那家店便被转手了两次，前后共经历了三位老板。

后来，在给其他企业做培训时，我经常通过这样一个例子来强调"环境"二字的重要性：

话说某个小区门口有这样两家小饭馆。它们经营的菜品一样，饭菜的品质与价格也一样；店内的设施一样，服务员的态度、能力也一样，总之，几乎所有方面都一样，但只有一个地方不一样：一家店干净，一家店比较脏。

问：这两家小店之间的竞争，最后会是什么结果？

一般来说，大多数人的回答恐怕会是这样的：那家比较干净的店会在竞争中占据优势。

我的回答则不同。我认为：那家比较脏的店，一定会死。换言之，既然其他所有因素都相同，只有干净程度不同，那么竞争的结果将不会是哪一家更有优势的问题，而是一家会活下去，另一家会死的问题。

"环境"压倒一切。对服务行业而言，对商业企业而言，这常常是一个"生死问题"，而不仅仅是一个"优劣问题"。

显然，厕所，在所有环境因素中是一个最大公约数，"厕所"环境是所有环境的基础。理由很简单：厕所干净了其他地方脏的概率不大。反之亦然。特别是在我们中国，这一点的表现堪称极致。

因此，把重点放在厕所环境上面绝对是一条管理环境的捷径。

希望我们的管理者大彻大悟。

其二，"要脸也要屁股"。

两个月前，受朋友之邀，去参加了一个欧系豪华品牌汽车销售店的新车发布会。

汽车行业有所谓"两年一次小换款（汽车外形基本不变，功能上做些许改动）""四年（或五年）一次大换款（无论是外形还是功能均做大改动）"的说法。我去的这家店，办的正是"大换款"的新车发布会。

由于是世界顶级的豪华车品牌，发布会的阵仗很大。看得出老板下了血本，花了很大的功夫。无论是店内店外的装潢、摆设，还是店员们的穿着打扮，都显得雍容华贵、富丽堂皇、极尽奢侈。

不过，联想到展厅内的新车价值百万（元），几乎能买下这座城市偏远郊区的一栋小别墅，这样的阵仗，这样的场面也称得上"物有所值"。

刚好那天来的路上我的车出了一点小问题。在发布会行将结束的时候，我偷偷地从展厅溜了出去，把车开到售后车间，想顺便让那里的工人看一看、弄一弄。

没承想，刚开到车间门口，我就蒙圈了。我这才发现，这家店的售后车间破烂不堪、肮脏无比！

先不说门口堆满了建筑垃圾和各种废铜烂铁（我甚至看见了一辆只剩半拉身躯的汽车残骸！），即便把车开进车间里，眼前的场景也令人不忍直视：放眼望去，满眼都是脏兮兮的地面和布满灰尘、油污的机器，我甚至在墙面上看到了无数油渍形成的脚印与掌印！不可思议，墙上怎么会有脚印？！难道这里的工人天天拿脚往墙上踹吗？他们这么做又是为了什么？！

环境如此，人是什么样子也就不难想象了。

与前面展厅里油头粉面的工作人员不同，这里的工人简直就像黑煤矿里的黑工，全身上下脏兮兮的，头发上、脸上、身（制服）上、手（手套）上和脚（鞋）上全都是油污，无所不在的油污。

这样的形象，其精神状态也便可想而知。工人们走路的姿态都是那种懒洋洋、无精打采的感觉。往好听里说，这叫技艺熟练所带来的波澜不惊；往难听里说，这叫失去激情后的混沌不明。

这样的场面，与我在北京和日本的店里见到的情况截然不同，可谓有着云泥之别 —— 那里的售后车间锃光瓦亮、一尘不染，丝毫不亚于售前的展厅；那里的工人制服崭新而笔挺，给人一种扑面而来的清洁感。人的精神面貌也是不在话下，待人接物绝对不亚于售前的工作人员。

两相对比之下，整家店的经营管理水平也便高下立现。一个是让顾客充满信心，可以将自己的爱车放心地托付给对方；一个是令顾客疑窦丛生，不禁怀疑自己的爱车能否受到对方的善待。

说实话，如果是我自己买了这款豪华欧系品牌车，绝对不会把那么贵的车交给这家店的工人保养维修。好在我的车是典型的"平民车"，而且车龄够长，已经是一辆不折不扣的"老爷车"；再加上车的毛病不算大，用不着大费周章，所以没费多大工夫便轻松搞定了。而且由于有朋友罩着，基本上没花什么钱，大体上整个过程还算顺利。

回家的路上，我心里不禁一阵感慨：不知道为什么这家店的老板如此有钱，却舍不得在如此关键的售后维修环节上多花一点钱，多下一些功夫。

中国有句古话，叫"金玉其外，败絮其中"；还有一句俗话，叫"顾脸不顾屁股"。这两句话就是这家店的真实写照。就好像一个懒人在打扫卫生的时候，把所有的垃圾都扫到床底下，表面看似乎挺干净，时间长了却满屋子都是臭味。我在这家店的经历，就是这样的感觉。

和卫生间一样，售后车间也是一家店重要的组成部分。这里存在环境"死角"，对顾客的整体观感将产生致命的打击。久而久之，必将影响企业的经营业绩。

改进情商，从消灭"死角"开始。

其三，活用 POP。

POP 是什么？

简单点说，叫作"卖点广告"。它是店头的一种促销展示工具，包括吊牌、海报、小贴纸、纸货架、展示架、招牌、实物模型、旗帜等等，都是 POP。换言之，只要你能想到的，对促销商品有帮助的任何大小物件，理论上都可以被称为"POP"。

显然，对于店家的环境而言，POP 是一个重要的角色，堪称"无所不在"。要想改进店家的软环境，不可能绕过 POP。

活用 POP，需要用到两个关键词，一曰"个性化"，一曰"人性化"。

举几个例子。

案例甲：

这是若干年前，在日本的一家 4S 店发生的事。

当我坐进展车的驾驶席时，一个神奇的物件瞬间映入眼帘。定睛一看，原来在仪表盘上镶嵌着一个手工制作的 POP 展示牌，由于这个展示牌是立体的，直插顾客视线，因此显得格外醒目。坦白说，与展车相关的 POP 广告并不鲜见，不过一般这样的 POP 物料都摆放在汽车旁边，有时也可以看到摆放在汽车顶部的情况，可是把这种物料置于车的内部则相当少见，更别提如此别致、如此富有创意的展示方法了。

我不禁起了好奇心，仔细地阅读起展示牌上的内容。大意是这样的：恭喜您看到了这张牌！这张牌上的内容事关展车里的几个小秘密，现解密如下……

现在想来，这个所谓的"秘密"，无非是指内部空间有多么舒适（尺寸与原版相比有了多大的变化，功能与原版相比有了多大的改进），设施设备有多么先进之类的内容。一般来说，这些内容都会在展车旁边的广告牌上一一标注。可是这样的广告很难吸引顾客的注意力，很难给顾客留下鲜明的印象。反之，把这些广告移植到汽车内部去，让顾客通过"密室探宝"般的体验得到其中的信息，效果则大为不同。通过这样的方式，顾客的好奇心与兴趣会增加许多，看过之后也更容易留下印象，便于记忆。

小小的一张员工自制的 POP 物料牌，其促销效果提升得可不是一星半点。

案例乙：

这也是一件发生在日本的事。

某天晚上，我去一家路边小商店买零食，在货架上发现了一个很有趣的东西。这是一种食醋类的调味料，有着非常拗口的日文名字，我们姑且可以称之为"帕露莎米高"。不可思议的是，这个小商店的货架上，居然摆放了二十余种"帕露莎米高"！而且重点还不在这里，更令人吃惊的是，每一种"帕露莎米高"的下面，都工工整整地摆放着两三个店家自制的 POP 宣传物料；每一个 POP 上，都详详细细地记载了该种产品的产地、产品特征、不同的食材应该如何搭配、对不同食材的口味会产生什么影响之类的信息。关键在于，这些信息并不冗长，而是短小精悍、幽默活泼，令人过目难忘。不夸张地说，这一个个 POP 物料本身就是一件件精美的艺术品，让人爱不释手，几乎能让你产生掏腰包把它们买回家去的冲动。至于那个"帕露莎米高"本身，则买不买两可。

可见，店家是下了真功夫。把工作做到这份上，"买气"也便不成问题了。

案例丙：

这是一个非常常见的案例，其妙处却鲜有人深究。

我们每个人恐怕都见过这样的场面：某家店铺的墙壁上，整整齐齐地挂着一排优秀员工的表彰 POP，上面有员工的照片、姓名、所属部门、职务、入司时间、表彰缘由以及员工本人的一些"表感谢""表决心"之类的话语。

坦率地说，这种 POP 方式值得肯定。因为它既能激励员工，也从一个侧面向顾客展示了企业的文化、素质和实力，算是一种间接的营销手段，如果处理得好，可以得到"一石多鸟"的效果。

不过，实事求是地讲，对这种 POP 宣传物料真正"感冒"的顾客却并不多。何止如此，甚至公司员工自身也对这种方式见多不怪，连内部激励的效果也微乎其微了。

为什么会这样呢？

简单。原因只有三个字：不走心。

从管理学的角度来讲，形式主义本身没有什么问题。不过，形式主义与"走心"并不矛盾，没有必要将两者对立起来。

遗憾的是，现如今许多企业在制作彰显员工事迹的 POP 物料时，却严重地忽略了"走心"的重要性。

我曾刻意留意过某些集团企业的员工表彰 POP 物料，发现他们在制作此类物料时基本上都是千篇一律，不同的子公司完全没有个性化设计的元素存在；甚至许多子公司在"员工感言"一栏中的内容几乎完全雷同，全都是格式化的语言，几乎千人一面、众口一词，压根儿无法传递员工真正的心声。

这样的宣传物料实属劳民伤财，久而久之自然也就没人会去关注了。换言之，在许多公司里，这种 POP 物料已经完全沦为鸡肋，彻底失去了"宣传"意义。更有甚者，有些公司墙壁上悬挂的表彰类 POP 一两年都不曾更换，这种东西表面上看似乎也有点"装饰"作用，其内容实质却被彻头彻尾地荒废掉了。

显然，个性化与人性化是 POP 物料制作环节中不可或缺的元素，一定要引起充分的重视。

我们可以想象一下，如果中国的企业也能向日企学习，对这件事认真起来，充分发挥员工的智慧，在 POP 物料中多加入一些生动活泼、打动人心的个性化元素，效果会有多的不同。比如说，每一个受到表彰的员工，如果都能够用接地气的语言，如实地将自己的真实感受言简意赅地表现出来，其"吸睛"效果必然会提高几个档次，足以吸引顾客驻足观看，并给顾客留下深刻的印象。果能如此，这些物料对于员工自身的吸引力也将大幅提升，毕竟成为众人瞩目的焦点是一种无上的荣誉，为了这个荣誉努力打拼，也便有了更为充分的理由。

做到这一步，才算真正激活了 POP 物料应有的功能。

总之，小小的 POP 也蕴含着巨大的能量，彻底激活这种能量，你的店面环境必将焕然一新，重新焕发出勃勃的生机。

其实说起来，服务行业的竞争，到底有什么秘诀？你有的他也有，你会的他也会。理论上讲大家都是处在同一个环境里，站在同一个起跑线前，可为什么最终不同的店家会面临如此迥异的境遇呢？

无他，细节的积累而已。不断地积累那些旁人见多不怪、不屑一顾的细节，并把它们做到极致，你就会是最后的赢家。

从这个意义上讲，细节本身就是情商。

归根结底，商业还是"情商"的较量。

小结

一家公司经营得好不好，仅从厕所这一个环节就可以看出来。而且准确率极高，基本上八九不离十。

>>> 第二章
名片与问候决定成败

01 "以貌取人"是人之常情

> 仪容仪表之所以重要，不仅仅在于它能赤裸裸地反映公司员工的精神风貌，还在于它能够让人们窥一斑而知全豹，借助员工的仪容仪表真切地看到这家公司的整体风貌。

常言道：人不可貌相。

这句话是什么意思？意思是说，"貌相"是人的本能。以貌取人的习惯从来就不是一个美德，却也从来没有被人类放弃过乃至真正地改造过。

尤其是在现如今这个所谓的"颜值即正义"的时代，人的相貌如何影响的已经不仅仅是婚恋问题，甚至是整个职场人生的问题了。

网络上有一个段子是这么说的：所谓成功，就是一分天赋、两分运气加上七分努力，剩下的九十分，都是"看脸"。

这固然是一个笑话，却也在一定程度上辛辣地讽刺、深刻地反映了某种社会现实。

问题在于，这样的社会现实，传递的未必都是负面信息，其正能量的一面也不容忽视。

不夸张地说，以貌取人既是进化论的结果，也是进化论的助推器。如果没有以貌取人，也许人类不会进化到今天这种程度。别说人类，甚至动物界，如果没有以貌取人的本能，恐怕都会有灭种之虞。

这可不是什么耸人听闻，而是有充分科学依据的。一般情况下，"貌好"往往意味着聪明、健康，拥有良好的基因，反之亦然。因此，在不断的优胜劣汰中将一个物种的外貌推向良好的极致，是进化论最基本的逻辑。

人类之所以会有"貌相"的本能，其根源也在这里。因此，不能对其报以彻底否定的态度，至少也要秉持中立。

明白这一点，对于做生意而言也具有极大的现实意义。

具体地说，工作人员的"外貌"，有非常多、非常大的文章可做。这篇文章做好了，你的生意将一马平川、如虎添翼；反之，这篇文章做不好，你的生意将遇到许多意料外的挫折，让你付出很多本无必要付出的机会成本。

当然，每一个人的相貌都是天生的，各有各的特点，不可能个个英俊潇洒、如花似玉。不过这不是重点。常言道："三分长相，七分打扮"，"没有丑人，只有懒人"。只要你是有心人，手脚勤快，每一个人都有极大的空间提升自己的"外貌指数"，让自己在一定程度上成为帅哥美女。

往近里说，这样做是一种礼貌，体现出一种素质，可以充分显示出你对顾客和同事的尊重之意；往远里说，这样做能够提升整个部门乃至整家公司的形象，等于无形中为自己的部门和公司做了一个强有力的推广广告。

对顾客来讲也是如此：一方面，受到尊重的感觉令顾客倍感舒适；另一方面，一个个靓丽的外表也让顾客赏心悦目。

在这样的环境中谈业务、做买卖，商品和服务的价值都将大幅升值，让人产生"物有所值"乃至"物超所值"的感觉。

当然，在此之前，更为重要的是"第一印象"以及由此而生的安全感和信赖感：靠谱的外表意味着靠谱的人；靠谱的人意味着靠谱的公司；靠谱的公司意味着靠谱的生意。反之亦然。如果人的外表不靠谱，顾客很难对这样的人所代表的公司产生靠谱的印象。那样的话，你的生意就危险了。

换言之，如果顾客能够在外貌方面高看一眼你的员工，也必然会在第一时间高看一眼你的公司。而这种"高看一眼"的效果，和公司的生意结果之间有着莫大的关联。如果你还能更进一步，让顾客对员工的外表产生"惊艳"的感觉，那结果就更不用说了。

这是无可回避的现实，在我们的日常生活中这样的案例也是屡见不鲜。

可见生意场上的"相貌"有多么的重要；生意场上的"貌相"有多么的普遍。

有的时候，几乎仅仅靠这一条，就可以决定竞争的成败，甚至是一家公司的生死。

举一个真实的例子。

多年前，我在一家地方上的四线城市从事汽车销售行业的管理工作。当时，我工作的那家店老板是一位留美的海归。这位老板很有个性，无论是对自己，还是对手下员工的外表要求可谓达到了吹毛求疵的程度。

他对公司员工在仪容仪表方面的要求，比照的完全是空姐、空哥的标准。甚至不夸张地说，在某些方面，也许我们用来要求员工的标准要比职业空姐和空哥面对的标准更为严格，更加苛刻。

这位老板有许多空姐朋友，经常会把职业空姐请到店里来，对我们的员工进行仪表整理和形态素质方面的训练。像传说中的"嘴里叼根筷子，露八颗牙齿"的微笑训练，在我们那里称得上家常便饭，一点都不新鲜。一直到今天，在汽车4S店里搞这种程度训练的情况，除了那家店之外，我还真的从来没有见到过，甚至没有听说过。

"软件"尚且如此，"硬件"就更不用提了。

公司员工的行头（工装），都是一等一的高级货。尽管是订制品，可无论面料还是做工，我们的工装即便拿到商场里的精品店去卖都绝不掉价。

一般来说，为了最大限度地控制成本，别的店在工装方面往往会采取一种敷衍了事的态度。能便宜就便宜，能简单则简单，制作成本往往只有区区一两百块钱，甚至几十块钱的情况也不鲜见；我们则不同。在我们店，即便男员工的工装成本也得上千，女员工的工装成本则动辄数千元，真可谓下了血本。

不止如此，在工装的款式设计上，我们走的也完全是空姐、空哥的路线。尤其是女员工夏季的裙装，几乎可以乱真，做工的精致程度令人叹为观止。

特别值得一提的还有女员工用的丝巾。这位老板拜托空姐朋友帮忙，从航空公司专用的供货商那里订购了一批高档丝巾，这批丝巾无论是质地、手感还是款式、做工全都无可挑剔，让公司里的女孩子爱不释手，纷纷自掏腰包抢货，个个都想"多拿多占"。

有了这么好的"披挂"，仪容仪表方面当然也不能掉链子。公司对员工的发型（男员工必须统一发型并打上发胶，以确保头发一丝不乱；女员工除此之外还有一个要求，就是必须统一梳成空姐那样的发髻）、装饰（禁止佩戴任何首饰和其他装饰品）、皮鞋（无论男女必须穿黑色皮鞋，女员工则必须是高跟鞋，而且必须确保鞋油每天擦三回以上）、丝巾（女员工只要上岗必须扎丝巾，而且丝巾的扎法必须严格按照空姐的标准执行）、丝袜（女员工上岗时必须着长筒黑色丝袜）等细节方面无一不严格要求，制定了许多堪称"琐碎"的细则规范，而且执行起来也毫不手软，任何一个小失误都有可能引来极重的处罚。

比如说，曾经有个女孩子因为喜欢短发，拒绝留长发扎发髻，当着老板的面提出抗议而被当场开除；曾经有个男孩子因为连续三天没打发胶而遭到同样的处理。至于说皮鞋显脏而被罚款之类的事情则更是不胜枚举。可见当时老板在这件事情上下了多大的功夫。

按照他的话讲：外国的月亮不比中国更圆。凭什么一提起外国人就觉得人家"洋气"，一说起中国人连咱自己都觉得"土"?! 难不成真是因为咱的人种不如人家优越?! "不蒸馒头争口气"。外国人能做到的事情，咱中国人没有理由做不到。这点志气都没有，就不要做中国人，甚至干脆不要做人了! 活该让人看不起!

他的这番话很有煽动性。每当他这么说的时候，所有心有怨言的员工都会不自觉地闭嘴，把最初的不便与不情愿变成咬牙坚持下去的动力，这样一来二去，几个月之后全体员工的综合素质还真有了明显的提高。

这种素质的提高，在商场的竞争中常常会有立竿见影的效果。

事实上，没过多久，我们就初次尝到了"高颜值"和"强气场"的甜头。

事情是这样的。

当时我们所在的那座城市，每一年都要搞两三次全市范围的汽车展销会，展销会上，所有品牌的大小店家都会集体出动，各自使出浑身解数宣传自己的商品以及自己的公司。

问题在于，这样的展销会也有一个短板，那就是经营相同品牌的不同店家之间会发生"内讧"，自己人抢自己人的风头和生意。不过厂家和主办单位对这种"同室操戈"的内耗现象却似乎并不介意，甚至有点乐观其成的意思。

毕竟有竞争比垄断要好，这一点也可以理解。

于是，我们就利用这种"内讧"的机会，开始向竞争对手放"明枪暗箭"。

那个时候，我们在那座城市里的同品牌竞争店只有一家。对方是老店，我们是新店。这就意味着对方是"地头蛇"，而我们则是"踢馆的"。

好死不死，我们开店后的第一次展销会，两家的展台便被安排到了一起，彼此比邻而居。

机会来了，当然不能放过。

车展第一天，我们挑了几个最漂亮的姑娘小伙，让他们穿上最高档、最有范儿的一款工装在展台上亮相、执勤，那种风采，绝对不亚于职业车模。

这种做法很快便见效了。虽然车展中各种档次、各种来路的车模乃至"野模"并不少见，可我们这边在没有雇佣一个车模或"野模"的情况下，完全靠员工自己的亮丽表现压住了场子，风头一点不输他人，反而显得格外的扎眼，格外的"鹤立鸡群"。

很快，我们的展台前便围上了一大群人，变得热闹异常，而且这种车水马龙的热闹场面一直持续到车展结束。

再看看那边厢竞争对手的展台风景，可就显得有些凄凉，甚至是凄惨了。

在"天生丽质"方面不如我们也就算了，他们的人在气质乃至气场方面也是完败。寒酸的工装、土得掉渣的打扮本来已经失分，站没站样、坐没坐样、走没走样，在身姿仪态方面，对方也与我们差得太远。有趣的是，由于两家店的展台靠在一起，这样的对比便愈发鲜明、愈发一目了然。人群"厚此薄彼"，削尖脑袋往我们这边扎，彻底冷落对方的展台是理所应当的事。问题在于，对方的员工对这种极其突兀的场面上的对比也不可能完全无感，这对他们的士气所造成的打击可想而知。

整个车展期间，对方的人都像霜打的茄子一样提不起半点精神，即便偶有客人光顾，他们强装的热情里也有太多的勉强。客人也不是傻子，这种勉强的情绪他们也能感受得到，并由此倍感扫兴，愈发不愿光顾对方的展台。一来二去，两相对比的场面便显得更为突兀。

这边我们的员工即便不用正眼看，也能清晰地感觉到从背后射来的"羡慕嫉妒恨"的目光，这种感觉让他们倍感惬意，备受鼓舞，干劲也更足了。

事后证明，这场公司开业后最初的车展上培养出来的优越感，在今后很长时间里都不会消失。这种优越感会变成员工心中一根强大的精神支柱，也会最终演化成企业的一个超给力的核心竞争力。

总之，这次令人惊艳的亮相，为公司后来的发展奠定了坚实的基础。

打那以后，到我们店来"看帅哥美女"在那座城市里成为一个小有名气的噱头，其效果丝毫不亚于天量的广告投入。

人气伴随着财气，不消半年的工夫，我们就将那家竞争对手店推向了绝路。

从那个时候开始，这家店便走上了频繁更换老板的道路，不到三年的时间里就换了三回手，经历了三拨人马的打理。可是无论哪拨人马经手，这家店却死活也找不到感觉，始终没能走出困境。

尤为诡异的是，在员工的"仪容仪表"和企业的综合形象方面出现如此巨大落差的情况下，这么多位老板却一直对这一点视而不见，始终没有采取任何有效措施扭转局面。其顽固不化的程度实在是令人称奇。

也许，这是某种恶性循环使然：因为竞争不过对手，所以导致效益下滑；因为不景气，所以不得不厉行节约；因为要节约，所以明知有些事情存在巨大问题也只能放任自流。

又或者，这就是某种固有观念使然：中国人天生对擅长打扮，不可能在仪容仪表方面真正发生脱胎换骨的变化。因此即便狠抓这个事情也没用，顶多好上一阵儿，很快就会打回原形。与其忙活半天白费功夫，还不如一开始就不趟这滩浑水。

甭管是哪种理由，都雄辩地证明了那家竞争对手店在经营理念和管理水平方面是何其的落后。正是因为这样，他们才会表现得如此不堪一击。而且一旦被打趴下，似乎就再也爬不起来了。

说句题外话。许多抱残守缺、坚持过时管理理念的老板和公司高层会经常把这样的说辞挂在嘴边：都说我们的管理理念落后，可我们不照样用这些落后的东西撑到了今天吗？我们没有死，我们还活着，这就说明这些落后的东西还有用，还不能扔。存在就是合理嘛！

存在就是合理——这是许多管理者爱用的口头禅。问题在于，这个口头禅是否真正符合逻辑。起码我个人持否定态度。理由很简单，"存在即合理"不是无条件的，它绝不是一种必然，而只能是一种偶然。换言之，它极大地受制于环境，既能因某种环境而生，也会因某种环境而死。

从来如此，自古如此。

就拿管理理念来说，为什么许多落后的理念可以在相当长的一段时间内"存在"？简单，环境使然。因为赶上了好时候，市场野蛮生长、迅猛发展，所有人都可以相对轻松地靠天吃饭，因此，再老土的招儿也会灵，再落后的理念也会管用。反正大家都差不多，都是土老帽，都没什么水平，所以也便能相安无事，彼此都能有一口饭吃。

这就是经济学中经典的"同质化竞争"现象。这种现象在各行各业广泛存在，已经普及到令人发指的程度，这一点相信鲜少有人会提出异议。

问题在于，经济学中还有一个异常重要的概念叫作"鲶鱼效应"，却并没有得到应有的重视。

这个概念与"同质化竞争"意义完全相反。或者说，"鲶鱼效应"就是用来打破"同质化竞争"的。就好比将一条鲶鱼扔到一个小鱼扎堆的池子里，以此搅乱一池春水，让池子里的小鱼在环境骤变中或重生，或灭亡。

问题在于，当环境已经改变，"鲶鱼效应"已经发生时，如果你还顽固地坚持"存在即合理"的陈旧想法，而不是积极改变自己以适应新环境，那基本上只有"灭亡"这一条路可走了。

换言之，如果竞技场中的玩家水平彼此彼此，都是同样深浅，游戏本身还是可以继续玩下去的；可是，如果竞技场中来了一位真正的高手，水平秒杀所有现有玩家，那游戏是否还能玩得下去，就得看各自的反应和造化了。

显然，我们遇到的那家竞争对手店，无论几易其手，都始终没能对我们店这条"鲶鱼"的出现做出正确反应，因此也就怪不得"造化弄人"了。

其实，有些事到现在连我自己也想不明白，不知道那家店为何自甘沉沦到如此地步。

在几次易主之后，我曾经以顾客的身份偷偷上门拜访过一次，其间的所见所闻令我感慨不已。

别的不说，至少在仪容仪表方面，这家店的员工真是邋遢到了一定的境界。

时值夏日，店里的工装是半袖白衬衣和深蓝色西装裤的搭配。本来，这样的着装应该可以充分体现职场人士的飒爽干练和勃勃英姿才对，可如此难得的"露脸"机会却被这家店的员工给活活糟蹋掉了。

男员工的表现尤其令人咋舌。有系领带的，有不系领带的；有穿皮鞋的，有穿球鞋的；有白衬衣上沾满汗渍与污渍的，也有衣服裤子皱皱巴巴的。更为夸张的是，甚至有个别员工直接穿着私服上岗，估计是连工装都忘了带抑或是实在肮脏不堪完全没办法穿出场。

男员工如此，女员工也不遑多让。先不说素面朝天、完全不化妆的女员工不在少数，居然还有许多女孩子白衬衣的下摆一半扎在皮带里，一半露在裤子外面！裸露在外的衬衣下摆皱得一塌糊涂，实在是有碍观瞻。

男孩子不拘小节也便罢了，女孩子也邋遢至此，真是令人无语。

我都能想象得出来这些员工平时都是怎么对待自己的工装的：首先，三个月能否洗一回都是个问题；其次，半年能否熨烫一次都不好说；最后，估计每次换衣服的时候，自己的衣服（私服）都要好好地拿衣服架子撑起来挂上，而工装则是脱下来随手一揉，胡乱塞进衣橱了事。

显然，在这些员工的心里，"工装"这个东西是没有任何社交属性的，只具有最基本的"遮蔽身体"的属性——好歹有个什么东西穿在身上，没赤身裸体、有伤风化就行，至于说什么美观啦、气质啦、风度啦之类的事情，则统统与我无关。或者即便"与我有关"，这些事情也全部与"工装"无关，只与"私服"有关。

这还算好的，更严重的情况恐怕是这样的：越是不怕脏乱差的场合，越要穿工装；越是怕脏乱差的场合，则越要穿私服。

换言之，在这些人的心里，工作场合，包括与他们自己口中"尊贵的"顾客打交道的场合，其实是一个可以"脏乱差"的场合；而非工作场合，亦即八小时以外的私人空间，反而是一个不可以"脏乱差"的场合。

这样的工作态度，这样的职业素养，实在是令人叹为观止。那一声声的"顾客最尊贵""顾客是上帝"的口号，简直就是自己打自己的脸。当然，顾客的脸也被打得啪啪响。

可以想象，天天被打脸的顾客，会是一种什么样的心情。而这样的心情，又如何能为企业带来预期的效益？

仪容仪表之所以重要，不仅仅在于它能赤裸裸地反映一个人的精神风貌，还在于它能够让人们窥一斑而知全豹，借助员工的仪容仪表真切地看到这家公司的整体风貌。

就拿我们那家竞争对手店来说，站在舞台上表演的"演员"尚且如此，"舞台"本身也便可想而知了——那家店的展厅肮脏不堪，地板砖上满是脚印和划痕，有些砖甚至已经龟裂、残破，很明显是长期缺乏打理与保养的结果；卫生间的"卫生"情况也令人侧目。臭气熏天、脏水横流，顾客需要掩着鼻子、踮着脚尖进出不说，盥洗台前的镜子上居然有一道长长的裂缝，而且这道裂缝上居然贴着一条长长的白色胶布遮挡，远远看去就像是一道醒目的疤痕，要多难看有多难看。至于说到盥洗台上的肥皂盒，那个肮脏劲儿就甭提了。总之，会给人一种用了肥皂会比不用肥皂更脏、更费水的感觉。话说，现如今的公共场所，更干净、更高效、更省的选择不是肥皂，而是洗手液，这难道不是一个常识吗？

看来，即便换了几任老板，这家店的管理理念与水平却完全没有任何进步，依然停留在石器时代。

所谓"兵怂怂一个，将怂怂一窝"，确实是这个道理。任何管理上的问题，不从高层开刀，是不可能得到根本性解决的。

那位说了：既然"貌相"这码事在生意场中如此重要，那是不是这一法则也同样适用于"顾客"这个群体呢？

答案是否定的。

一言以蔽之：看员工，一定要以貌取人；看客户，则要尽量避免以貌取人抑或尽量反向以貌取人。

这是生意场上的铁则，务必要牢记。

那么，什么叫"反向"以貌取人呢？

说白了，就是要反着看顾客的外表——越是那些穿着光鲜亮丽的人，往往越是"水分较大"的客户，顶天儿了是中产，甚至有可能是穷光蛋；反之，越是那些外表土里土气甚至邋遢不堪的主儿，则反而越有可能是真正的大主顾、商家的财神爷。

当然，"无论贵贱贫富，客户都是我们的上帝"，这句话依然是不错的。对待任何客户都要一视同仁，付出我们最大的耐心和诚心同样也是一条生意场中的铁则，必须得到严格的遵守。只是说，用我们固有的以貌取人的惯性去看待客户，给客户贴标签，这样的行为是极端危险的，其潜在损失不可估量，这一点需要得到我们的高度注意。

举一个真实的例子。

最初涉足汽车圈时，我自己也曾经当过几个月的一线销售人员。实事求是地讲，我的业绩并不好。一来作为新人，实战经验实在是缺乏；二来由于有留洋的经历，多多少少沾染了一点以貌取人的毛病。所以总是抓不住客户，抑或即便能抓住客户，也总搞不定最后的"临门一脚"。

有一天，店里来了一个老头。这个老头是骑自行车来的。那辆自行车要多老有多老，要多破有多破。估计除了铃铛不响哪儿都响，把整辆车卖给路边的修车摊儿也换不回十块钱。骑的车如此，人的打扮也便可想而知了。这个老头的穿着应该是 20 世纪六七十年代的风格，而且脑袋顶上还戏剧性地戴着一顶草帽，那感觉好像刚从地里收割庄稼回来。

可以想象，老头进店之后我们这帮销售人员会是什么反应。没错，大家都尽量往后闪，没人愿意上前接待他，包括我。

直到老头围着展厅里的展车绕了好几圈，才有一个农村出身的同事迎上前去，用家乡的方言和他攀谈了起来。

老头用的也是方言，两个人谈得很投机。让我那位同事吃惊的是，对方居然很懂车，很专业，说起和汽车有关的事儿来头头是道、滔滔不绝。刚开始还是同事给他介绍车，聊着聊着就反过来了，成了他给同事介绍车了。

这场"奇怪"的对话持续了一个多小时方才结束。送老头离去之后，这位同事还不住地啧啧称奇，高呼"开眼"！

那之后，老头又来了几次，回回都是相同的自行车，相同的行头。约莫过了一个月左右，他便过来提车了。这一提车不要紧，生生惊掉了我们所有人的下巴！原来，老头提的车是我们店里旗舰品牌的最高配，价格近三十万元！这样的价位，绝对堪称豪车了！

关键在于，这笔买卖的成交速度是相当快的。从第一次看车，到最终提车，只用了区区一个月的时间。这对于常常连续追踪半年也搞不定客户的我们来说，绝对是"捞着"了！

我们这帮围观的同事，心里头那叫一个"羡慕嫉妒恨"！真是后悔莫及呀！照理说，老头第一次来店的时候，我们当中的任何一个人只要肯往前迈出一步，这个客户就归他了，可如此简单的动作，大多数人却没能做出来，只能眼巴巴地看着一个大便宜被别人捡走。

后来我们才知道，这个老头其实是一位部队的离休高干，一辈子朴实惯了，所以有些不拘小节。但是由于曾经在军队里的运输部门服过役，所以从年轻的时候便学会了开车，也爱上了开车，因此决定在退休后给自己买辆车，好好犒赏犒赏自己，过一把天天能开车上路的瘾。

顺便说一句，老头来提车的那天，依然骑着那辆破自行车。唯一不同的是，这一回车前筐里装了一个大塑料袋，塑料袋里装满了现金。这样的提车方式，也算是极富个性了。

只不过，这一次我们这帮销售人员再也不敢轻看人家、嘲笑人家，再也没有了往日那种"俯视"的优越感，每个人的眼神中反而有了几分"仰视"的感觉。

类似的案例在后面的日子里我还碰到过许多次。在事实一再的教育下，我从国外带回来的以貌取人的习惯终于得到根本性的扭转。

一直到今天，在做一线培训的时候，这个故事以及隐藏在其背后的商业逻辑，都是我在课堂上必讲的内容。

那位说了：我承认你说的有些道理。可却不能完全认同"貌相顾客是错的，反向貌相顾客才是对的"这种说法。理由很简单。行业不同，顾客的构成也会有所不同。这玩意儿不能一概而论。对有些行业而言，你就得"貌相"顾客，否则就做不成生意。比如说化妆品行业，你不貌相顾客行吗？和那些素面朝天、穿着朴素的顾客相比，肯定是那些打扮得时尚靓丽、雍容华贵，甚至浓妆艳抹的人更容易成为你的顾客呀！难道不是这样吗？

我的答案很明确：不是这样。

你还别说，我还真认识几位在商场里卖化妆品的女孩，相信她们的话应该具有一定的说服力。

按照她们的话讲，无论是入职前的厂家培训还是入职后的现场指导，总公司的人总会一而再再而三地教导她们：卖化妆品的秘诀就是"貌相"。一定要看人下菜碟，根据顾客的穿着打扮向顾客推荐产品。

他们的理念是这样的：不同的穿着打扮预示着不同的经济基础和欣赏品位。而化妆品这种东西，对于顾客的经济条件以及对商品的品位与口味这些细节要求极高，极"挑人"。所以，只有看人下菜碟的方法才是销售化妆品的王道。除此之外，任何方法都不灵光。

乍看之下，这套理论完全正确，应该能够得到实践的证明。可不知为何，那几位从事化妆品销售的女孩子却似乎并不能够完全认同。这就奇怪了。照理说，与男人不同，女人，尤其是那些会光顾化妆品柜台的女人，应该不至于不拘小节啊！即便谈不上"光彩照人"，起码也得是"妆容精致"的状态才对呀！

一问之下，还真不是。

据这几个女孩子所言，那些打扮得体的客户，顶多购买的是中档货；即便是买高档货，也往往表现得抠抠索索，不但买的数量少，而且还会在价格及赠品这些交易条件上磨叽半天，让她们倍感难受。

相反，反而是那些看起来像"郊区大姐"或"农场大妈"的顾客，一上来就豪掷千金，成打成打地买，而且成交的时候不问条件，干脆利索。

看来，所谓"土豪"现象，至少在一定时期内会是某种商业常态，而且是一种跨行业的常态，应该引起所有服务行业从业人员的高度重视。

当然，还是那句话，最好的应对方式就是彻底放弃以貌取人，对所有顾客一视同仁。这才是真正保险的做法，可以确保你不会流失任何一个客户。

顾客"貌相"员工有理；员工"貌相"顾客荒谬。

今天，你"貌相"了吗？

小结

靠谱的外表意味着靠谱的人；靠谱的人意味着靠谱的公司；靠谱的公司意味着靠谱的生意。反之亦然。

02 "小名片"与"大智慧"

> 你有多重视顾客，顾客就会有多重视你。人与人之间的关系从来都是相互的，不存在"单行道"。

顾客进店后，店家的工作人员在第一时间要做什么？简单。热情问候顾客，然后递上自己的名片。这是商场中的常识，也是服务行业的基本功之一。道理大家都懂，可是这里面的商业逻辑和正确的操作方法又有几个人真正掌握了呢？情况未必令人乐观。

让我们从"名片"与"问候"这两个关键词切入，一起探究一下个中的玄机。

先来说说与名片有关的话题。

相信许多人都有过这样的经历。当我们以顾客的身份造访某个店家时，往往会得到几张名片，可是这些名片一般来说都得不到我们的珍惜，基本上就是一种"例行公事"，十有八九它们会在几天之内不知所踪，莫名其妙地丢失，或者干脆被我们主动扔进垃圾桶。

为什么会这样？是我们根本就不在意这些名片吗？好像是，也好像不是。事实上，事情过去一段时间之后，往往因为某个契机（比如忽然有求于这家店，而且依稀记得自己曾经有过对方的名片），我们会满世界地寻找这些名片，然后在遍寻不着，倍感失望的情况下上网寻找这家店的电话号码，从零开始联系对方的工作人员。

之所以会失望，是因为名片意味着某种"老（特殊）关系"，能够证明自己去过那里，证明自己具有某种程度的"老（特殊）客户"身份。在我们的潜意识里，这一身份可以有效拉近自己与店家乃至某个特定员工之间的距离，能给我们带来可以得到某些优待的期待感。而从零开始重建这样的联系，会让我们有一种得而复失，浪费了资源的感觉，因此自然会倍感失望。可既然如此，为什么当初我们会对这些名片如此不珍惜乃至弃之如敝屣呢？

恐怕只能有两个原因。

第一，缺乏使用的紧迫性。即便今天得到了名片，下回再用到不知是什么时候。由于没有使用的紧迫感，因此便不再看重。

第二，得到名片时的感受出了问题。得到名片的过程过于随意，过于不正规，以至于我们会在下意识里忽略了它的重要性。

显然，第一条是顾客的问题，店家爱莫能助；可这第二条，则完全是店家自己的问题，有许多文章可以做，也必须做。

毫无疑问，名片对店家很重要，绝非可有可无的存在。正如我在前面所说，让顾客留住店家的名片，不仅仅是一个"广告"的作用，更重要的是在店家与顾客之间建立一条纽带，而这条纽带绝对具有"双赢"的性质。对店家而言，它意味着当顾客需要你的时候，随时能找到你，而且只会找你，不会去找其他店家（没有留下名片或干脆没有名片的店家）；对顾客来说，正如我在前面所提到的那样，与店家保持某种亲密关系，能够让他们产生一种心理上的亲切感，并将这种感觉视作可以为自己赢得某种优惠服务条件乃至交易条件的重要资源。

简而言之，不但商家想和顾客套近乎，顾客也想和商家套近乎。这种"讨好对方"的心理活动是双向的，不是单向的。这才是商业的逻辑。

当然，作为一种商业礼仪的载体，名片自有其特殊的功用，这一点是其他现代化科技手段所不可替代的。这也是商业常识，无须赘述。

但是，在一线现场，我们的店家到底都是怎么做的呢？

一起来看一下。

犹记得若干年前，每当店里有客人来时，工作人员总是会第一时间递上名片，这几年不知为什么，在顾客临走前递名片的情况越来越多，甚至完全不递名片抑或没有准备名片的店家也不在少数。即便顾客勉强得到名片，工作人员的态度和姿态也很令人怀疑。

从办公桌抽屉里顺出一张名片，或者干脆直接从裤兜里掏出一张名片的情况屡见不鲜。有些名片甚至已经皱皱巴巴，表面沾着污渍，由于褶皱的打磨或污渍的遮掩字迹变得模糊从而隐去了某些关键信息让顾客不明就里的现象也时有发生。不止如此，递名片的动作也有问题。恭恭敬敬地将名片双手奉上的情况现如今已然极为少见，在大多数情况下，工作人员都是单手将名片随意地递过来。递名片的人都如此不上心，怎么能指望收名片的人上心呢？这样的名片递出去，其实就跟扔掉没什么区别。只不过做"扔"这个动作的，是顾客而已。

你无情，就别怪我寡义。顾客对名片的态度，完全是由店家的所作所为决定的。

当然，有一种情况可能有些不同。现在的许多店家，喜欢把名片钉在商品（或服务）的宣传彩页上递给顾客，以此预防顾客无意的遗失或有意地丢弃。这种做法尽管没有什么不妥，但是因为这样便有意识地省略亲手给顾客递名片的环节，则需要打上一个大大的问号。

名片的遭遇也许和时代的变迁有关。若干年前正是名片文化兴盛的时候，给别人递上一张自己的名片颇有几分时髦的色彩，是一件挺有面子的事儿，所以让大家趋之若鹜，表现得很积极、很踊跃；而这两年，随着人们见多不怪，并且各种现代化的联络方式愈发普及，名片文化似乎已然日薄西山，逐渐变成了一种鸡肋般的存在——用它吧，意义不大，甚至有几分"老土"；可不用它吧，又总觉得缺点什么，更何况礼仪上也说不过去，正可谓"食之无味，弃之可惜"。

既然名片的待遇如此，那么作为名片的接受方，顾客的待遇也便可以理解了。但是，这种现象却暗藏玄机，对于商家来说，甚至称得上是一种陷阱，必须抱着戒慎恐惧之心，看透它的本质。

还是让我们从商业的基本逻辑说起。

诚然，现如今的名片看似仅存礼仪方面的意义，确实有点"鸡肋"的意思，不过，如果我们够聪明，再往深里想想，情况却未必如此。

商业的命门是什么？说白了，就是一个"诚"字。以诚换诚，以诚换钱，就是商业。有了这个字，一切成立；没有这个字，一切免谈。这是一条客观规律，从来如此，今后亦如此；只与人心有关，而与科技无关。无论这个社会发达到什么程度，这条基本规律不可能也不应该发生任何变化。

显然，与现在流行的某些更为现代化的通信手段，比如微信之类的即时通讯方式相比，在"诚"这个字上，名片有着得天独厚的优势，可以承载更多的文化意涵，给人留下更深刻、更鲜明的印象。

当然，前提是你要改变意识，掌握操作技巧，切实做到"好钢用在刀刃上"。

这样的案例在你我身边并不少见，尤其是在当代社会科技如此发达，各种新想法、新玩意儿层出不穷、日新月异的背景下，相同或相似的现象还会愈发严重、愈发突出、愈发普遍。

比如说，电子红包的诚意，远远不如现金红包；手写信件的诚意，显然比电子邮件更突出；网络视频，不如亲自见面效果好；逢年过节的祝福话、吉祥话也是如此。无论内容是否原创，辞藻是否华丽，语言修辞是否专业，与简单的复制粘贴相比，一个字一个字地写下来的东西，哪怕多么拙笨、多么粗糙，其所承载的诚意也将远胜前者，比较容易给对方留下深刻的印象。

在这方面，我本人就有着切肤的体验。前两年，我也曾经随大流，经常把一些网上找到的祝福信息、吉祥金句群发给朋友，刚开始，还能间或收到同样群发的复制品，可后来连这种回音也收不到了，基本上消息发出去之后便石沉大海，踪影全无。后来咬咬牙，选了一个最笨的方法，一个字一个字地敲，大不了字数少点儿，结果发出去之后效果奇佳，几乎每一条都能收到回信儿，而且绝大多数回信儿一看就知道也是对方一个字一个字敲进去的。

从这件小事当中可以看出，所谓的"真心换真心"，还真不是随便说说，确实是这么回事儿。你重视别人，别人不可能，至少不好意思不重视你。这是一种平等，或者说恒等的关系。

可见，现代科技的优势是效率高，劣势则是不利于"心意传达"。在某种程度上讲，"效率"和"心意"是两个意涵完全相悖的概念——效率越高、心意越浅；效率越低，心意越深。

因此，对于商家而言，在面对商业合作伙伴（比如说供应商什么的）的时候，可以尽量多讲讲"效率"；但是在面对顾客的时候，则必须把注意力更多地放在"心意"上，哪怕这样做意味着效率的降低也在所不惜。

别担心，只要你的"心意"到了，失去的"效率"顾客会用自己的行动和钱包替你补回来。

所以说，名片的"鸡肋"命运实在是有些冤枉。效果不好是由于店家的意识不到位，操作不得要领，这是店家自己的问题，不能把狗屎盆子往名片头上扣。

总之，科技越先进，人情越淡薄。而商业是一个讲究"人情"的地方，人情味越浓越好。作为商家一定要明白这一点。

当然，这不是说在商场上只能用名片，不可以留微信。微信当然可以留，但是这两种手段各有用处，各擅胜场，完全可以并行不悖，没必要硬搞成"二选一"。

你可以在名片上印上自己的微信信息，顾客加不加你的微信是顾客的事情。这样就可以以逸待劳了。

一般来说，顾客重视你的名片，自然会加你的微信；可是如果顾客连你的名片都不在意，他也不会加你。即便加了你，恐怕对你也留不下什么印象。时间久了，甚至有可能搞不清楚手机里的那个微信头像到底是谁，这人到底是干什么的。换言之，你的微信信息对于人家来说，很容易变成不折不扣的垃圾信息，属于随时都可以被清除的对象。

总之，商业的秘诀在于销售自己，销售自己的秘诀在于给对方一个好心情、好印象。只要你能给顾客留下良好而深刻的印象，成功地将"自己"这件商品推销出去，你放心，顾客不但会欣然收下乃至珍惜你的名片（因为这张名片在顾客的心里就意味着你这个人，而不再是一张薄薄的纸），甚至会当场主动索要你的微信。即便一时忘记了索要，他们也会在回家的路上或回家之后第一时间按图索骥，依照名片上的信息将你的联系方式记录到手机通讯录里，或直接加上你的微信，以防丢失名片之后失去联系你的渠道。

总之，还是那句话：你有多重视顾客，顾客就会多重视你。人与人之间的关系从来都是相互的，不存在"单行道"。

所以，小小的一张名片，蕴藏着不少商场里的大道理，绝不可等闲视之。

那么，正确的递名片方式应该是怎样的呢？这是一个老生常谈的问题。

首先，名片必须放在西装的上衣口袋里，而不能是其他地方。这是起码的礼仪，事关顾客的感受。

其次，递名片之前，必须面向顾客，微微地一鞠躬，然后用双手各执名片的一端，恭恭敬敬地奉上。

最后，一定要简短地将名片上的关键信息向顾客复述一遍。告知顾客你的姓名、职务以及职责，并请对方"多多关照"。

还是那句话，道理谁都懂，关键在于是否能做到。

俗话说"魔鬼藏在细节里"，只要你能一丝不苟地执行正确的操作流程，名片的功用绝对不会像你想象得那般"鸡肋"。

还可以做一些其他的小发挥。

举几个我在海外见过的例子。

有一次去日本出差，办完事后回酒店的路上刚好经过一家汽车销售店，便顺便进去逛了逛。

接待我的是一位年轻的女孩。个子不高，相貌平平，还有一双日本女孩典型的萝卜腿。看得出来她是一位新人，接待客户的时候明显有些紧张，甚至还略微有些口吃；产品知识方面，掌握的程度也很一般，做产品介绍时并没有给我留下什么特殊的印象，只不过那种日本人独有的努力、认真、竭尽全力的态度，倒是有几分令人动容。

照理说，这样的经历实在是太过平凡，在我的职业生涯里根本就是沧海中的一滴水，不太可能留下印记，应该很快就会被遗忘，但是，数年过去，时至今日这个女孩以及这段经历都深深地印刻在我的脑海里，久久不能忘怀。

为什么会这样呢？

缘起一张名片。

那个女孩的名片上，粘贴着一枚薄薄的干花标本。尽管我叫不出花名，但那枚粉红色的干花，真的是非常精致、非常典雅，与雪白的名片相得益彰，称得上一件艺术精品。

一打听才知道，原来是这个女孩的妈妈为了给刚刚走出校门（两年制女子短期大学）的女儿鼓气加油，特意为她亲手制作的名片。要点在于，每一张名片都如此。这就意味着，妈妈为心爱的女儿制作了数百张这样的名片！

当我得到这张名片，听到这个故事的时候，眼前这个相貌平平的女孩仿佛瞬间发出了光彩，在我的眼里有了一种"职场女神"的范儿。当然，同样发出光彩的，还有那张小小的名片。

可想而知，那之后这张名片在我这里会得到什么样的待遇。是的，一直到今天，它都完好无缺地保存在我的名片簿里，而且不出意外的话，我还会一直保存下去。

就在我行将离开那家店的时候，店长也出来了。是个四十岁左右的中年男人。他热情地跟我打招呼，并恭恭敬敬地递上了一张自己的名片。

我扫了一眼那张名片，看见店长的名字上方印着这样一行字"プロフェッショナル．セールス"，翻译成中文就是"职业销售员"的意思。

这行小小的字居然让我有几分感动。

首先，尽管身居高位，这位店长却依然以基层员工自居，把自己视作一个一线销售人员。这样的企业文化，显然是一种"全员销售"的文化，是企业管理领域的一种理想状态，也是"公司一盘棋"精神的完美体现；相信在店长的率先垂范下，这种文化已经渗透到公司的每一个角落，在每一位员工身上打下深深的烙印。

另外，"职业"这两个字，在日语当中分量是很重的。其意近似于我们的"专业"。因此，敢以"プロフェッショナル（职业）"自称，足以显示店长对自己"职业经理人"身份的自信，以及对自己"专业水准"的自负。

这既是一种气魄，也是一种担当——既然你敢把自己的本事当成商品拿出来秀，拿出来卖，那这件商品必须要够资格——这也是对顾客负责任的表现。

因此，同样不难想象的是，这张名片我也一直保存到了今天。

离开那家店后，回到酒店里和一位长期驻日的同事聊天，提到了这件事。没承想那位同事也对此深有感触，给我讲了另外一个故事：他的媳妇非常喜欢光顾一家日本本地品牌的时装店，每次去的时候，那家店的店员都会给他们一家三口每个人都发一张名片，包括他三岁半的儿子。区别在于，给小孩子的名片有些不一样。这家店下了很大的功夫，在名片上印了卡通人物的形象，让孩子爱不释手。甚至有的时候，为了得到这家店的名片，孩子还会主动央求妈妈带他去逛那家店。

提起这事儿的时候，那位同事嘴里啧啧有声，一副"不可思议"的样子。

店家的用心之深、心思之密、手法之巧，由此可见一斑。

话说每隔一段时间我就会清理一遍名片簿。尤其是近些年微信盛行，名片簿已然越来越薄。可是有一些名片，无论如何清理也断断不忍舍弃。究其原因，恐怕与名片主人的匠心独具不无关联。

只要你的心到位了，这份心意就一定会有一个好的归宿。对此深信不疑，恐怕也是商人最起码的素质之一。

日本人能想到的事，我们没有理由想不到，日本人能做到的事，我们也没有理由做不到。

小结

不但商家想和顾客套近乎，顾客也想和商家套近乎。这种"讨好对方"的心理活动是双向的，不是单向的。这才是商业的逻辑。

03 "问候"的技巧

> "问候"不存在公众性和公开性，只存在单一性和私密性。

说完了名片，再让我们来聊聊"问候"。

当顾客走进店门的时候，除了递名片，热情地问候顾客也是一道必须履行的程序。

为什么要这么做？

仅仅是为了礼仪上的周全，或为了表达对顾客的"欢迎"之意吗？

不尽然。

"问候"最初的使命，是为了缓解顾客的"不安"。

对于工作人员而言，无论多么干净整洁、装潢高贵、设施豪华的职场环境，一旦适应了、熟悉了，便会安之若素、习以为常，不觉得有什么大不了；可是对于一个纯粹的"局外人"——顾客而言，"初到贵地"的陌生感和新鲜感也会伴随着一丝不安，一点忐忑，会有一种莫名的"孤立无援"的感觉。这种感觉会让顾客本能地萌生出几分警戒之心，使他们下意识地绷着，下意识地筑起一道自我保护的防线。显然，即便谈不上"刘姥姥进大观园"，至少这种源于陌生的不安感和警戒心，是需要被关照乃至被抚平的。

尤其是那些门槛较高，售卖耐用产品或奢侈品的店家，更容易给人留下这样的印象。

因此，这个时候如果有一个人，能够微笑着迎上前来，用一种如沐春风般的语调向自己打招呼，热情地问候自己，"局外人"心中的释然与满足将是无以言喻的。他会瞬间被这个人所俘获，对其产生一种天然的依赖感，心甘情愿地跟他走，听他的诉说并接受他的建议。

当然，这是一种理想状态，未必会在现实世界中完整地呈现，可基本逻辑是不错的，这一逻辑足以证明高质量的"问候"对于顾客以及商家本身而言具有何等重要的意义。

遗憾的是，道理谁都懂，真正做到位的店家却没有几个。在现实世界里，鲜有几个店家的问候能够给人"如沐春风"的感觉，不夸张地说，能够不让顾客感觉到"寒风"，已然算不错了。

为什么会这样呢？

让我们分析一下。

其一，表情不到位。

在问候顾客的时候，漫不经心是大忌。

眼睛盯着电脑屏幕，板着一张扑克脸，顺口一句"欢迎光临"，这样的"问候"有什么意义？不激怒顾客已经算烧高香了。

笑容也很重要。甜美的笑容具有极强的"治愈"功能，这是人的本性。问题在于制造笑容的方法。方法对，见到笑容的人会瞬间释然；方法不对，笑容给人带来的则只有尴尬。

所以说，甜美的微笑可以天生，但也需要后天的锻造。空姐与高姐（高铁服务员）的微笑之所以会有专门的标准来衡量（比如说必须露出多少颗牙齿），之所以需要口含筷子进行专业的训练，是有其内在原因的。

当然，无论有多高的评价标准，多严格的训练方式，工作人员之所以要微笑，是为了给顾客带去一个好印象、好心情，以便让顾客更好地照顾自己的生意，配合自己的工作。因此，与方法相比，心意更重要。即便不提"顾客是上帝，是衣食父母"的概念，仅从与人为善，为自己创造一个相对宽松、相对舒适的工作环境的角度出发，对服务行业的从业人员来说，微笑也是一个极为现实，极为重大的命题。哪怕为了这一点，发自内心的微笑也绝对是值得的。

还有一个重点需要特别注意。一个真诚的微笑，眼睛的作用不可小觑。俗话说"眼睛是心灵的窗户"，无论你的笑容多么标准，如果眼睛里的冷淡不能够彻底消除，给顾客带来的印象便依然难说满意。

这样的感觉，相信所有乘坐过飞机的现代人或多或少都会有一些。不知是由于工作的疲累，还是职场江湖的长期打磨使然，许多老一辈空姐的笑容里总是隐藏着一丝难以言喻的冷漠。尽管她们能够用自己熟练的身手和高超的处世技巧轻松地摆平客舱里的乘客，但是手法越娴熟、技巧越高超，那种难言的冷漠也便越鲜明，越令顾客下意识地敬而远之。相反，越年轻、职历越浅的空姐，其笑容也便越真诚，越赏心悦目，即便她们的处事手法稍微笨拙一些，乘客也不会斤斤计较，甚至反而会体谅她们、包容她们，乃至"惯"着她们。

当然，这种情况非空姐行业所独有，在几乎所有服务行业的现场都不同程度地存在。

究其原因，奥秘全在"眼睛"里。

只有腮帮和口腔周围的肌肉发生位移，是构不成完整的"笑容"的，顶多能占"笑容"的三分之一。剩余的三分之二，全在"眼睛"里。

所谓"皮笑肉不笑"，就是这个意思。脸上笑开了花，眼睛里却看不见任何笑意，这个"笑容"就是失败的，没有任何意义。非但不会愉悦他人，还会令他人倍感尴尬乃至如坐针毡。

因此，无论如何要让眼睛笑起来，只要能够做到"眼含笑意"，其实面部的肌肉是否跟得上，已然无所谓了。关键是眼睛，必须让眼睛跟上趟。

其二，方法有问题。

"问候"的方法问题，主要存在于两个方面。

第一，过于干燥无味，毫无感情可言。

第二，即便有感情，方式却千篇一律、缺乏变化。

这两种情况想必大家都不陌生。归根结底，它们的弊端都在于：缺乏诚意。

想象一下，当你进入一家店，看到一张面无表情的脸，听见一句例行公事般的"欢迎光临"时，你会有什么感觉？

又或者，即便你看到了一张热情洋溢的脸并听到一句响亮的"欢迎光临"，可当你意识到，对方的这种表现在每个人面前都毫无二致，就像复印机复印出来的文件一样整齐划一，没有任何变化的时候，你又会是什么样的感觉？

不出意外的话，你的回答一定会是：这样的问候纯属鸡肋，完全没什么感觉，不要也罢。

所以说，即便"问候"是工作流程的一个环节，但它的本质却依然是私人化的，具有"一对一"的性质。甭管你问候了谁，当"问候"这个行为发生的时候，它一定只属于问候者与被问候者两个人，是两个人之间的"私事"。如果被问候者感觉不到这一点，这个问候的价值便是一个硕大的零。

因此，从某种意义上讲，"问候"不存在公众性和公开性，只存在单一性和私密性。

为了做到这一点，就必须在问候的花样上下功夫，做点小文章。

具体地说，"问候"顾客时语言和声音的使用技巧，要引起我们的高度注意。音调的处理、节奏感的把握、音量的控制等等，都是有学问的；而且在不同场合，面对不同人物时，具体的应对细节也会有所不同。

据说，仅仅是"早上好"这一句问候，日本的商家就有十五种不同的处理方式。日本人对待客之道的重视程度和精研水准之高，由此可见一斑。难怪人家的服务质量会独霸全球，有口皆碑。

目的不同，问候的方式也应有所不同。比如说，什么样的问候方式，能够准确表达自己的愉快心情；什么样的问候方式，能够让对方明确感知来自己方的浓浓敬意；什么样的问候方式，能够让顾客充分领略自己身上的满满元气……都需要你去研究、去实践，去细细品味个中的不同。

之所以这样做，是有原因的。比如说，如果你想让对方愉悦，显然你自己要先愉悦起来。很难想象一个心情低落的人，能够仅仅靠一句干巴巴的问候给对方制造愉悦的心情；同理，如果你想让对方兴奋，首先你自己要兴奋起来。把自己的热情燃烧，才有可能点燃顾客的热情……

这就是"问候"的秘诀所在。关键在于，要把你"自己"放进去，把自己的"心"

放进去,真实情感放进去,只有这样,问候才不至于沦落为枯燥无味的例行公事。

总之,"问候"的目的是"到达"。你想把什么东西传递给对方,就要相应地调整自己的问候方式,把你想传递的东西准确地送达对方。这样的问候才是有意义的。

其三,行动掉链子。

"问候"本身不是目的,其后的行动才是真正的关键所在。在行动上掉链子,再出色的问候也会顿失光彩,毫无价值可言。

比如说,当你走进一家店,听到一句热情无比的问候,甚至是满屋子的问候(问候的声音来自四面八方),可却没有一个人出现在你面前,甚至你都无法准确判断那一声声的问候到底来自哪里,出自何方神圣,这个时候,你会做何感想?

又或者,你迅速锁定了一个热情问候你的人,可却发现他的视线完全不在你身上,而是紧紧地盯着电脑屏幕或者桌台上的文件,这一瞬间,你的感受又如何?

……

显然,"问候"之后的行动掉链子,是待客之道的大忌。

更有甚者,在许多店家还会发生这样的情况:当备受冷落的顾客无奈之下,主动走近店员索要商品宣传彩页时,店员会一边将彩页递给顾客,一边脱口而出"谢谢您的光临,欢迎您下次再来!"——这是什么意思?直接赶客人走吗?!

问候,是人际关系得以建立乃至得以维系的基础。对于萍水相逢的两个陌生人而言,这一点便显得尤为重要。

当一个陌生人走进一个陌生的地方,见到另一个或另一群陌生人时,空气中会弥漫着几分不安、几分僵硬,甚至是几分敌意,这个时候,一张甜美热情的笑脸,一句亲切怡人的问候的出现,能够让所有的不安、警惕和敌意烟消云散,使现场的气氛瞬间变得融洽、自然,甚至能产生几分私密感和亲密感。

这就是问候的意义所在。

　　当然，问候不仅仅发生在顾客进店以后，进店前的问候也不可小觑。

　　简单点说，就是"停车场"问候。

　　我在上一章提到，停车场也是店面的一部分，只要顾客的车开进来，就等于"进店"行为在客观上已经发生，店家必须对此做出及时的反应，其中就包括"问候"。

　　由于曾经的职业经历使然（我曾长期在汽车销售业界工作），这些年来，我转过不少汽车 4S 店。公平地说，和前几年相比，现如今大多数店家在服务品质方面都有了显著的提高，这一点令我倍感欣慰。可是，始终有一个环节处理得还不够好，令我如鲠在喉。那就是停车场上的"问候"存在着致命的欠缺。

　　我搞不明白，为什么现在的店家大体上都能做到让工作人员第一时间迎上前去引导顾客泊车，却做不到让这些工作人员给顾客送上一个亲切而热情的问候。

　　明明隔着车窗能够看见一个店员跑出店门口，直奔自己的车子而来，可是你却听不见一点点声音，感受到一点点动静。然后忽然就是高亢的导航声扑面而来，且声音里充斥着冰冷的语调和命令的口气。当然，既然是导航，声音高亢一些，冰冷一些乃至强硬一些也可以理解，毕竟人家也是为了自己的安全着想，有此举动无可非议；可问题是，导航完毕之后，你总要给顾客赔一个笑脸吧？总要跟顾客打声招呼吧？哪怕就是例行公事的"欢迎光临"，你也总得问候一下顾客吧？

　　没有，什么都没有。

　　也许店员认为，导航的过程本身就是"问候"顾客的过程，既然大家已经"打过交道"，再谈"问候"就显得有点多余了。可是，事情的真相却并非如此。顾客既然见到了店家的人，就理应得到店家的问候，理应感受到店家的欢迎，这一环节的欠缺，将会在顾客的潜意识里烙下一个初步的印象，当然，绝不会是一个好印象。

　　这样的情况真是费力不讨好。明明是你帮了顾客，给顾客解了燃眉之急，这个举动照理应该是一个大大的加分项，却偏偏被你自己莫名其妙地鼓捣成了减分项，实在是太冤了。

早知如此，何必当初。

除了进店时的问候，顾客离店时的问候及处理方式也很有讲究。

这种讲究体现在两个方面。

第一，领导要露面。

甭管是哪一个级别的领导，在顾客行将离店的时候，最好有个领导能够露下脸，问候一下顾客，与顾客寒暄一番；并且如果可能的话，这位领导最好和他的员工一起将顾客送出大门，并目送顾客离去。

在汽车销售业界，甚至还会有"向顾客挥手致意，直至顾客的车辆消失不见方可回到店内"这样的流程规定。

之所以这样做，也是有原因的。

首先，来自领导的问候与员工不同，对顾客而言有着一份特殊的"重量"。问候者是普通员工，顾客感受到的是"个人对个人的关系"；而问候者换成领导，顾客的感受将会变成"个人对公司（店家）的关系"。这两种关系层层递进，各有各的价值，对顾客而言都很有意义，最好不要偏执一端，顾此失彼。

其次，来自领导的问候，能够让顾客倍感尊重，产生一种得到"格外关照"的感觉，而这种良好的自我感觉能够为日后的成交打下一个初步而坚实的基础。

最后，来自领导的问候，还能将"公司一盘棋"的好印象留给顾客，让顾客对店家的经营管理水准刮目相看。这样的好印象不但有利于成交，还会有利于把顾客变成回头客（能至少再来第二回或消费第二回）乃至常连客（成为店家的粉丝，把店家当成"自己人""根据地"，不再考虑其他店家）。

显然，一旦顾客进入这种状态，你的生意便如同上了保险一样，不会有什么大问题了。

第二，要为顾客的下次来店创造契机。

这一条也很重要。"送客"是为了什么？仅仅是为了把顾客送走，并表示对顾客"本次光临"的谢意吗？显然不是。一言以蔽之，"送客"最重要的目的无非一条，那就是"为顾客下次来店埋下伏笔"。换言之，"送走"不是关键，"再度迎来"才是关键。搞不懂这一条，真的不适合做生意。

从这个意义上讲，仅仅用一句"感谢您的光临"便将顾客匆匆送走，实在是太可惜了。当然，即便再加上一句不痛不痒的"欢迎下次光临"，大体上效果也一样，说了也等于没说。

可见，"下次光临"光靠嘴巴说出来没用，必须赋予其真实而丰富的内容，从而扎扎实实地激起顾客"再度光临"的动机才行。

接下来，就让我们通过几个真实案例，详细了解一下具体操作方式。

方式一：用尚未到店的新商品吸引顾客。

这是商家最常使用的一种方式，不再赘述。

方式二：建立个人信赖关系。

推销自己，建立个人之间的信赖关系，让顾客不仅为了你的商品，更加为了你这个人而选择再次光顾你的店。

举一个我自己的例子。

媳妇在逛某家大型购物中心的时候，与一个化妆品专柜的导购小姐一见如故，成了莫逆之交，几乎一有空就往她那儿跑。当然，并不是每次去都会买她的商品，就是一种"找熟人聊天"的感觉。可是次数多了，这消费金额也不是一个小数目。按照媳妇的话说，她觉得她们两人特"有缘"，特对脾气，似乎天生就该做闺蜜；我却不这么想。在销售行业摸爬滚打了这么多年，这里面的道道儿我心里门儿清。不用猜也知道，那个女孩的"闺蜜"遍天下，何止我媳妇一人！只不过，为了不破坏媳妇的好心情，我一直没有说破而已。

这就是一个典型的"对人不对事"的例子。顾客看中的是某个人，至于那个人到底卖什么，反而不再是重点。

一直以来，我都对一种现象深感不解。就是不明白为什么许多店员，尤其是那些资深店员在面对顾客的时候满脑袋想的都是"卖商品"，尤其是卖"自家商品"。这种模式实在是太露骨、太单调、太乏味了。用的时间太长、次数太多，无论是买家还是卖家都很疲惫。可明明很疲惫，却又要强打精神硬撑着将这种极致死板的模式进行到底。真是精神可嘉，智商着急啊！

所以，不妨偶尔换换思路，另辟蹊径，寻找一些新的灵感，也许会有好事发生也说不定。

每次到各类店家做培训的时候，我都会向那里的管理层和一线员工推荐一种新的销售与管理模式——设定一个独特的KPI（重点考核）指标，专门考核员工在面对顾客时"不谈商品，尤其是不谈自家商品的能力（以这样的交谈能持续多长时间，交谈时的气氛是否融洽、是否热烈为衡量标准）"。目的很明确，就是要看看他们在脱离"商品"以及"售卖商品"这两个由头时，到底有没有和顾客交流沟通的能力、套近乎的能力、做朋友的能力。如果有这方面的能力，商品用不着你来卖，顾客会主动向你买；反之，如果没有这方面的能力，即便你磨破嘴皮子，顾客照样对你的商品没兴趣。

经过这样的训练，一段时间以后，一般来说店员在"推销自己"的能力方面都会有长足的进步。

可见，所谓"见面熟"的特质，与其说是先天的，不如说是后天的，完全可以通过后天的努力补上这块短板。关键在于，店家的"意识"要改变。"脱离买卖，专攻人情"确实是一件不容易做到的事，需要一个彻头彻尾的意识革新，必须拿出一点破釜沉舟的劲头来才行。而一旦成功突破固有的心理障碍，迎来海阔天空的新格局则并非什么难事。

这一点，需要店家好好想一想。

方式三：挖掘顾客需求，寻找顾客感兴趣的点。

千篇一律的"欢迎下次再次光临"是没有意义的。

顾客为什么要"再次光临"？每一个人都有不同的理由。

因此，一味地以尚未到店的新商品诱惑顾客一般来说意义也不大——你的新商品顾客未必感兴趣。无论你怎么卖力地推销，这也是一种单方行为，更为糟糕的是，还是一种由"店家"指向"顾客"的单方行为。这种行为是生意场上的大忌，往往会以"费力不讨好"的结局收场。所以说，店家的"自嗨"没有意义，只有顾客对店家感兴趣，让顾客"嗨"起来才是"生意"。

为了做到这一点，就必须暂时抛开店家的立场，完全站在顾客的立场上想一想，看看顾客本身到底有什么需求，有什么痛点。然后再照方抓药，必然会有所斩获。

还拿前面那个例子说事。

有一次，媳妇去"闺蜜"的专柜闲逛，看上了一套韩国原装，价格不菲的进口化妆品。她拿在手里反复把玩、摩挲，一副爱不释手的样子。可就在行将"拿下"的瞬间，媳妇又犯起了犹豫。

原来，这套化妆品所有的环节媳妇都满意，可就是有一点不太如她的意。卸妆水的感觉不太好。与此同时，她在试用另一套国产化妆品的时候，又对那套商品的卸妆水产生了兴趣，至于其他部件，媳妇则认为不如韩国货好。可人家那是套装，不可能零卖，更不可能和其他品牌调换。这下媳妇可犯了难，不知如何是好。

看出了她的心思，"闺蜜"不动声色地道：这套化妆品，我给你打个八折。卸妆水你不愿意要可以送人，反正价钱我已经从折扣里给你抹掉了，你吃不了亏。至于你看上的那瓶卸妆水，我想办法给你弄一瓶，下次你再过来的时候，我白送你。

媳妇心中一阵狂喜，嘴上却违心地推却：这怎么好意思呢？我不能白拿人家的东西呀！

"闺蜜"笑了笑，道：放心，不是白拿。凑巧了，我前一阵刚好买了两套这种国产化妆品，其中一套已经用过了，另一套还没拆封呢！我把那瓶新的给你拿过来。你不用介意，一方面卸妆水是这套化妆品中最便宜的部分，我吃不了什么亏；另一方面，你将来多光顾我的专柜几次，其实我也就赚回来了。这笔账我能算清！

几天后，我媳妇又去了一次那家专柜，"闺蜜"也很爽快地兑现了自己的诺言。

这个小小的事件，极大地增加了媳妇对"闺蜜"的信任和对那家专柜的好感，那以后，她去得更频繁了，也自然没少照顾"闺蜜"的生意。

至于那个"闺蜜"是否真的曾经买过两套装有我媳妇中意的卸妆水的国产化妆品，则只有天知晓了。

可见，顾客的痛点需要挖掘，而成功挖掘痛点需要销售人员具有敏锐的洞察力和高超的沟通技巧。人和人的痛点都不一样，抓住痛点，顾客就是你的囊中之物。

方式四：在同行者中寻找机会。

销售行为中的一个大忌，就是工作人员只把注意力倾注到"主宾"身上，而完全忽略"主宾"的身边人、同行者。

要知道，任何"主宾"，只要他不是一个人来的，在进行商品或服务消费的时候，就不可能不征求身边人的意见，不可能不在意同行者的感受。

换言之，"主宾"的决策，往往由其身边人主导。至少这样的决策过程会受到身边人极大的影响。

这才是商场中的常态，务必准确把握，万万不可大意。

举两个例子。

让我们来聊聊生意场中的"女性视点"和"男性视点"。

先说"女性视点"。

在一些以男性为主宾的行业，比如说汽车销售行业，"女性视点"的欠缺是非常严重的。

一般认为，女性对于机械类的东西是缺乏天分的。换言之，由于没兴趣、不擅长，女性对于这方面的话题常会显得有点迟钝，理解起来有些困难。

有趣的是，不擅长却不代表着不喜欢。作为一种典型的高档消费品，大多数女性都会超爱汽车。就好像大多数女性超爱高档腕表，却未必会对钟表机械的知识感兴趣一样。

这是两码事，一定要予以正确区分，否则后果很严重。

所以，即便女性对机械知识不感冒、不擅长，可是她们对汽车这种商品本身却很感兴趣，因此，爱屋及乌，对于店员的商品说明她们是愿意倾听，也愿意尽力去理解的。这个时候，如果你以女性对相关知识的钝感为借口，把所有的注意力都倾注在同来的男宾身上，显然会引起女宾的不悦。自己的女性亲友受到冷落，心情不爽，男宾的购物感受也便可想而知。这就等于你的一个不经意的举动同时得罪了两个人，可谓得不偿失。

不止如此。一般来说，只要有女宾与男宾同行，财政大权及最终的拍板权往往掌握在前者手里。女人不拍板，男人再喜欢也没用，这件商品你卖不出去。

再说"男性视点"。

既然女人掌握着财权与决策权，那么是不是只要搞定女人，就能轻而易举地搞定生意呢？

也不尽然。如果商家在做生意的时候遗漏了"男性视点"，只把所有注意力倾注在女性身上，估计这买卖还是没戏，至少戏不大。

比方说，老公陪老婆逛商场，老婆要转的，无非是时装、饰品或内衣柜台。一言以蔽之，都是些"纯女性"或"男性不宜"的场所。所以，在这些场合中，女宾受到优待，男宾受到冷遇，似乎没有什么不妥。可事情的真相却未必如此。店家在这件事上犯了一个致命的错误。那就是忽略了女性的一个重要消费习惯：任何女人来到购物场所，无论她购买的商品有多么女性化，甚至多么"男性不宜"，在下最终决定之前，她一定会亲自穿戴着那件商品，信步走到心爱的男人身边，用温柔而带着几分期待的语气问上一句：好看吗？

如果这个男人做出的反馈是否定的（甚至不用明说，只需要做一个"不感冒"的表情足矣），女人的决心便会在顷刻间被推翻，店家的生意便会瞬间灰飞烟灭。

可见，无论是男人还是女人，只要他（她）是购物决策者的身边人，就必须被照顾好。这既是店家的职责，也是销售的技巧。

因此，从顾客进店到离店，在销售的所有环节中，店家都要想方设法在顾客的随行者身上下功夫，争取利用他们的"加分效果"为自己的生意推波助澜。

除了成年人的视点外，小孩子的视点也很重要，不可小觑。不能因为孩子年纪小，不懂事，对父母的购物行为毫无影响，便对小孩子的视点完全无视。

事实上，即便父母购物时（当然，这里指购买成年人专用的商品）不会刻意征求小孩子的意见，但是，作为购物者的身边人，孩子对于购物环境以及服务品质的感受，对父母也会产生间接的影响。把小孩子服务好，让他们心情愉悦，也会令其父母的购物感觉更为舒适，有利于他们较为顺利地做出购物决策，并能相对容易地将自己变成店家的回头客乃至常连客。

这方面的例子也有不少。我在前面提到过的那个日本店家的做法便颇为典型。

显然，一般情况下，刻意给小孩子发名片是一个匪夷所思的行为。不过，如果名片上有许多生动活泼的卡通形象，孩子们欣然接受并爱不释手的反应也便可以理解了。

这样做还有一个好处。总体而言，小孩子对喜欢的东西比较爱惜，不会轻易丢弃。这样一来，即便父母不重视，随意丢掉了名片，一旦之后有什么事想再度联系店家时，孩子保存的名片还能帮上大忙。这就意味着发给小孩子的名片不仅能够取悦对方，还可以给名片上一道保险，对店家来说可谓"一举两得"。

方式五：刻意留下乃至主动创造顾客的"不满足"。

毫无疑问，开店就是为了满足顾客。一般来说，顾客的不满足是做生意的大忌。不过，在某些特定的场景中，情况则刚好相反，顾客的不满足非但不会影响店家的生意，相反会极大地促进店家的生意。

因此，在必要的时候，店家应该刻意留下甚至故意制造一些顾客的不满足，以便促使顾客尽可能频繁地造访店家，尽可能多地在店家消费。

举一个例子。

一个开超市的朋友曾经用过这样一招。

有一次搞店内促销，他推出了"凡购物金额满一百元的顾客，赠送一桶食用油或一袋洗衣粉"的优惠政策。

由于门槛较低，奖品也较有诱惑力，那一阵店里的生意相当不错。可蹊跷的是，当购物金额达标，顾客到收银台结账领奖时，却大都被告知"只有洗衣粉可领，食用油已经发完了"。理由是"食用油比洗衣粉更受欢迎，所以大家基本上选的都是食用油"。

把话说到这儿，可能有些流俗。有人也许会说：这不是常规套路嘛！这么干的商家多得是，一点不新鲜！

别急，听我把故事讲完。

要是仅仅做到这一步，我那位朋友的招儿确实俗了点儿，没什么新意。可妙就妙在他留了一手，让收银台服务员加了一句话：一周后我们会补货。如果您不想要洗衣粉，只要您拿着购物小票过来，我们会给您补上一桶食用油。可您一定要尽量早点过来，否则又会被一抢而空了！

最后，几乎每一个拿了小票的顾客，都在一周后再次光顾了他的店，而我这位朋友也爽快地兑现了自己的诺言，让每一位顾客都拿到了食用油。

没错，这些食用油他早就备好了，却故意没有在第一时间拿出来。之所以这样做，就是为了创造机会让顾客多来店几次。我们知道，超市这种地方属于典型的"冲动消费"、"随机消费"的场所，只要有人进来逛几分钟，鲜有空手出去的。因此，只要店里有"人气"，一般来说"买气"都差不了。

这就是典型的刻意制造"顾客不满足"，以诱使顾客再次光临乃至多次光临的招数。重点在于，这样的"不满足"，一定要在某个时间点"被满足"才行。一味地不被满足，一味地吊顾客胃口，只能适得其反，引起顾客的反感。这样的搞法，即便第一次能有些效果，下次再使就不灵了。

所以，制造顾客不满足，一定要小心谨慎，把所有的环节，所有的逻辑真正想清楚，理顺了，才能获得预期的效果。

就拿我这位朋友的做法来说，首先，食用油的价格比洗衣粉贵，看着也显得更实惠一些，因此"被抢光"的结果是理所应当的事，顾客也能理解。这里面的窍门在于，我的朋友从一开始就明示"可以领两种奖品"，而且故意将两种商品的档次和价格拉开一定距离，为后面的操作埋下伏笔。其次，制造顾客不满足一定不能过头，让顾客本能地认为"这是骗局"，然后完全不以为意。这样一来，你所有的心思就会彻底打水漂，整个儿白折腾了。为防这种现象发生，你一定要给"不满足"划一道底线，兜住顾客心中最低限度的念想。在这个案例里，这道底线就是洗衣粉。如果顾客嫌麻烦，随时可以拿走一袋洗衣粉，而且这么做也并没有违反店家的承诺，不会让顾客对店家的行为产生负面印象。毕竟多多少少占了点儿便宜，"拿人的手短"嘛！最后，店家对"不满足"的"满足"承诺，一定要切实兑现，千万不可食言！否则后果相当严重。个中缘由前面已经提过，这里不再赘述。

另外，还有一点需要特别注意。那就是，当顾客的"不满足"被"满足"之后，店家还需不断地制造新的"不满足"，以便开启另外的循环，从而将顾客牢牢地绑在自己的战车上，欲罢不能、欲退无路。只要店家能做到这一点，生意兴隆、门庭若市的那一天便近在眼前了。

最后，再说一个我亲身经历过的案例。

几个月前，经朋友介绍，我们一大家子来到市内的一间新开业的火锅店用餐。

这家店的菜品虽然都是"大路货"，哪儿都能吃到，没有什么稀奇，但胜在就餐环境好，整个店面布置得就像一处微缩版的苏州园林，小桥流水、亭台楼榭、锦鲤喷泉样样具备，令人身处其中颇感惬意；服务方面也很有特色，几乎每张餐桌旁都安排了一个专属服务人员，只服务这桌顾客，不安排其他任务，让就餐客倍感尊贵。

如此环境，如此服务，价格也自然不菲。我们一家人也是抱着"只此一次，下不为例"的心情，尽情地享受了一顿美餐。

席间，还发生了一个小插曲，差点让我们"下不为例"的想法破功。

丈母娘喜欢吃"日本豆腐"，刚好这家店有货，于是毫不犹豫地下了单。没承想端上来之后，丈母娘吃了一会儿觉得味道不太对，便随口咕哝了一句。服务员听到后立刻表示可以无偿撤下这道菜，并解释道：可能是在冰箱里存放的时间过长，沾染了一些异味。不过由于是冷冻储藏，新鲜度和品质肯定不成问题，所以不用担心会吃坏肚子。丈母娘立即表示：可能是自己吃惯了这种豆腐，对口味有些挑剔，事实上东西本身并没有什么太大的问题，可以不用撤单。如果店家觉得过意不去，在这道菜上给我们打个折扣就行。

服务员摆了摆手，还是坚持撤单，并且带着歉意对丈母娘道：是这样的，阿姨。过两天您再来一次吧！我们店几天后就会上一批新货，绝对保证新鲜。而且既然这一次没有服务好您，下次您来的时候我可以做主，免费送您一份"日本豆腐"！

说罢，便从衣服兜里掏出一个小本子，在上面记下了点什么。

最后，在对方的一再坚持下，这道菜还是撤下了。丈母娘就好这一口，当然有点遗憾。不过对方的盛情难却，她也不好说什么。只得小声咕哝着"不该多此一举"，脸上颇有几分悔意。

至于那个服务员热情邀请我们"再度光临"的事儿，一家人反而很有默契，认为这就是一种促销手法，"全都是套路"，所以还是决定不为所动，坚持"只此一次，下不为例"的既定方针。只不过，对于店家的做法，我还是给予了充分的肯定。显然，这种事儿要是发生在其他店家，别说顾客已经表示"菜品没问题，可以留下"，即便菜品真的有问题，乃至很大的问题，恐怕那家店也会想方设法替自己辩解，寻找一切理由坚定地拒绝调换，总之，能多卖一份算一份，能多挣一个是一个，绝不做亏本的买卖，绝不能轻易便宜了顾客。与这种店相比，眼前这家店的定力、远见与操作手法的高明还真是让人不得不产生几分敬意——说到底，硬推一道菜的收益和顾客再光顾一次的收益，哪个更肥；彻底得罪顾客的损失和少卖一道菜的损失，哪个更小，这是小学水平的数学题，鲜少有人算不出来。可问题就在于，这么简单的事儿，即便道理上都懂，能做到的人却凤毛麟角、屈指可数，实在是奇事一桩，令人不可思议。而这家火锅店能把这一点切实做到位，而且手法如行云流水一般自然，完全不留痕迹，不可谓不高明。

没承想，这家店手法的高明之处还不止如此，更大的意外还在后面。

就在我们一家子用完餐准备离去的时候，又发生了一个小插曲，这一回，我们"下不为例"的想法算是彻底破了功。

事情是这样的。用餐完毕，我们来到收银台结账。收银台小姐热情地问候我们，并详细询问用餐感受以及对她们的服务还有什么意见和建议。

我如实说了自己的感受，坦言对环境和服务很是满意，只不过消费水准略高，令人感到有些吃力。

收银台小姐听了之后立马表示理解，并热情地向我们推销店里的"服务金卡"，说办了这张卡，就可以得到相当可观的优惠。

这种套路实在是有些滥俗，过于缺乏新意，我立刻婉拒了。

收银台小姐再一次爽快地表示了理解，并从柜台抽屉里掏出一个物件递给我女儿，说是店家的赠品。

我定睛一看，原来是一个小钥匙坠儿，挂件是一个可爱的橡皮小猪。

八岁的女儿爱不释手，连说谢谢。收银台小姐见状又送给她两个钥匙坠儿，挂件分别是小狗和小兔子。

女儿还想再要两个，收银台小姐面露难色：真不好意思小朋友，店里规定每桌客人最多赠送两个，我给了你三个，已经破例了。你看这样好吗？等你下次再来的时候，我再送你三个。小动物你可以随便挑，我们这儿有一整套十二生肖呢！包你满意！

……

回家的路上，我便有一种"不祥"的预感，觉得要"坏事儿"。果不其然，女儿很快便开始撒娇，吵吵着要把"十二生肖"收集全。怎么做工作都没用，她的碎碎念足足延续了一个多星期，让我和媳妇精疲力竭。

没办法，两周后我们又去了一次那家店，并办了一张"金卡"。

几个月过去，女儿已经集齐了"十二生肖"，我以为总算可以喘口气，却没承想那家店又推出了"变形金刚"系列！

这下可麻烦了，还没完没了了！这玩意儿什么时候是个头啊！

好在女孩子似乎对"变形金刚"兴趣不大，这才算勉强踩下了刹车。

尽管现在想想依然心有余悸，可是那家火锅店的手段，却令我暗自佩服。

显然，作为顾客方，女人和孩子是永远的软肋。在这两种对象身上下功夫，总会有所斩获。

不过，取悦女人和小孩并非总是那么容易。在这个物质极为丰富的时代，"稀缺"本身就具有一种稀缺性，如何寻找稀缺乃至创造稀缺，需要店家的工作人员具有极强的洞察力、敏锐的感受力以及迅捷的行动力。

常言道：东边不亮西边亮。既然要做生意，大胆试错、频繁试错便是商家的常态。千万不能拘泥于一处，明知无效也要死缠烂打，那样做只能适得其反，几乎与"赶客"无异。一招不灵，换一招就可以了；一个人不灵，换一个人再试试。只要你抓住有限的时机多多尝试，便总会找到灵验的招儿和灵验的人，从而达到让顾客"再来店"乃至"一再来店"的目的。

这才是正确的"待客之道"。

小结

要把你"自己"放进去，把自己的"心"放进去，真实情感放进去，只有这样，问候才不至于沦落为枯燥无味的例行公事。

04 "商品展示"大有文章

"展品"这个事儿不是一件小事。对待"展品"的态度，就是对待顾客的态度。

毫无疑问，"商品展示"环节对服务行业而言是必须迈过的一道坎。

你的工作人员打扮得再怎么精神，店面环境布置得再怎么漂亮，如果在这一环节上掉链子，十有八九也会前功尽弃。

那么，在"商品展示"这个环节上都有些什么注意事项呢？

让我们来看一下。

其一，时刻确保你的展品处于最佳状态。

表面上看，这是一个世人皆知的道理；可是真正做到位，却绝非那么简单。

就拿汽车来说，相信每个人走进一家销售店，第一眼希望看到的就是展车：那光滑如镜的车身在展厅柔和的灯光照耀下散发着迷人的光芒，让人禁不住想上去摸一下，打开车门进去坐一坐；探身进车，在驾驶席上坐稳，舒适的座椅、宽敞雅致的车内空间让人心情愉悦；一股新车特有的味道扑鼻而来，也让人有种莫名的兴奋感。如果你是一个铁杆车迷，对汽车的机械知识了然于胸，恐怕还会打开车前盖，看看发动机和其他设备的状况，满足一下自己旺盛的好奇心和探究欲。

总之，面对同样的一辆展车，不同的客人可能会有不同的感想、不同的需求，脑海里浮想联翩时，浮现的画面也会有所不同：一家人快乐的自驾游、开着新车上班时同事艳羡的目光、女朋友看见新车时吃惊的眼神……所有这些美好画面和美好感觉，全部来自于眼前这辆展车所呈现的效果。

这就好像父母或朋友安排的相亲，如果眼前出现的是一位帅哥或美女，你的脑海里一定会不自觉地涌现出许多浪漫的幻象：与他（或她）走在街上是什么感觉；与他（或她）在海边漫步是什么感觉；与他（或她）卿卿我我是什么感觉；与他（或她）喜结连理、生儿育女过日子是什么感觉……反之，如果眼前出现的人与你心中的理想相差太大，恐怕你的感觉就只剩下如坐针毡，脑子里就只想着如何才能迅速逃离，而不可能有任何幻想的动机了。

人如此，商品亦如此。第一印象如此重要，容不得你有半点懈怠。

好消息是，人的长相是天生的，很难通过后天弥补；而商品的展示则不同，只要你肯用心，下足功夫，每一件展品都有可能光彩照人。

所谓"商品展示的重要性"，就体现在这里。

遗憾的是，现实的世界往往会令我们失望。有太多的好商品在展示环节出了问题，反倒抹杀了它们身上的闪光点，让它们从"皇帝的女儿"沦落为"嫁不出去的姑娘"。所谓"暴殄天物"，也不过如此。

去过4S店的朋友恐怕都经历过这样的事情：当你钻进展厅里的展车时，会发现本应铺上脚垫的地方却铺着几张白色的硬壳纸。说是"白色"，只是隐约才见的底色而已，因为上面已经被踩了无数脚印，抑或沾满了油渍泥污，让你都不敢落脚，怕脏了自己的鞋底。这还算好的，硬壳纸起码也是一个"脚垫"的意思，我还见过更夸张的，某些店家干脆将废旧报纸铺在展车里权当"脚垫"，而且这些报纸被顾客踩得歪七扭八，褶皱变形，已然失去了脚垫的作用，令人不禁咋舌。

当你坐在驾驶席上时，包裹座椅的白色塑料布会立马贴上你的屁股，让你倍感别扭，怎么扭动身体也甩不掉那种被包裹、被粘贴的感觉。如果这个时候脚下的硬纸壳或废报纸再在你的踩踏下发出瑟瑟声响的话，恐怕坐进展车的新鲜感和兴奋感也会大打折扣。这时，当你不经意地侧眼一瞧，也许会发现包裹旁边副驾驶席的塑料布上，还粘贴着一张出厂运输签条。这个瞬间，你的好心情恐怕也便消失殆尽了。

必须承认，店家保护展车的措施是必要的；保留一些原始单据，对于车辆管理来说也是无可厚非的举动，只不过，这些东西对于顾客而言全都是无用之物，甚至会极大地妨碍顾客对展车的观感。因此，至少在顾客面前，应该去掉这些多余的东西，并通过其他手段予以弥补。这样的方法有很多，关键看你用不用心，肯不肯下功夫。

讽刺的是，一方面，店家对保护展车不遗余力；可是另一方面，展车的外观状态却令人担忧：车身光亮的漆面上，由于顾客反复的触摸常常布满了大大小小的手印；车门把手因为太多次的使用已经附着上一层薄薄的黑渍。车身尚且如此，车底的状态也便可想而知：挡泥板内侧积聚的污泥常常有半尺厚，仿佛关车门的动静稍大一点儿都会把泥巴震落到地面上；轮胎和轮毂也好不到哪里去，即便有洗过、擦过的痕迹，残留的泥污依然显得格外扎眼。

这样的光景，相信大家也不会陌生。

既然是展品，外表理应光洁亮丽、一尘不染；反之，如果展品肮脏不堪的话，也便失去了"展示"的意义。

另外，展车的装饰与布置也有问题。

车的前挡玻璃上，常常贴着一张硕大的价格表；后备厢里，也常常放着各种各样促销用的汽车周边产品，这样一来，当坐在展车里的顾客想体验一下驾驶中的前方视野时，视线就会受到遮挡；当他们想看看后备厢的空间大小时，也无法做出准确的判断。总之，顾客很难得到满意的体验，也便无从判断自己的需求能否得到最大限度的满足，从而严重影响自己的购车决策。

坦率地说，以展车为媒介做广告的举动本身并没有什么不对，可是如果这种广告植入方式妨碍了顾客对展车本身的体验效果，那便成了"南辕北辙"，违背了店家促销展车的初衷，可谓得不偿失。

再说一个真实的小故事。

有一次，我到一家著名的韩系品牌店体验一款新上市的SUV（多功能运动车）。由于展厅里的车不是我想看的那种配置，一位销售人员便把我带到了外面的停车场。

这是一个露天的停车场，停着近百辆待售新车。

可以想象，每一辆车都布满了灰尘，几乎无法辨认原形，那感觉整个儿和出土文物有一拼。

考虑到当地严重的污染状况，这样的场景我也有点心理准备，并没有太在意。

不过，当那位销售人员把我领到一辆车的旁边时，我还是不禁皱起了眉头。

这辆车的状态简直可以用"离谱"来形容。

车身布满灰尘也就算了，车窗玻璃也被厚厚的尘土覆盖，几乎无法一窥车内的状况。不止如此，即便是汽车表面那些灰尘相对较少，勉强能看到漆面的地方也布满了或白或绿，或干或湿的鸟粪以及各种各样、奇形怪状的污渍，总之，一眼望去的感觉整个儿一"惨不忍睹"。这哪里是新车，简直就是从废车场里拖来的旧车、破车！我不禁暗自纳闷：哪怕用塑料布简单遮挡一下，车况也不至于恶劣如此啊！

那位销售人员冲我抱歉地笑了笑。我知道他想说什么，也理解这种露天停车场的环境不可能让每辆待售新车随时都能保持崭新的状态。可问题在于，既然展厅里的车型相对单一，不可能完全满足顾客的看车需求，时不时地会有将顾客带到停车场里看其他车型的事情发生，那么起码你要将几辆有代表性的车当作"展车"处理，至少确保这些车能够维持一种"能看"的状态。

这点功夫都不肯下，店家的管理水平实在是令人咋舌。

不过，既然来了，车还是要看的。于是，我打开车门一头钻了进去。那位销售人员也从车里摸出一块抹布来，开始拼命地擦拭前挡玻璃。

一屁股坐在驾驶席上，我的心里不禁"咯噔"一声，脱口而出：坏了！

原来，包裹座椅的塑料膜上也覆盖了一层厚厚的尘土，好死不死，那天的我刚好穿了一身新置办的西装！这下好了，这身行头算是废了！不过既然已经坐下，也只能如此。我只好撇了撇嘴，重新整理好心情，继续看车。

拿着销售人员递过来的钥匙，我试图启动引擎，体验一下发动机的状态，可是废了半天劲，引擎就是没有动静。忙向销售人员求助，他鼓捣了半天，然后告诉我：发动机没电了！

我感到有些恼火，心里暗骂：你早干吗去了？！

销售人员倍感尴尬，冲我歉意地笑了笑，赶忙给同事打电话叫来一位售后车间的工人帮忙，用一根电缆线接上另一辆车的引擎，又鼓捣了半天，总算解决了问题。

我再一次纳闷起来：这家店是否真的有卖车的打算？员工平日里的工作，到底都是一些什么内容？抑或是否真的在"工作"？

带着一脑门子的问号，勉强试完了新车。销售人员再三建议我试驾一下，都被我婉言谢绝了。离开那家店之后，我在心里对自己说：这种地方，这辈子再也不会来第二次了。

不是不看好这款新车，而是我信不过卖车的人以及卖车的店。这样的工作状态，即便我在这里买了车，估计后面的麻烦事也少不了。做生意做到这个份儿上，我也是无语了。

不出意料的话，与我有同感的顾客不在少数。尽管这家店的生意还算不错，但是店家潜在的损失到底有多少，不用我说大家也能想象得出来。

可见，"展品"这个事儿不是一件小事，对待"展品"的态度，就是对待顾客的态度。容不得你粗枝大叶，更不允许漠不关心。

实事求是地讲，确保展品长期维持最佳状态不是一件容易的事。这是一个体力活，也是一个脑力活，需要耗费工作人员大量的心血和劳力。不过，这样的付出绝对是值得的。毕竟你们所有的劳累，都是为了这最后的"临门一脚"。在这个节骨眼上掉链子，不只是销售人员的心血，甚至全公司所有员工的辛苦都将付诸东流。既然"九九八十一难"都闯过来了，不在乎这最后的"一哆嗦"。

其二，"展示方法"大有文章可做。

简而言之，要学会营造某种场面，演出某种氛围，通过一系列精心的安排和巧妙的铺陈，让顾客体验到一种真实的"临场感"，产生强烈的视觉冲击并留下不可磨灭的深刻印象。

这就需要动用许多道具，也需要工作人员掌握许多技巧。

举几个例子。

当销售人员介绍某辆车的内部配置时，常常会说：我们这款车的设计非常便利，非常人性化。光是储物空间就有好几处，而且尺寸有大有小，甚至有些储物盒的大小还能自动调节。比如说，您看这里，这个储物盒可以放一双鞋；您再看这边，这里的储物空间足够您放一个大型购物袋了。去超市买东西的时候，一定能派上用场……

在这个例子中，尽管销售人员推介得非常卖力，顾客也能有一定的感觉，可是，这种"无实物表演"，说到底还是差点意思。

那么，如果变成"有实物表演"呢？

比如说，车上的储物盒里，真的放上一双鞋，或者放一个装满东西的大型购物袋，效果又会如何？

答案是秃子头上的虱子——明摆着的：如果是这种情况的话，顾客的感觉会更直接，受到的视觉冲击也会更强烈。

虽然只是小小的一点工夫，以及区区几个小道具，展示效果却有天壤之别。

同样的道理，如果你想突出展示后备厢充裕的空间，那么，与其用嘴巴说"我们这款车的后备厢足够放入四副大型滑雪板"，不如把滑雪板（哪怕是滑雪板的模型）真的放进去，让顾客亲眼见识一下效果更好。

显然，在后备厢里放置这样的东西，比放置那些不相干的杂物促销品更能抓住顾客的眼，顾客的心；更能起到突出重点，宣传推广的作用。

讲一个真实的小故事。

许多年前，当我们家决定购入第一辆车的时候，就是一位销售人员用其精彩的展示方式，帮我们下了最后的决心。

在那之前，我们走遍了城市里的销售店，几乎把所有符合内心价位底线的车型都看了一遍。可无论是国产车还是合资车，没有一种车能够满足我们的最低需求。

那时，孩子只有三岁多，是家里老人的掌中宝。老人对车只有一个要求：后备厢必须要足够大，而且后排座椅必须能放平（是那种绝对平展的状态，不可以有任何倾斜或沟坎）。总之，要让孩子可以舒服地在车里睡个觉。

别的不说，只是一个"绝对放平"便彻底难倒了我们。我们看到的绝大多数车型，后排座椅放平后都会有明显的倾斜，即便斜度有大有小，可在老人的眼里全部都是"不合格"！

正当我们一筹莫展的时候，一款日式MPV（家庭用多功能旅行车）映入了我们的眼帘。当我们终于在一家日系品牌店"发现"这款车时，都高兴得差点跳了起来！

这款车最大的好处，就是后排座椅可以绝对放平，没有任何倾斜。不止如此，座椅放平后的空间之大，足以并排躺下两个成年人，而且还是那种脚尖不伸出车体的状态！

只有一个问题：这款车价钱不菲，足足超过预算数万元之多！

老人又开始犹豫。要知道，除了"后排座椅必须放平"这个条件之外，价钱也是她心中的另一条底线。

这时，销售人员发声了：阿姨，我知道您是怎么想的。这款车的价格确实稍微贵了一点。可是您看看这空间，就跟一个小房间一样；这座椅放平后的感觉，就跟家里的床一样，别说小孩子，就是睡两个大人也绰绰有余啊！您买车虽然多花了一点钱，可是您想想，如果您把车买回去，还能捎带回去一间新房子，那还有什么不合算的呢？

说完，销售人员打开行李箱的盖子，取出一个小箱子，然后从箱子里拿出了一床被褥和两个枕头。没错，这辆车的行李箱里，居然备着被褥和枕头！

但见他三下五除二，熟练地铺好被褥，摆上枕头，那种"床"的感觉一下便跃然而出。顺便说一句，那辆MPV的车身尺寸并不是很大，也就和一辆普通的三厢车差不了多少。可是，在这样的一辆车里，居然能原封不动地呈现"床"的状态，那种视觉冲击力可想而知。

老人的痛点被戳中了。在家人的劝说下，她终于下了最后的决心。

后来，由于种种原因，我们卖掉了那辆车，又换了一辆档次更高的新车。可是，家里的每个人都对第一辆车念念不忘，大街上每当见到相同的车型时，我们都会脱口而出：快看，是某某某，咱家的车！

……

一次精湛的"演绎"，决定了一段美妙的缘分。完美的展示既取决于意识，也取决于技巧。这样的意识越多，这样的技巧越熟练，销售这件事便会越得心应手、渐入佳境。

其三，做个"有心人"。

销售人员的小小心思，既可以成就一件展品，也可以毁灭一件展品。

举两个真实的例子。

有一次，在销售人员的再三邀请下，盛情难却，来到某家店的室外停车场看一款车。

那是一个三伏天，艳阳高照，室外气温三十七八度，地表温度至少能达到五六十度，在这样的日子里，跑到室外看车确实需要一点勇气。

可是，当我来到那辆展车旁边，发现自己的勇气依然远远不够。

不夸张地说，那辆展车已然成为一块炙热的烙铁，仿佛只要浇上一点点水，便会立马发出"滋滋"的声音，冒出一缕热气来。

打开车门，一股积蓄已久的热浪扑面袭来，令人不禁皱眉。坐进车里，灼热的真皮座椅炙烤着屁股，要多难受有多难受。

由于在全封闭的状态下经过了长时间的暴晒，车内的温度还要远胜车外，体表感觉至少有六十来度。那种状态，简直与被关进炼丹炉的孙猴子有一拼。

销售人员自己也酷热难耐，赶忙一边道着歉，一边打开所有的车窗。可惜老天不作美，那天没有丝毫的风，打开车窗后阳光直接照进车内，反而烤晒得更厉害了。好在空气新鲜了一些，我也便咬牙忍住，"既来之则安之"了。

就在这样的酷热之中，我一边听着销售人员的讲解，一边触摸摆弄着车内的设备……两个人都试图集中注意力，却始终无法真正做到；彼此都有些心不在焉，在车里待了不到十分钟，便仓皇逃离了。

这里，依然存在着情商的问题。照理说，事前将展车打理好，不是一件多难的事。提前几分钟打开车内的空调系统，降一下温、通一下气，等车内环境稍微舒服一点再跑回来邀请顾客，这点小事便可轻松解决。

连这种程度的心思都不会动，还有什么资格做销售?!

说到这里，我又想起了另一个例子。

无独有偶，在另一家销售店，也是一个艳阳天，也是一个室外停车场，我却有一番完全不同的经历。

那天，当得知展车停放在室外停车场时，我不禁皱了皱眉。

销售人员秒懂了我的心思，对我说了一声：您稍等，我去把展车给您开到展厅前面来，这样您就不用跑太远了。

我有点不好意思：为我一个人（给展车）挪地方，不太好吧？

他答：呵呵，当然不止为您！展车就是给顾客看的，顾客怎么方便怎么来。我们可以给所有的顾客（把展车）挪地方！

他的回答令我信服，便不再说什么了。

销售人员转身离去，大概过了七八分钟，又气喘吁吁地跑了回来。

"我把车开过来了，就停在展厅外边，咱们出去看看吧！"

从冷气充足的展厅里出来，室外的炎热一下子便将全身包裹，令人难以忍受。可是，当我看见那辆展车时，瞬间感觉好了许多。

原来，那位销售人员从展厅跑出去，不仅是为了给展车"挪地方"，还特意跑到洗车房将展车冲洗了一遍。

尽管由于时间仓促，没有来得及彻底擦拭，展车的车身上还挂着一串串的水珠，可也恰恰是这些水珠增加了一丝凉爽的感觉，让这艳阳天下人与车的"亲密接触"变得不再那么令人生畏。

再看看站在展车旁的销售人员，尽管脸上有一点点汗珠，身上有一点点水渍，可是那一脸的笑意、一脸的真诚却透着一种专业范儿，透着一股自豪的感觉。

这就是差别。

激活一件展品，还是毁掉一件展品，有时仅仅是一念之间的事。

商品是死的，人是活的。充分激发人的主观能动性，多在"展示方法"上花点心思，多在"顾客心理"上做点文章，每一件展品都能焕发出无尽的潜力，爆发出无尽的能量。

小结

完美的展示既取决于意识，也取决于技巧。这样的意识越多，这样的技巧越熟练，销售这件事便会越得心应手、渐入佳境。

>>> 第三章
重点是顾客的心情

◎ "技术"不是重点，重点是顾客的"心情"

◎ 顾客是"人"，不是"东西"！

◎ 销售员的词典里没有"不知道"，只有
"交给我"

01 "技术"不是重点，重点是顾客的"心情"

> 顾客焦虑的情绪不仅仅要靠理性的说明去解决，更要靠感性的话语与切实的行动去抚平。

给大家讲一个美国总统的轶事。

据说，美国前总统乔治·布什（小布什）在竞选总统期间，曾经在自己家中布置了一个讲台，并配上相关的摄影设备。

之所以这样做，是为了练习竞选演讲。

美国总统候选人每次的竞选演讲标准耗时为一个半小时，而小布什在家中的演讲练习时间每次也是一个半小时，与正式演讲分毫不差。换言之，他把每一次的练习，都视作正式演讲，不敢有丝毫怠慢。那种感觉，仿佛即便家中的练习发生任何失误，也会使竞选之旅陡生变数一般。

无独有偶。小布什当时的竞争对手戈尔为了在残酷的竞选中胜出，也是不惜血本，使出了浑身解数。

有好一阵子，他都会定期邀请十三名普通市民到家里做客（这十三人是随机挑选的各行各业、社会各阶层的代表），与他们进行政策探讨，并现场听取对方的意见。重点在于，戈尔听取的不仅仅是市民代表对其政策意图的意见，包括他在政策讨论活动中的具体表现以及每一个细节，比如说语言的应用、词汇的选择、声调的高低、表情的变化、视线的驾驭……甚至连偶然皱眉时，眉间皱纹给人留下的观感等等，戈尔都要一一听取大家的意见与建议，并小心翼翼地予以调整和修正。

没错，你可以将这样的表现视为"表演"。只不过，人生当中这样的"表演"实在是大有用武之地。

换一种理解方式，我们可以将其称之为良好的事前准备。

常言道：知己知彼，百战不殆。

就像总统候选人正式登台前要提前排练一样，为了追求最佳效果，销售人员在站到顾客面前，正式展开商务谈判之前，也要做好万全的准备。

这既是常识，也是一种职场素质。

那么，在现实世界中，我们看到的又是一副什么样的光景呢？

情况恐怕不容乐观。

就在前两天，发生了这么一件事。

有个朋友要换车，想让我参谋参谋，于是我俩一起来到一家德系品牌的4S店。

迈进展厅大门，一眼看见前台附近有一位销售人员，正站在那里和一位看似熟客的人谈着点什么，而且气氛还挺热烈。但这不是重点，重点在于前台是空的，没有人！干过汽车销售行业的人都知道，一般来说，展厅的前台是一个绝对不可以脱岗的位置，因为随时都可能有咨询电话打进来，随时都可能有顾客进店，作为前台，必须准时接打每一个电话（在标准的销售流程中，甚至会有电话铃声响多少下之后必须接打的要求，稍微晚一点就算违规，是要被扣考核分甚至被罚款的），与此同时，必须向每一位进店客户打招呼，主动询问顾客的需求，并尽可能地记录下顾客的信息。这就意味着，如果前台工作人员因事离开，哪怕是去上个厕所，也必须要把岗位暂时托付给其他员工代劳，决不可擅自离岗，否则就是非常严重的违纪行为。而眼前这家店，前台大剌剌地空着岗不说，在几步之遥的地方与顾客聊天的销售人员居然对此视而不见，不作任何处理，不禁令人大跌眼镜。

显然，那位谈兴正浓的销售人员意识到了我们的到来。可是，他仅仅侧了一下脸瞥了我们一眼，便又转过脸去，沉浸于热聊之中。

没有任何问候，没有任何接待，我们的存在仿佛就是空气……

前台的侧后方就是销售部的办公室。门开着。放眼望去，屋子里有不少人，或坐或立，或打着电话，或摆弄手机，或盯着电脑，或几个人聚成一堆聊着点什么……总之，似乎每个人都有自己要忙的事儿，没人在意展厅里发生了什么。

说实话，在那个瞬间，有三个字差点从我嗓子眼里蹦出来，这三个字就是：有人吗?!

尽管有些怪诞，可这就是我当时心里真实的想法。坦白说，我有点被眼前的景象激怒了。特别是我自己也在这行干了这么多年，这种愤怒的感觉也便更为强烈。

无奈之下，我俩径直走到那位热聊中的销售人员跟前，向他索要商品的宣传彩页，并要求他做一下简略说明。

热聊被打断的销售人员脸上显出几分错愕之色，好像完全没有心理准备。倒是那位热聊的对手很识相，礼貌地把人让给了我们，自己选择了回避。

销售人员跑到前台处，摸出一份宣传材料递给我们，然后简单地问了一下我们的来意，便开始进行产品介绍。

这一下不打紧，我心中的失望与愤怒之情反而更重了。

显然，这位销售人员准备不足，抑或是基本功压根儿就不过硬，整个介绍的过程磕磕巴巴、前言不搭后语，仿佛根本就弄不清自己想说点什么。尤其是当我们提问的时候，他的那种尴尬劲儿简直令我们都觉得有些尴尬。

勉为其难地支撑了一阵儿，这位爷明显有些扛不住了，于是冲我们歉意地笑了笑，又跑回办公室拿出一本产品知识手册，然后对照着手册上的内容一一回答我们的问题。当然，依然有些磕磕巴巴、断断续续，可好歹对话能够继续下去了。

我心里暗自感慨：既然有那么多时间和熟人聊闲天儿，为什么不抓紧时间好好备备课，好好武装武装自己，以便更好、更多地接待新客户、拓展新商机，给自己多挣点钱呢？真是不可思议！

所以说，要想接待好客户，一定要做到"有备而来"。你主动与顾客打招呼，主动靠近顾客，不仅仅是一个礼貌问题，还意味着你已经胸有成竹，已经把与客户商谈的主导权牢牢地握在自己的手里。俗话说：良好的开始，等于成功了一半。只要你赢在起跑线上，后面的谈判过程也便相对轻松，不在话下了。反之，如果是客户主动走向你，主动跟你打招呼，你可就惨了。这就意味着商谈的主导权很有可能会被顾客抢去，在整个谈判过程中你的立场都会相当被动，会被顾客压着打，甚至被逼入墙角，无法脱身，连喘息的机会都没有。

因此，主导权之争非常重要，万万不可小觑。当然，所有的这一切都必须建立在一个基础上：你的基本功要过关；而且，每次上战场之前，都要擦擦枪，好好练习练习、准备准备，绝不打无把握之仗。

连美国总统都知道这一点，以销售为专业的一线工作人员更不应该掉链子。

记住，如果你没有准备好，你就没有资格站在顾客面前，否则只能是害人害己害公司。

还有一次，我到一家二手车卖场闲逛，其间发生的事情给我留下了深刻的印象。

在那里，我遇到一位销售人员，是一个二十多岁的小伙子。别看年纪轻轻，他对于"销售"这项工作的理解，有着极其朴实、极其透彻的悟性，甚至给了我这位老江湖许多有益的启发。

在推介产品时，他一再对我说了这样的话：我的工作，说起来很简单。就是要把最好的车，用最便宜的价格卖给顾客。我知道这件事不容易，有许多细节不是我能决定的，至少不是我一个人就能决定的，所以我不能向顾客承诺什么，可唯一能承诺的事情，就是我一定会帮助顾客尽可能地接近这个目标。能接近多少接近多少，因为这是我力所能及的事。既然力所能及，就必须要做到，不能打半点折扣。

说实话，他的这番话让我放心。因为道理很实在，信念也很清晰，没有任何模糊的地方，也没有打任何折扣。

  显然，无论是吹牛皮、开空头支票，还是唯唯诺诺、推三阻四，都不能赢得顾客的好感和信任。只有像这位小伙一样，实实在在、板板正正，不多不少、不偏不倚才会让顾客觉得靠谱，放心地选择信任。

  顾客的信任很重要，几乎能从根本上左右生意的成败。即便你没有高超的技巧，只要能获得顾客的信任，成交的概率就会非常高。

  这是商场中的常识。只可惜，这样的常识再一次被广泛地忽视掉了。有太多的人或信口开河，或推诿责任，整天只惦记着耍小聪明，却从未对"信任"二字的意义做过认真的思考。而眼前这位小伙子，用区区几句朴实的话语便成功地令我心悦诚服，反而是一种功力的体现，令人倍感难得。

  那么，顾客平时没有说出口，基本上都憋在心里的那些"不信任"，都有哪些具体的例子呢？

  有很多。比如说，"这厮这么热情地向我推销东西，到底像他说的那样，是为了我的利益，还是为了他自己的奖金呢？"再比如说，"这家伙反复说卖给我的东西绝对是最好的，谁知道是真是假？俗话说'会买的不如会卖的'，估计眼前即便有一堆垃圾和驴粪蛋儿，只要能变现，只要有利可图，在这家伙的嘴里也会被吹成一朵花儿吧?！"等等。

  所以，将自己的"真心"展现给别人不容易，看透别人的"真心"更难。

  常言道：以心传心。如果买卖双方不能够同时展示并让对方相信自己的"真心"，那么，双方将只能陷入"猜心"的恶性循环中，彼此下套，彼此防备，彼此视对方为敌人，对对方采取充满敌意和攻击性的行为。在这种情况下，生意即便能谈成，其过程也将无比艰难，而且最终的结果也很难令双方满意，往往容易形成事实上的"双输局面"（亦即店家没赚到钱，甚至赔了钱；而顾客却一厢情愿地认为店家赚翻了，自己吃了大亏。于是乎，这桩买卖令双方都不满意，心里跟吃了苍蝇一样别扭。这种情况在现代生意场中非常之常见）。

  总之，"信任"的缺乏最大的弊端还不在于"店家向顾客撒谎"，而在于"店家即便说了大实话顾客也以为对方在说谎"。这就麻烦了，这种局面几乎能把店家逼向绝路。

因此，还是那句话，在做生意之前，无论如何要先把相互信任关系确立下来。即便吃亏，也要吃在前头，而不要吃在后头。为了得到"信任"吃点亏没关系，总比失去"信任"后吃的亏要小得多，轻得多。

那么，如何才能相对容易地做到"以心传心"呢？

给大家支上一招。这个招数尤其适用于那种买卖双方初次见面，且相处（商谈）时间相对较短的情况。

重点在于，在初次面对顾客的时候，工作人员一定要清晰地将自己、自家店以及自家店所属公司的经营理念以及竞争优势传达出去，并能够让对方发自内心地理解与接受。

为达此目的，请向自己提出如下几个问题：

问题一，顾客为什么要见你？你身上有什么吸引顾客的价值点？

问题二，顾客为什么要向你提问（或为什么要听你的解说）？

问题三，你本人有什么问题需要解决？

问题四，解决问题的方法是什么？你是否知道这些方法，抑或是否认真地考虑过具体方法？

问题五，顾客为什么要听你的话，为什么要信任你？你能否拿出一个令人信服的理由？

问题六，顾客为什么要信任你的公司？你的公司到底有什么长处，什么魅力能够吸引到顾客？

问题七，凭什么说你的解决方案才是最佳方案？你如何证明这一点？这种证明方法是否对顾客真正有效，是否能令顾客真正信服？

问题八，为什么顾客在听取了你的解决方案之后必须付诸行动？这样做对顾客有什么好处？弊端又是什么？这种弊端到底应不应该对顾客明说？明说之后的后果又是什么？

问题九，为什么顾客购买你的商品最好的时机是"现在"，而不是未来的某个时候？

好了，现在开始，请养成一个习惯——每天上岗之前，对着镜子里的自己，把上述九个问题——问一遍，然后再——回答一遍。

不要怕，没关系。一开始答不上来，或者答案让自己都觉得有些牵强、不靠谱完全是正常的事情。这是必须经历的一个过程，也是一个人性与技巧的试炼。有些尴尬、有些痛苦、有些难受是在所难免的。只要你不轻言放弃，咬着牙坚持下去，迟早有一天，你会得到一系列完美的答案。这些答案将会给你带来期待已久的"三赢局面"——顾客、你的公司以及你自己，都会成为真正的赢家。

归根结底，服务业的终极使命是为顾客提供服务，而且是高质量的服务。

从这个意义上讲，顾客是服务业绝对的核心，所以才会有"顾客第一""顾客是上帝"这样的说法。

那么，"顾客第一"到底意味着什么？

有几个人真正弄明白了这句话的含义？

按照我的理解，"顾客第一"的意义可以高度归纳为三个字：排他性。

简单点说，满足顾客的需求，尤其是满足顾客最为急迫的需求，在任何时候都应该具有高度的优先性和排他性，其他任何事宜都应该无条件为其让路；退一万步讲，如果条件所限实在做不到这一点，也一定要通过最大限度地给予顾客精神和物质上的补偿，以尽量平息顾客心中的不满。

做到这一点，才叫真正整明白了什么叫"顾客第一"；否则，就是典型的骗人骗己。

举几个例子。

当你去一家汽车 4S 店的时候，经常会遇到这种情况：展厅里不是没人（工作人员），而是有很多人，而你却得不到任何照应。如果你对此提出质疑，对方会理直气壮地回答你：我们不是销售顾问，没有接客的义务！

乍听之下，似乎有理；仔细一想，却极荒谬。

对顾客而言，"你"是谁不重要，"你"所代表的"公司"才是重点。既然我来到你这里，就有权受到热情的接待，至于接待我的人是谁，是什么岗位、什么职务，这些统统不是我应该关心的事情。我只知道只要你代表你的公司，你就没有权利冷淡我，必须履行对我应尽的义务。

就这么简单。这就叫"排他性"——不要啰唆，少说废话。我管你是谁！立马放下手里的活，过来接待我！在顾客面前，没有道理可讲，因为人家是"上帝"。而且这句话是"你"的口头禅，不是顾客强加给你的。既然说得出口，就要说话算数。

将公司"内部"的理由强加到顾客这个"外人"头上是服务行业的一个通病。绝大多数顾客都对这个毛病深恶痛绝——别给我提什么你们公司如何如何！我管你们公司如何如何?！你们公司有什么情况，有什么特殊安排，有什么制度规定那是你们公司"内部"的事情，这些事情与我无关。我要的东西很简单，那就是"既然我现在成了你的顾客，你就必须尽最大努力服务好我！"说别的都没用！作为一个顾客，我没有义务听你掰扯你们公司"内部"的事儿。请把你们公司"内部"的事情在内部解决好，我是顾客，是"外人"，不是你们公司的人，没有理由体恤你的难处，更没有理由替你排忧解难，站在你的立场上考虑问题！

没错，是有点"不讲理"。但其实这才是真正的"讲理"，谁能够把这个"理"想明白，讲明白，谁才算真正理解了"顾客第一"的奥义。

在现实生活中，不理解这种排他性的案例实在是太多了，真是令人目不忍视，伤透脑筋。

比如说，以下这几种情况，我们每个人可能都或多或少经历过：

去医院办事，一个窗口前大排长龙，里面的工作人员忙得满头大汗；另一个窗口前却冷冷清清，里面的工作人员正在闲适地看着书或者摆弄着手机。

去超市收银台结账，一个收银台几乎被等候结账的顾客挤爆，另一个收银台却高挂"免战牌"（暂停使用中），而理由顾客却并不知晓，只能靠猜：也许店家人手有限；也许暂停使用的收银台设备出了故障；也许收银台服务员正在点钱算账；也许收银台里的零钱不够用了……总之，排在队伍里的顾客是完全没脾气，只能耐住性子一直等下去……

早晨起来，去宾馆前台办理退房手续，蓦然发现情况不太对——这边厢，退房手续的柜台前人满为患，柜台里的办事小姐已然忙得焦头烂额；再看那边厢，办理入住手续的柜台前则空空如也，柜台里的女工作人员看着旁边的顾客长龙直发呆（废话！大早上起来，当然是退房的人多，住进来的人少！话是这么讲，可这心里却总是觉得有些怪怪的，感到不太舒服……）

显然，在这些企业或机构中，"顾客第一"就是一句不折不扣的空话。

明明你有人，有时间，怎么能够坐视顾客在一旁大排长龙而不管?！为什么不能在第一时间伸出援手，分担一下你同事的压力，缩短顾客的等待时间，减少顾客的不满情绪呢？

这难道不算资源的浪费？而且这种资源浪费如果再以顾客的不满乃至愤怒为代价，你知道你的损失是什么吗?！

有人也许不服气，他们会说：你懂什么?！你知不知道自己在说外行话？不同的柜台、不同的窗口，属于不同的岗位；对职能内容、人员的知识技能结构的要求都是不一样的。电脑系统和处理流程也不一样。所以，这玩意儿就得"一个萝卜一个坑"，专人专职、专职专用，不能来回串岗，否则还不彻底乱了套！不懂就别瞎说！

坦白说，尽管这样的说辞好像是一个"常识"，似乎很合逻辑，可我却真不太懂，想破脑袋也想不明白。

按说我也搞了十来年管理工作了，不是不知道"各就各位，各司其职"的道理，可问题在于，真的有必要把"专业人才"和"复合型人才"这两个概念完全对立起来吗？

即便不是每个人都有可能抑或有必要成为"复合型人才"，可是作为同一个公司的同事，适当地掌握一些"跨岗位"甚至"跨分野"的知识与技能，难道不也是一个常识吗？

我就不信了。难不成一个妇科医生，懂一点治头疼脑热或跑肚拉稀的知识是一件很难的事情？难不成办理入住手续的工作人员，完全不会操作办理退房手续的电脑是一件理所应当的事情？难不成把甲柜台电脑里的软件，和乙柜台的电脑完全联结起来，从而实现交互操作是一种了不得的高科技、了不得的超能力？抑或如果这样做，将会给整个公司（或机构）的电脑体系带来毁灭性的影响？退一步讲，如果真是这样的话，那么想办法规避这种影响是不是一件不可能完成的任务，需要动用中科院的专家才能解决？

总之，活人不能让尿憋死。科技的发展，归根结底是由人类的需求驱动的，是从各种各样的问题开始的。有了问题，就有了解决问题的需求，解决了问题，科技也就发展了。在科技面前，没有什么是不可能的。有问题，有需求，就一定会有科技。这才是进化论的基本原理。作为一个进化论的铁杆拥趸、骨灰级粉丝，我对这一点深信不疑。

科技如此，服务亦如此。在"服务"二字面前，没有所谓的"内部情况"（包括岗位职责、工作分工、知识技能、电脑系统等等）可言，只要能够满足服务的需求，只要能够解决顾客的问题和困难，任何"内部情况"都必须无条件让路，主动站到后边儿去，这就叫"排他性"或者叫"无条件的优先性"。做到这一点，才称得上"顾客第一"、"顾客是上帝"。

所以说，强调"专业"不代表着彻底否定"一专多能"的意义；崇尚"分工"也不代表着完全排斥"合作"的可能性，这些都是一体两面的事情，完全可以在一定程度上统一起来。

这就意味着，如果彼此相邻的两个柜台里都有工作人员驻岗，而在两个柜台前排队等候的顾客人数却泾渭分明的时候，那个拥有大量闲暇的工作人员不采取某种行动解决或至少缓和眼前的局面，就是一种失职的行为。这种行为之所以可恶，还有一个原因，那就是太过"扎眼"，对比太过鲜明，而且与顾客之间的距离也实在是太近了。把这样的场面赤裸裸地展示在苦苦等待的顾客眼前，实在是太荒谬、太无知也太残忍了。

退一万步讲，即便由于种种主客观原因，发生这种事情确实无可避免，作为商家，也要想尽一切办法补偿顾客，尽量抚平顾客心中的不满和愤怒。

这样的补偿分为两个方面，一曰"物质"，一曰"精神"。

所谓"物质"，不一定意味着金钱的赔偿。一杯水、一个小板凳、几句暖心的话可能就会解决很大的问题。关键是心要到，手要到，顾客就能够在一定程度上得到"治愈"。

所谓"精神"，则更为简单。你不能对顾客的遭遇和不满视而不见，你总要给顾客一个说法，当然，是一个足以令人信服的说法。其实说起来，大多数顾客都并不难缠，他们很容易被说服、被抚平、被治愈，相比较而言，则没有那么容易被激怒（个别人除外），因此，顾客一旦被激怒，往往是那种"一忍再忍，忍无可忍"的情况。具体地说，商家一定是在一系列的环节上均出了问题，而且是一错再错、错无可错以至错无可恕，才会彻底激怒顾客。换言之，即便在一些小细节上商家犯一些错误（毕竟这也难免），只要及时发现、迅速止损，那么在大多数情况下都可以达到"防患于未然"的目的。

这才是服务行业中的常态。那种"必须"激怒顾客，抑或即便激怒了顾客也有不可抗拒、不可避免的"刚性理由"的情况，在现实世界中并不多见，几乎可以忽略不计。

不明白这一点，是没有资格做商业的。

就拿超市收银台的那个例子来说，你高挂"免战牌"是什么意思？随便哪一个服务人员出一下头，跟顾客解释几句，顾客的感受一定会有所不同。否则，明明这边的顾客挤得要死，而那边的设备却闲置不用，你让顾客如何能咽下心头这口恶气？！

话又说回来。有些店家在挂"免战牌"的时候，也会挂一个"简略说明"的牌子，比如说"正在盘点，暂停使用"或"设备故障，暂停使用"等等。可即便做到这一步，还是显得有些欠缺，顾客的心里还是不舒服——你的设备使不了，当然会有这样那样的理由，这还用说？！我又不是傻子！可为什么偏偏在这个节骨眼上出问题，到底什么时候才能修好，你总得给我个交代吧？！

可见，顾客的焦虑是客观存在的，这样的焦虑往往不太容易受理性支配。在这种情况下，靠几个冷冰冰的汉字就想一举解决问题，也未免太过天真了。

因此，焦虑的情绪不仅仅要靠理性的说明去解决，更要靠感性的话语去抚平。具体地说，这个时候，如果能有一个服务人员站出来，一边耐心地解释故障的原因，一边诚挚地表达歉意，一边站在顾客的立场上说两句好听的话，能够体现"换位思考""将心比心"意旨的话，情况的发展一定会大为不同。至少"止损"的目的可以轻而易举地达到。

但是，这里面就有一个问题。那就是时机把握的问题。

解决问题一定要早，一定要坚决。最好在问题产生最初的环节就出手，并且一旦出手，务必斩草除根，切忌留尾巴、生后患。否则，一旦顾客开始发作，再想收拾残局可就难上加难了。

说到这里，想起了中国经典的"机场怒"（乘客在机场里闹事）现象。

坦白说，在数量众多的"机场怒"事件中，确实存在着"个别乘客素质不高"的问题。不过，事件如此多发，涉及的乘客人数如此之多，仅仅简单地以"国民素质差"为由予以解释似乎有些牵强。

还是那句话，归根结底，活人不能让尿憋死。

我能理解机场方面给出的那一万个理由：天上有雾霾，还有航空管制；地上的飞机太多，实在是排不过来；目的地机场正在下大雪，根本没法降落……

但是，无论你有一千个还是一万个理由，永远记住一句话：活人不能让尿憋死。

方法总比困难多，只要你肯动脑子，手脚勤快，就一定能想出解决问题的好方法。前提是，动手一定要快，不能拖延，要把一切愤怒的火苗浇灭在萌芽状态。

我敢打包票，九成以上的"机场怒"事件，真正的起因在于工作人员的应对方法有问题。处理问题不是太晚、太慢，就是前后脱节、逻辑混乱，总之，工作人员自己制造出来的问题，一定远超不可抗力带来的问题。绝大多数乘客之所以会愤怒，不是生不可抗力的气，而是生工作人员的气。

换言之，真正的问题不是什么不可抗力，恰恰是工作人员自己。搞定了自己，也就搞定了顾客，捎带着也搞定了不可抗力。

人定胜天。在人的灵活性和创造性面前，不可抗力算老几?!

最后，再给大家支一个"损招"，算是没办法的办法，下下策。那就是，如果以上所有这些事情你都没有能力搞定，至少你要学会相对灵活、相对巧妙地"布置现场"。

比如说，当一个柜台前站满了人（顾客），而另一个柜台前空空如也的时候，那个无人问津的柜台里面就不要坐人（工作人员）了。明明柜台里有人，却让他闲着，而且还要"闲"给顾客看，这不是明摆着挑衅吗?!

又或者，无人问津的柜台也出于某种刚性理由必须有人驻守（毕竟什么时候会有人光顾也说不定），那至少相对空闲的工作人员要时不时地给自己身边忙得焦头烂额的同事帮帮忙，或者哪怕仅仅做一下"帮忙"的样子都行。总之，千万不能把自己的闲适状态以如此露骨的方式大刺刺地、近距离地展示给大排长龙、心情烦躁的顾客看。因为这种做法几乎与"侮辱"无异，属于典型的"遭恨"、"找骂"之举，实在难说明智。

一言以蔽之：能做到的事，一定要做到位；做不到的事，至少也要学会"表演"或"遮掩"。这点情商都没有，就别在生意场上混了。

小结

在做生意之前，无论如何要先把相互信任关系确立下来。即便吃亏，也要吃在前头，而不要吃在后头。

02 顾客是"人"，不是"东西"

> 对许多服务行业的从业人员来说，"客户"这个词几乎很少与"人"挂钩，很少具有人格属性；"客户"基本上都被直接视为"资源"，莫名其妙地沾染上某种物质属性。

"情商"这个东西，是一个老生常谈的话题。乍看上去，似乎每个人都懂一些，可是拨开现象看本质，真正参透这个概念的人却凤毛麟角。

简而言之，情商绝不是什么天生的"素质"，而是靠后天努力锻炼出来的"技能"。

那么，锻炼情商的方法是什么呢？

简单。四个字而已：换位思考。

在现代商业社会中，每一个职场中人都会有自己需要服务的客户，与此同时，也都会成为需要接受他人服务的客户——这就好办了。只要你面对客户的时候，拿出哪怕几秒钟的时间好好想一想：如果两个人交换一下立场，换了自己是客户，自己会有什么感受？

这样一想，你就会瞬间豁然开朗，海阔天空。

遗憾的是，说来容易做来难。对大多数人来说，这区区的几秒钟，却是一道难以逾越的鸿沟，极难跨越，甚至连"跨越"的意识都很难产生。

为什么会这样？

简单，"角色定位"的顽固性使然。

所谓"角色定位"，是一种自我认知方式。这样的认知方式几乎无所不在，上至八十岁的老人，下至一两岁的儿童，都无法摆脱它的束缚，逃离它的影响。所以，角色定位的影响面极广、影响面极大，且极易形成认知和行为模式的惯性，一旦形成，便极其顽固，极难被改变。

举几个例子。

比如说，作为一个大夫，你可能当着病人的面会反复强调抽烟喝酒的害处，可一旦做回普通人，你在抽烟喝酒方面的表现可能比你的病人有过之而无不及；作为一个家长，你在孩子面前常常会说出一连串大道理，可是做回普通人之后，这些大道理会被你瞬间抛诸脑后，好像自己就是一个局外人；作为一个管理者，你会磨破嘴皮子，不厌其烦地给员工讲解"高效工作法"，可是作为一个普通人，你自己的工作效率可能还不如员工高……

所有这些现象，全部肇因于"角色定位"。换言之，当你是某种角色的时候，某些行为是理所应当的；可当你摇身一变，成为另一种身份时，这些行为就会顷刻间成为异端，会被你下意识地否决、下意识地抛弃，而另一些行为则会取而代之，成为一种新的必然。

如此循环往复，我们每一个人便都会成为一个矛盾的自然体。许多看似艰难的事情，我们可以轻而易举地摆平，而许多看似小儿科的东西，我们却极难克服，即便使出吃奶的劲儿也无法搞定。

因此，当遇到这种矛盾的现象时，仅仅用"双重标准""不能以身作则"等冠冕堂皇的理由去斥责行为人是没有意义的。说了也等于白说，因为这玩意儿基本上与"素质"无关，完全是一个心理学方面的课题。

那么，解决这个课题的方法是什么呢？

无他，锻炼。刻意的锻炼。

从结论上说，"角色意识"是一种下意识，也就是说，是人在"无意识"的状态下不自觉地表现出来的一种东西。既然没有意识，试图从道义的高度，用理性的说教去解决问题是愚蠢的。这样做于事无补。"无意识"制造的问题，只能用"有意识"去解决。而培养"意识"的关键，在于多观察，多思考，多实践。

　　具体方法如下：任何一件看似普通的事情，不要让他轻而易举地开始，轻而易举地结束。要强迫自己多观察、多思考，多想几个"为什么"。然后，无论你为这些"为什么"找到了什么样的答案，一定要把这些答案迅速付诸实践，大量试错，在试错中不断淬炼你的答案，锻炼你的技巧。只要你能坚持不懈，假以时日必定会成为一个拥有超高情商的人。

　　总之，情商的训练有三个法宝：观察力、思考力与行动力。

　　下面，就让我们通过一系列具体案例，来锻炼一下这三种"力"。

　　我在前面提到，当顾客进到你的店里时，只要店内有工作人员，甭管是谁，是什么岗位，都必须在第一时间放下手头的工作，迎上前去接待。这是做生意的基本原则。不过，这个原则里也有一个小小的陷阱，需要小心对待、灵活处理。

　　说一个我本人的经历。

　　一次，我去一家4S店看车，接待我的是一个年轻的女孩子。

　　这个女孩子很有礼貌，看得出来有一定的职业素养。她首先向我亮明了身份：自己只是业务部门的一个内勤，并不是销售顾问。不过，由于暂时没有空闲的人手，所以她愿意接待我，为我提供服务。然后，她便在我的要求下开始了产品介绍。坦白说，介绍得不错，我挺满意。约莫过了三十分钟的样子，我临时有点急事要办，便向这个女孩告辞。她礼貌地将我送到店门口，并递上一张名片，道：这是我同事的名片，他是一位销售顾问，您回去之后有什么事情可以给他打电话，下次您再过来的时候，也会由他来接待您！

　　接过名片，我心里隐隐有些别扭的感觉，刚才那种好印象一下子被冲淡了不少。

　　我之所以会这样，并不是因为这个女孩"递名片"的动作不够及时（我在前面说过，递名片的最佳时机一定是见到顾客的时候，而不是送走顾客的时候），而是因为她递给我的是一张"别人"的名片。

　　如果我没有见到这个女孩，也没有和她谈了半天业务的话，随便从哪里得到一张什么人的名片，也许是一件无所谓的事情。不过，问题在于，接待我的是眼前这个女孩子；和我谈了好一阵业务的，是眼前这个女孩子；给我留下颇佳印象的，也是眼前这个女孩子，在这种情况下，临了却得到一张他人的名片，实在是有些莫名其妙。

好不容易和一个人熟悉了一点，却突然被推向另一个陌生人，这种感觉确实挺别扭。

坦白说，我无权指责那个女孩。也许她身上没有揣自己的名片，甚至可能压根儿就没有名片（毕竟内勤配名片的必要性不太大）；又或者，她是为了我的利益着想，才特意将一个在她看来更为专业的人推荐给我；当然，更大的可能是，她在按公司的制度流程办事——所有顾客必须由"专人"接待，"旁人"不应越权。

但是，无论原因是哪一条，都有一件非常重要的事情被这个女孩子以及她的公司忽视了。那就是"顾客的感受"。

正如我在前面所说，对于顾客而言，作为一个"局外人"，他是无须为公司的"内部情况"买单的，因为他没有这个义务。顾客对事物的感知方式非常直接：好或不好，爽或不爽，值或不值，就这么简单，不会也没必要绕那么多弯子。

因此，作为店家，所谓的"换位思考"，所谓的"情商高"也要从这方面下功夫。要抛开那些有的没的、弯的直的、对的错的，直插顾客的内心，设身处地地去体验顾客的感受。觉得顾客会有好感受，那么一切都是对的；反之，则一切都是错的。

从这个案例来讲，其实道理很简单。一句话就能说明问题：顾客只对已经见到的人感兴趣，而对他没见过的人（哪怕这个人是"应该"见的人）没兴趣。

这是顾客自己的感受，也是顾客自己的选择自由，他人无权干涉。

还有一个例子，也很能说明问题。

有一回去另外一家4S店，一个销售顾问接待了我。两个人足足聊了一个多小时，结果在我行将离去的时候，那位销售顾问却将我拜托给另外一位同事，让他送我离开。这位同事也很负责，非常客气地将我送到门外，并递给我一张他自己的名片，告诉我有什么事给他打电话就行，然后恭恭敬敬地替我开车门，请我上车，并一直目送我远去。

在路上，拿着那张名片，我的心里一个劲儿地犯嘀咕：这个人是谁？我凭什么要给他打电话? 我俩连一分钟的业务也没聊过, 给他打电话又有什么意义?

说实话, 对于这位送我出门的销售人员, 我并没有任何恶感。毕竟人家很客气、很周到, 表现得彬彬有礼, 很有素质。可问题是, 我对这个人不熟, 我们没有打过交道, 依然是陌生人的关系。他的那位同事则不同, 我与那个人打过交道, 我们热聊了很长时间, 他掌握了许多我的信息, 我也对他有了初步的了解。现在忽然换了一个人, 难不成这一切都要从头开始? 那我今天岂不是白来了?! 又或者, 这两位销售人员会在私底下交流我的信息, 办理所谓的 "客户交接手续", 可是这样的交接与面对面的交流能相提并论吗? 效果真的会好吗? 退一万步讲, 即便两个人之间的交接可以达到完美无缺的程度, 他们又置我于何地? 是否考虑过我的感受? 考虑过我在面对一个陌生人时的不确定心理?

我也干过汽车销售行业, 完全明白那两位销售人员在做什么: 我是第二位销售人员的客户, 可由于种种原因 (比如说临时有事没有抽出身来), 只能由第一位销售人员接待。但是, 由于店家内部有严格的规定, 亦即 "不准抢客户", 所以那位接待我的销售人员事实上在帮他同事的忙, 属于临时凑个人手, 等什么时候 "应该" 接待我的销售人员腾出手来, 他则必须识趣地退下, 将我拱手让给自己的同事。

就这么简单。

但是, 听了我的叙述, 恐怕大家会觉得什么地方不太对劲。

是的, 不太对劲。

显然, 我, 一个顾客的 "感受", 在这个案例中完全缺位了。不客气地说, 在那两位销售人员眼中, 我的存在被严重物化了, 成了彻头彻尾的 "资源"。

可不是嘛, 对许多服务行业的人来说, "客户" 这个词几乎很少与 "人" 挂钩, 很少具有人格属性, 基本上都被直接视为 "资源", 莫名其妙地沾染上某种物质属性。

从这个意义上讲, 不把顾客当 "人" 看是对的, 因为顾客是 "上帝", 不是 "人"。遗憾的是, "上帝" 和 "资源" 可以没感觉, 而 "人" 是有感觉的。无视这一点, 顾客即便当了 "上帝", 也会不爽, 也会搞砸你的生意。

　　这个案例中的道理与前面那个案例相仿，只不过内容需要略微做一下调整：顾客只对与之深谈过的人感兴趣，而对没有交谈，尤其是没有深入交谈过的人没兴趣。

　　强行把顾客从一个深入交谈过的人身边拽走，推向另一个陌生人的怀抱，既失礼，也失利（利益），最终吃亏的，还是店家自己。

　　总之，"感受"是顾客自己的事情，他人无权干涉，也干涉不了。所以，一定要把顾客的感受还给顾客自己，千万不能越俎代庖，试图代替顾客去感受，并把这种感受强加到顾客头上，这样的做法，迟早会害死自己。

　　再给大家说一个关于"情商"的故事。

　　这个故事涉及一个关键词，叫作"OJT"。OJT是英文 on the job training 的缩写，翻译成中文的意思就是"在职培训（教育）"。

　　那位说了，"在职培训"谁不知道？可是这玩意儿和"情商"二字又有什么关系呢？

　　别着急，听我慢慢道来。

　　曾经有位女性友人给我说过这么一件事儿：

　　因为家里的车已经开了六七年了，很早就想换一辆，可是由于工作繁忙，平时没有机会去逛销售店。结果，在拖延了无数次之后，有一天她痛下决心推掉所有公事私事，跑去一家4S店看车。

　　运气不好，当她的车快开到店门口时，天公不作美，下起了瓢泼大雨。更倒霉的是，当她把车开进停车场，泊好车后，蓦然发现平时哪怕是为了遮阳也伞不离身的自己，这次居然没有带伞！

　　正在沮丧时，忽然发现店里冲出一个人，打着伞来到她的车旁。

　　"欢迎光临！您是看车的吗？"那人热情地打招呼。

　　这位女性友人定睛一看，声音的主人是一个二十出头的小伙子。

　　她应承了一声。那小伙便替她打开车门，撑着伞一路护送着她进了店。进门后她才发现，为了给自己遮雨，小伙身上的衣服已淋湿了一大片。

　　她带着歉意道谢，小伙腼腆地笑笑：没关系，您是客人，怎么能淋着您呢！

　　然后，话锋一转，他又俏皮地开了个玩笑：不是有这样一个"二选一"的古老话题吗？媳妇和老妈掉进水里先救谁？这个问题我还真不好回答，可是要在顾客和员工之间做选择，那当然是顾客优先啦！选这个答案没有任何困难！

　　说着话，小伙已把这位友人引导到客户休息区舒适的沙发上落座，并随即端来一杯热气腾腾的咖啡。

　　整个过程到这里历时不过三五分钟，可这位小伙已经给我的友人留下深刻印象。方才"突遭大雨"的沮丧转眼间变成了"宾至如归"的舒适。

　　递上名片，简单寒暄几句之后，小伙直奔主题，开始询问眼前这位顾客的来意：您是想换车是吗？那您能不能跟我说说，您现在的爱车是什么时候买的，现在都有些什么样的问题让您不太满意，觉得还是换掉比较好呢？当然，如果您愿意的话，我也希望听听这辆爱车身上到底都有哪些优点，让您当初选择了它，而且现在可能还是有些不舍。您看方便吗？

　　与那些一上来就不管三七二十一，对自家的商品狂吹一番，劈头盖脸就开始一通猛烈推销的销售人员不同，这位小伙显得非常镇静、从容，切入点也恰到好处，完全是从顾客的立场出发，考虑顾客的潜在需求。既体现了对顾客的尊重，也戳中了顾客的痛点。总之，态度可谓端正，手法可谓纯熟。

　　这位女性友人一下子打开了话匣子，一股脑说了十几分钟，其间小伙子始终认真倾听，并不停地在一个小本子上记录着什么。等对方停下之后，小伙开始详细讲解，逐条解开友人心中的疑虑，每一条都说到了她的心坎里，让她有一种"相见恨晚"的感觉。

　　两人相谈甚欢。不知不觉半个多小时过去了。这时，又有一位三十多岁的男性工作人员来到他们面前，自称是这家店的销售主管，小伙子的上司，并礼貌地询问道：不好意思，我这位同事是一位新人，刚过试用期不久，业务还不太熟练。不知您对他的服务还满意吗？

　　女性友人吃了一惊。她完全没想到，眼前这位虽有几分稚气，却表现得淡定从容、纯熟老练的小伙子，居然是一位刚过试用期的新人！

　　她马上表示自己很满意，并夸奖小伙子的水平高、服务好。销售主管笑了笑，简单地向自己的下属询问了一下大体情况，也和这位女性友人聊了十几分钟。真是不比不知道，一比吓一跳。原来，这位销售主管的水平，确实要比小伙高出了好几个档次，不得不让人暗自佩服！

她还注意到一个细节：在自己的上司说话的时候，小伙子依然在认真倾听，认真做着笔记，那一脸的专注令人动容。这一场面让她的心中顿时涌现出一种莫名的好感：有这样的上司，必然会有这样的下属。反之亦然。所谓"上行下效"，所谓"将门出虎子"，说的不就是眼前这种情况吗？

商谈结束之后，那位销售主管和小伙一起，将我的这位友人送出了门。彼时雨势小了很多，可那位销售主管还是执意将一把伞送给了这位友人，并与自己的下属一起，目送着她驾车离开。

在后视镜中看着不停地向自己挥手致意的两位男士，女性友人心中不禁泛起一阵感慨，而且这份感慨很快便转换为一种深深的敬意——这个时候，这位友人的好感对象，已经从某个人转移到了整家公司。

她后来跟我说，就是从那一刻起，她决定不再转其他的店了，"基本上自己的生意就彻底交给这儿了"。

当她意识到自己这个决定到底意味着什么时，连她自己都吓了一跳！按照她本人的话说，作为一个女性，她平时连买条丝巾都要货比三家，而买车这种大事，她居然要"一锤定音"，"一棵树上吊死"，实在是有点不可思议！

不过，也正因为是女性，而且是一个干练的职业女性，她极度相信自己的直觉，也绝对相信这样的直觉不可能再有第二次。"机不可失，失不再来"，她不想错过这次机会，更不想错过这种直觉。

事后证明，她的选择没有错。

那之后的整个商谈乃至提车过程都相当顺利，所有的细节几臻完美，让她挑不出毛病。一直到现在，所有的售后服务环节也让她十分满意。这一经历使她颇为得意，几乎见人就吹。无形当中也给那家店做了不少的广告。

重点在于，这位女性友人并没有那么一根筋，她还是多少留了一点小心眼儿。在坚守直觉，完成了整个购车行为之后，为了再一次确认自己决策的正确性，她还是通过许多渠道了解了不少其他店家的情况，结果再一次获得了满意的答案：她当初的直觉和果断的决策没有错。这令她更为得意。

后来我问她：为什么是在购车后而不是购车前去"侦查"其他店家的情况，然后再做决策？毕竟购车的金额不菲，不是个小数目呀！

她答：不想产生动摇，破坏自己的直觉。那样就可能出昏招，做出错误的决策。买车不是小事，她可不想事后后悔。

这个回答靠谱，我服气。

人性就是这样。往往越是重大的决策，越是那种容易犹豫不决的事情，就越需要某种灵光闪现的帮助，越容易根据某个决定性的因素甚至是稍纵即逝的直觉做出迅速的决策。这样的决策过程看似突兀，似乎有些不近情理，却有着某种本质上的合理性，符合人类行为学的基本逻辑。

所以说，我相信这位友人所描述的那些细节的真实性：首先，是一个靠谱的"新人"，然后，是一个靠谱的"上司"，最后，是一个靠谱的"公司"，这一气呵成、层层递进的"印象升级"，给了她一个强大的直觉，并促使她瞬间做出最终的、不可逆的决策。

让我们试想其他的一些可能性：假设这个完美的印象链条在某个环节上发生了断裂，又会发生什么？

比如说，新人靠谱，上司不靠谱；或上司靠谱，新人不靠谱，会发生什么？简单。顾客会产生"公司不靠谱"的第一印象。而顾客一旦对自己打交道的"公司"主体发生了疑问，事情往往会变得很麻烦。在这种情况下，即便对方公司里有几个让自己觉得还算靠谱的员工存在，顾客也不会轻易做决策，一定会犹豫再三，难以取舍；当然，也必然会货比三家，谨慎小心，绝无可能一时心血来潮，做出某种孤注一掷的举动。

不过，也正因如此，完美的第一感觉以及由此产生的瞬间灵感，也便显得更为宝贵，愈发难得。难怪我的那位女性友人对她的直觉如此重视，深信这个直觉会给自己带来好运。

在这个案例里，OJT的存在是不可小觑的。

好员工，好上司，意味着好公司。而这样的印象升级，完美的OJT功不可没。按照我们的行话，这玩意儿也叫"传帮带"。好的文化，好的传统，一代传一代，最终形成了一个完整的企业文化。而这样的文化氛围一旦形成，就像空气一样无所不在，时时刻刻都会对顾客产生某种深刻的影响，有些影响甚至是决定性的。当然，如果可能的话，也可以通过公司员工之间完美的协作配合，把OJT在公司中的良好运作状况刻意地在顾客面前展示一下，以便达到"强化"与"点穴"的目的。

尽管无法确定我的这位女性友人在那家店遇到的两位员工所展示的行为是否存在刻意的成分，但结果显然是令人满意的。最起码如果我是那家店的老板的话，会把这个案例做成一个样板，让其他员工也如法炮制。

其实，这种OJT的效果在生活中也非常多见。比如说，你见到了一个教养很好的小孩，然后发现他的父母也很有教养，而且重点在于，这种教养的传递在亲子之间的互动中也无时不在，无所不在，那么一定会对这个家庭本身产生良好的印象。这种印象一旦形成，这个家庭中的其他成员会呈现出一种什么样的风貌，你也便心中有数了。从此往后，与这个家庭打交道时，你会觉得特别靠谱，心里特别踏实。甚至把自己的一些私密事透露给对方，拜托给对方，也不会有任何不安全的感觉。

基本的逻辑就是这样。

所以说，情商这个东西，既属于个人，也属于团体。个人行为可以塑造情商，集体行为也可以成就情商。在许多场合中，也许后者比前者更有说服力，更具决定性。这一点，务必引起商家的高度注意。

小结

从某种意义上讲，不把顾客当"人"看是对的，因为顾客是"上帝"，不是"人"。遗憾的是，"上帝"可以没感觉，而"人"是有感觉的。无视这一点，顾客即便当了"上帝"，也会不爽，也会搞砸你的生意。

03 销售员的词典里没有"不知道"，只有"交给我"

> "不知道"不是问题，"不知道"之后的应对和解决方法才是大问题。

生意场上的"情商"表现，在另一个方面也能体现出来。那就是"充足的准备"。

如果你想和我做生意，那么至少要表现得专业一点，让我觉得自己找对了人；反之，如果你的表现不够专业，那就是对我的不尊重，也是对你自己职业的不尊重——作为一个顾客，有这样的想法是理所当然的。

所谓"不打无准备之仗"，很难想象一个战士可以不拿枪上战场。

不知为何，"空手上战场"这种稀罕事儿，在我们的一线销售现场却并不鲜见，令人颇感费解。

举一个例子，让我们看看下面这段对话。

顾客：这款新车，是某某型的吗？

销售人员：哦，那什么，请稍等一下啊！我去查查看。

顾客：这款车的排气量多大？

销售人员：稍等稍等，我正在查资料……

顾客：这款车和老款最大的区别是什么？

销售人员：不好意思啊，这车刚上市不久，我们店也是昨晚才摆出来的。

有些内容还不太清楚。您稍等，我查查资料……

这样的对话，实在是索然无味。那种感觉无异于"对牛弹琴"。顾客脸上失望的神色，不用猜也能想象得出来。

也许这位销售人员是这么想的：既然是"昨晚刚摆出来的车"，我就有权利"不明白"；既然我有权利不明白，顾客也必然会理解我的苦衷，不应该产生不满情绪。

可是他错了。顾客一定会产生不满，而且这种不满情绪会非常强烈。理由很简单，新品上市的时间长短，不应该是顾客操心的事情，更不应该成为销售人员不专业言行的理由。作为一个职业人士，哪怕就是一分钟前刚上市的新品，只要你摆出来了，你就必须是"专家"，必须把所有的商品知识烂熟于胸。否则，你就干脆不要摆出来，等什么时候准备好了再说。这是起码的常识，还有什么在顾客面前矫情的余地?!

再举一个完全相反的例子。

有一次，正在办公的时候，我的笔记本电脑突然坏了，让我倍感头痛。之所以会头痛，是因为修我的电脑颇为麻烦——由于和几家公司的内部网相连，无论是硬件还是软件，稍有不慎就会出问题，就会丢数据，给后面的工作带来许多困扰。所以，修这部电脑是一件相当专业的事情，但凡技术不过硬的人，我都不敢轻易托付给他。

不止如此，还有更麻烦的事儿等着我。公司的网管（负责网络维护的员工）刚换了一人，原来那位技术娴熟的师傅不久前离职了，新来的小伙子技艺未精，平时只能委派给他一些相对简单，相对容易处理的工作，修理我的电脑这码事儿，托给他肯定是不靠谱。

无奈之下，只能和这位新网管一起，跑了一趟颐高数码城（我们那座城市最大的通信产品销售中心），想找一位老师傅给看看。

没承想在品牌专修店里碰见的，还是一位年轻的小伙子。

我不禁暗自失望，做好了"再换一家店看看"的心理准备。没想到这个小伙子非常热情，非常专业，无论我提出多么刁钻的问题，他都回答得很熟练，很圆满，给人的感觉非常专业，至少不亚于我们公司那位辞职的老网管。

这下我放心了，把电脑托付给了他。

他接过电脑，一边熟练地拆卸、测试，一边和我俩聊着天，不断地向我们介绍电脑的常识，包括不同厂家的连接器在功能上有什么异同，不同品牌的内装存储卡都有什么优缺点等等，而且语言极接地气，说的都是老百姓的大白话，让我这个对电脑知识不甚了了的门外汉也能相对轻松地听懂。

他手上的动作极快，不出半个小时便搞定了我的电脑，这让我颇感吃惊——要知道，我们公司以前那位老网管有着十来年的电脑维修经验，可即便是他，回回摆弄我的电脑都显得小心翼翼的，效率再怎么高也得折腾大半天。而眼前这位年轻的小伙子，居然像拆解小孩子的玩具一般，谈笑间轻松搞定。真是令人叹为观止！

常言道：艺高人胆大。这句话我是真心信服了。要是换了我，别说修了，即便拿起改锥拆一个螺钉手臂都得紧张得发抖，而这位小伙子却能自始至终表现得如此自信、如此轻松、如此从容，但凡没有一定的功底，是断断做不到这一点的。

可见，"有备而来"对于一个职业人士而言有多么重要。同理，一个"有准备"的职业人士，对于顾客而言也同样重要。只有在面对这样的人时，顾客的心里才会踏实，才会放心地把自己的生意交给他。从这个意义上讲，"准备"就是尊重，就是信任，就是素养。归根结底，"准备"就是情商，就是生意，就是钱。

不明白这一点，就是拒绝拿枪，那你就没有资格上战场，上了战场也是死路一条。

那么，万一出于种种原因，销售人员确实没有准备好，却又不得不面对顾客，这时又应该怎么办呢？

简单。只要你做好"弥补"的工作就行。

没有人是圣人，可以提前预知所有的可能性，提前防范所有的意外；没有人是完人，可以掌握世界上所有的知识与信息，能够应对自如地解决顾客所有的问题。退一万步讲，即便是圣人和完人，也会有失误的时候，会有准备不足的时候，会有面对某些特殊情况束手无策的时候。因此，失误不要紧，只要及时纠正失误就可以了。

一般说来，店家总会认为顾客是苛刻的，对店家有着本能的敌意，所以才会想方设法地找碴儿，挑事儿。实则不然，除了个别人之外，大多数顾客在大多数情况下都非常宽容，非常好伺候，他们对于店家的失误本身往往并不介意，他们真正介意的，是店家应对失误的态度和方式。换言之，即便店家由于这样那样的原因犯一些小错误，只要能够及时应对，及时补救，并通过这样的行为给顾客展现出某种诚意，表明某种态度，顾客常常会很快地释然，不再追究。不仅如此，正所谓"不打不成交"，经过一些小小的波折，店家与顾客的关系甚至还有可能更上一层楼，愈发热乎起来。真可谓"一举两得"的好事。

举一个生意场上常见的小例子。

"不好意思，我是新人。刚到公司没多久……（言外之意，对您提出的这个问题，我不是十分清楚，所以没法回答）"

可以理解。谁都有过做新人的时候，都明白"初出茅庐"这几个字意味着什么；再说了，即便是"老人（老员工）"，也不可能包山包海，无所不知、无所不能，保不齐会遇到个把难堪的场面。"老人"尚如此，又何况新人？

所以说，"不知道"不是问题，"不知道"之后的应对和解决方法才是大问题。即便你不知道，也可以当场向知道的人打听打听；抑或事后给顾客去个电话，好好说明一下。总之，你不能以"不知道"为借口一推三六五，彻底从顾客眼皮子底下逃走，那样就实在太失礼，太让顾客失望了。

其实，在那些以"不知道"为名敷衍顾客的员工中，十有八九存在着"基本功不过硬"的问题。

因为基本功不过硬，不知道的东西实在是太多，所以一旦请他人帮忙，就几乎再也没有自己插嘴的机会了，这就等于把客户完全让给了自己的同事。再者说，一再地针对不了解的知识请教同事，等于不断地在同事面前彰显自己的无知，一般情况下，人们对这样的行为也会有本能的抵触心理。所以，宁可敷衍，也不解决便成了销售现场的一种常态。

针对这种现象，说一下我个人的理解：

其一，关于基本功。

其二，关于"向同事请教"。

其三，关于"向顾客讨要家庭作业"。

先说说第一点，关于基本功。

打拳不练功，到老一场空。对任何一个行业来讲，基本功都是重中之重。往小里说，它可以决定一个人的一生；往大里说，它可以决定一家企业的生死。这绝不是什么夸大其词、危言耸听，而是无数个人、无数企业以自己活生生乃至血淋淋的例子一而再再而三地告知我们的普世真理。

所以，一直以来我都十分费解为什么有那么多企业对"基本功"三个字如此漠视，如此敷衍，总是迫不及待地将一大堆不合格的"半成品（没有培训好的新人）"推向一线岗位。

也许这些企业是这么想的：一来人手紧缺，他们不愿意在培训方面花费太多的时间，总想着尽快让人员上岗，以便直接创造收益。毕竟培训属于"花钱"的事儿，而上岗才是"挣钱"的事儿。前者是成本，后者是利润。孰优孰劣，孰先孰后一目了然。二来培训属于教育，教育属于"务虚"，而务虚这玩意儿往往没什么效果，不容易让员工产生直接经验；所以还不如直接上岗，在实际工作中摸爬滚打，反而能掌握一身过硬的本领也说不定。

坦白说，这些企业的想法我能理解，可却充满了谬误。

理由很简单。尽管在基本功方面，"先天不足"靠"后天弥补"的可能性确实存在，这种可能却实在是微乎其微，几乎可以忽略不计。这里面有一个潜在的心理学逻辑：一旦基本功不过硬，"先天不足"的"半成品"进入一线岗位，业务的不纯熟、大量的"不知道"会极大地困扰他们，不停地绊他们的"马腿"。这种时候，人类的求生本能会促使他们采用某种"混"或"蒙"的方式蒙混过关，而一旦"过关"事情就麻烦了。他们会立即对"混日子""忽悠顾客"的生存方式产生强烈的依赖感，从而进一步抵触"后天弥补"基本功的不足。毕竟谁都不傻，能靠"混"轻松地过日子，又何必选择"勤学苦练"的道路为难自己呢?!

正是这种反向的"兴利除弊"心理，会让基本功的"后天弥补"无比艰难，甚至无限接近于"不可能"。

因此，尽管不能否认"在实践中积累经验，百炼成钢"的必要性和重要性，可这"基本功"三字，一定要想方设法在正式实践（也就是正式上岗）以前解决，而不是相反。总之，这种事儿抓得越早越好，越彻底越好，越早越彻底之后的麻烦事儿就越少。否则一旦拖延，后果不堪设想，且几乎没有补救、挽回的余地。

以前我们经常说：经验是"泡"出来的；知识是"学"出来的。这句话尽管不是那么严谨，却也有些道理。前者在很大程度上指的是"上岗后"的作为；后者在很大程度上说的是"上岗前"的举动。这两者的时间顺序千万不能搞反。否则，一旦变成了"泡"知识，"学"经验，那可就太被动了。这么一来，无论是经验还是知识，全都成了"半吊子"，哪个也不扎实，哪个也不过硬，那可就没法在职场上混了。

所以说，在职场中大量投入"半成品"的做法，看似节省时间，其实反而更浪费时间；看似能挣点钱，其实损失掉的钱更多、更离谱。实在是"一举两失"的笨招，完全不值得提倡。

再说说第二点，关于向同事请教。

这个事儿也涉及一些职场心理学方面的逻辑。

一般来说，能做到大大方方地将自己不懂的事情请教同事的人，往往是两种人：一种是绝对的新人，一种是绝对的老人。

前者因为刚刚"出炉"，所以还能有一些新人任性的资本。可以将自己的无知展现得更露骨一点，更彻底一点；后者由于已然练就一身武艺，已经确定自己的江湖地位，因此也便能够在"不耻下问"方面做得相对坦然。

问题就出在这两者中间的那类人身上。说新不新，说老也不老；既好面子，基本功又不过硬；自己不懂，又拉不下脸来问别人。这种人最危险，最容易干"敷衍顾客"甚至"忽悠顾客"的事情。姑且把这些人称为职场中的"夹心人"。

我们可以很容易地想象，一般来说，在任何一个职场中这样的"夹心人"

都会占据多数，其比重远超新人和老人。因此，他们的存在对于所有职场而言都是一个巨大的问题，不得不解决却又极难解决。

对于这种人，很多部门经理都深感头痛，欲除之而后快。

我却有不同的看法。

坦白说，我理解并支持这些"夹心人"的做法。

理由是这样的：对这一特殊群体而言，职场中的无知，确实不宜经常性地在同事面前展现出来。职场是一个很现实的世界，"不懂就问"的原则未必在一切场合、一切时机都适宜。否则，极易发生"职场歧视"甚至"职场霸凌"的现象。更有甚者，这样的现象一旦发生便极难扭转，极有可能伴随某位职场人士的整个职场生涯。抑或即便能够扭转，这些人也需要付出比其他同事多几倍的努力，需要受到比其他同事多几倍的伤害，需要流下比其他同事多几倍的泪水与汗水，以及——需要得到比其他同事高几倍的幸运女神眷顾的概率。总之，成本异常之高，效率异常之低，非常的不划算。

因此，最好是从一开始便避免这种情况发生，让自己的职场人生走得更顺遂一些——有这种想法和做法，实在是人之常情，无可厚非。

那么，对于职场中的"夹心人"群体来说，什么才是真正正确的做法呢？

两个方法。

方法一：自己偷偷地学。

方法二：上司偷偷地教。

是的，你没看错，关键词就是"偷偷地"。

具体地说，万一很不幸，你在度过"新人期"，步入"夹心期"之后依然觉得自己基本功不够过硬（更不用说很不过硬的主儿了），那就要迅速改掉"不懂就问"、"什么都问"抑或"见人就问"的毛病，尽量管住自己的嘴巴，把劲儿往私底下使，在没人看见的地方下功夫。换言之，这个时候你的主要学习方式已经从"人尽可师"变成"自学（或偷学）成才"；除非万不得已，尽量不要求人，一定要想方设法和自己死磕。

同理，作为"夹心人"的上司，也要主动担起责任来。要尽量给予他们帮助，且这种帮助要尽量回避其他同事的耳目。也就是说,这种忙要偷偷地帮,不动声色地帮,要充分关照到下属的面子,当然,还有里子。

问题在于,一般的上司很难做到这一点。更常见的情况是:面对着基本功不过硬的"夹心层"员工,上司会当着尽可能多的同事的面高声指导他们,美其名曰"培训",实则是为了显摆;还会当着尽可能多的同事的面厉声斥责他们,美其名曰"教育",实则是为了出风头。

可以想象,有这样的上司,下属想不混日子都难:你对我不仁,又有什么资格要求我对你有义?!

看看,明明是一件对己对人都有莫大好处的事情,员工一旦与上司置了气,较上真儿就彻底麻烦了。问题只能向愈发无解的方向迅速恶化。

这个时候,作为上司来说,再想用"为你好"之类的官腔轻松搞定局面几乎绝无可能,甚至只能适得其反。

所以说,要求别人易,要求自己难。这玩意儿是官僚主义的常态。这个问题,只能靠在日常生活中加强自我要求与自我约束的训练去解决。

也许有人会问:你自己也说了,基本功这码事儿要尽量快刀斩乱麻,搞定得越早越好,越快越好,否则解决起来会很困难,还会造成大量新的问题。可是你主张的"自学或偷学"的方式恰恰是一个笨方法、慢方法,用这个办法弥补基本功的短板,岂不是适得其反,越补问题越多吗?

对于这一点,我要特别说明一下。

从某种意义上来说,放弃提问,尤其是那种频繁的、无所不在的提问方式,转而采用"自学或偷学"的方式,学习动机非但不会更弱,反而会更强;学习效率非但不会降低,反而会更高。这依然是一个心理学的逻辑问题。

提问的机会太多,帮忙的人太多,得到答案太容易,其实是不利于学习和掌握知识的。尤其不利于学习和掌握那些对实用性和操作性有着极高要求的知识。所谓"太容易得到的东西不会珍惜",知识也一样,太容易到手的知识也很难得到人们的珍惜。这种不珍惜体现在两个方面:一是学了也记不住;二是学习的动机本身也会降低。

一般来说，职场中的基本功恰恰就是这种对实用性和操作性有极高要求的知识与技能，因此，少提问、多思考，尽量依靠自己的力量寻找解决方法的学习方式，才是最适合职场的一种方式，应该得到大力提倡。

举一个日本企业的例子。

日本有一家专门售卖丰田品牌的汽车经销商，名字叫作"南国丰田株式会社"。

这家公司在日本可是一个奇葩，可谓全日本无人不知，无人不晓。据说他们的一线销售人员可以平均每十五分钟卖出一辆车。这个记录堪称"世界纪录"，至今无人能破。那么，他们又是怎样培训员工基本功的呢？

秘诀只有两个字：不教。当然，不是绝对的不教，而是在"教"的时机把握上很有讲究。

具体地说，新员工实习的时候绝对禁止向老员工提问。即便提了老员工也不许回答。新员工只能在旁边看，自己琢磨问题的答案；抑或直接上手，在实践中摸索问题的答案。一直到想破脑袋也想不明白，磨破了手也鼓捣不清楚的时候，老员工才会给答案。

这样一来，一旦掌握答案，新员工就不可能再忘记，甚至可能会牢记一辈子。毕竟过程太过刻骨铭心了，想遗忘都困难。

就是用这种方法，这家公司把自己所有的员工都训练成了超级"专业"人士，各个身怀绝技，哪一个拉出去都能独当一面。

可见，教与不教、问与不问之间往往只有一线之隔，效果却又天差地远。个中的秘诀，值得我们认真研究，切实掌握。

最后，再让我们说说"关于向顾客讨要家庭作业"的话题。

顾客提问题，员工答不上来，未必全都是坏事。只要我们稍加调整，加以利用，就可以把这件事"变被动为主动"，非但不会引起顾客的不满，甚至能为自己创造更多、更好的销售契机也说不定。

没错，你完全可以这样做：即便遇到自己不懂的问题，也没必要当场向同事或前辈请教，而是不妨把这些自己不懂的事情当作顾客留给自己的"家庭作业"，在私下里予以解决。解决之后，再以向顾客"交作业"为契机，创造下一次与顾客接触，将商谈进一步推向深化的机会。

这样做有三个好处：一个是可以轻松化解"不知道"的尴尬；另一个是可以给顾客留下诚实、负责任的好印象；最后，还能轻松地为顾客创造一个"再次光临"的理由。可谓"一举三得"，有兴趣的朋友不妨一试。

除了用一句简单的"不知道"敷衍顾客之外，还有哪些"甩手掌柜"式的偷懒做法容易惹毛顾客，令顾客心生不满呢？

举几个例子。

有一次去店家看车，碰巧想看的那款车型卖断货了，连展车都没有。于是销售人员只能拿着产品的宣传彩页讲解给我听。

本来这也没什么，那款车很畅销，卖断货很正常，再者说这位销售人员的功底不错，讲解得很清楚，我也能够接受。问题在于，当我离开之后，那位销售人员一再打电话给我，催促我尽快下决心。这让我很生气。你的东西畅销是不假，可问题是买车对我而言不是一件小事，你起码得让我看看"真家伙"长什么模样吧？总不能只靠着一纸宣传页就想忽悠人家交钱吧？这不是有病吗？

如果真是有心人，从哪儿还搞不来一辆车给顾客看看？从兄弟店调一辆过来，或者向朋友借一辆过来，只要想办法，没有搞不定的事儿。

所以说，找再多理由也没用，这位销售人员的毛病只能用一个字形容：懒。

自持武功高强，可以杀敌于无形，所以觉得自己连武器都用不着。可殊不知不拿武器上战场，最终倒霉的还是自己。

说起产品宣传彩页，又想起一件事。

有一次，当我在某个店家向一位前台工作人员索要商品宣传页的时候，碰了一个礼貌的软钉子：不好意思，我们的宣传彩页已经发完了。正在向厂家订货呢，过几天才能到！

我感到很郁闷。不是因为自己的小小要求没有得到满足，而是因为这位工作人员的应对方式实在是太粗糙，太没心没肺。

宣传彩页用完了？没有问题。这不是重点。重点在于，只要他愿意，从哪儿搞不来一纸宣传彩页？

也许某个销售人员的公文包里就有几张，也许办公室的某个文件堆里也能找到几张。总之，只要他愿意，找一份宣传彩页出来满足顾客的要求应该不是难事。

退一万步讲，即便这家店的管理无比精致、无比严格，确实连一张多余的宣传页也找不到，这位工作人员也应该做一下"试图解决问题"的样子给顾客看。起身到办公室找一找，或者给哪位同事去个电话，询问一下等等，只要做出一个试图解决问题的姿态，顾客就会释然得多，舒服得多。至少不会觉得你是在敷衍他。所以，多说无益，顾客要的不是你的解释，而是你的行为。与其靠语言说服顾客，不如靠行动证明给顾客看。哪怕就是表演，也在所不惜。

归根结底，问题还是在于"缺乏准备"，甚至连"准备"的意识都没有。这样的状态几乎已经不能用"懒"字完全概括，而要用一个"呆"字来形容了。

这样的案例还有很多。

有一次，当我问一位销售人员某款新车和另一个品牌的竞品车之间到底有什么区别时，这位大哥竟然面不改色心不跳，理直气壮地跟我说"对不起，那款车不是我们店经销的品牌，我不太了解"！

拜托了好吗？掌握竞品知识是生意场上的常识好吗？连这种话都能说出口，还怎么有脸在道儿上混？

见我一脸不悦的神情，可能他意识到了什么，马上话锋一转，又对我说：您放心，我们这款车绝对质量上乘，不输给任何竞品车。尤其是我们的引擎，刚刚升级换代，那性能绝对没得说！您看啊，它具备这样几个特点……

我知道他想通过强调自家商品的长处来掩盖自己的知识缺陷，以便弱化方才的尴尬气氛，不过这一招对我已经不好使了。也许是职业病使然，我的心里跟吃了苍蝇一般别扭，在那之后他到底说了点什么，我完全没有听进去。

这让我想起了几年前的另一个例子。

当时我还在另一座城市，从事的也是汽车销售行业的工作。有一次假扮神秘访客造访另一家竞品店，那里的一位年轻的员工用自己的一个小举动彻底征服了我。

当时，我也是想尽一切办法刁难他，故意让他出丑，答不上来我的问题，特别是关于竞品车的问题。于是，这位员工干脆跑回办公室，拿出来一本厚厚的专业资料给我看。一看之下，我不禁吃了一惊。因为是同行，我知道这本资料是内部资料，一般是不给顾客看的。一来内容太过专业，怕顾客看不懂；二来也有"保密"的意思（毕竟资料上面各种车，包括自家店经营的品牌车的各种优缺点悉数记录在案，可以让顾客一览无遗，无所遁形）。可这位员工为彻底解开顾客心中的疑惑（尽管是我伪装出来的"疑惑"），竟然不惜拿出公司内部资料与我分享，其诚意让我颇为心动。仅仅从这样一个小细节中，一个人的职业素养便一目了然。我猜想，他的业绩肯定错不了，一定是本部门乃至这家公司的台柱子。

后来，我想尽一切办法把这个年轻人挖到自己的公司。果然不出我的所料，他的表现非常亮眼，业绩非常突出也非常稳定。进入公司不久便有了几分"中流砥柱"的样子。

所以说，"不知道"不可怕，可怕的是"不知道"这三个字后面的应对方式。处理得好，就是"否极泰来"；处理得不好，就是"雪上加霜"。

这既是一个技术问题、能力问题，更是一个情商问题。关键在于一个人对"细节"的敏感度如何。所谓"魔鬼藏在细节里"，就是这个道理。

小结

"准备"就是尊重，就是信任，就是素养。归根结底，"准备"就是情商，就是生意，就是钱。

>>> 第四章

话术里的玄机

01 成也话术，败也话术

一句话，可以成就一桩生意，也可以毁掉一桩生意。

这一节，让我们来聊聊"话术"。

话术，是一个老生常谈的问题。

销售是情商的艺术，情商在很大程度上需要用语言来表达。这个道理相信鲜有人不知道。可有意思的是，偏偏是那些靠嘴巴吃饭的销售人员，却往往不明白这个道理。

让我们来看下面一段对话。

这段对话，发生在某个店家的新车发布会上。

顾客：这款新车，我怎么感觉后备厢有点小呢？

店员甲：这可能是您的错觉。我们这款车的后备厢表面上看起来似乎有点狭窄，但是纵深很长，整体空间一点都不小。这么说吧，在同系列的车当中，这款车后备厢的实际可利用空间是最大的！

顾客：是吗，哦，明白了……那什么，我怎么觉得新款和老款在整体设计方面没什么区别啊？

店员甲：是这样，外观方面可能区别不是很大，可内部的区别还是蛮大的。你比如说车内空间的高度和宽度，新款都比老款大得多，整体上的舒适感有了相当明显的提升。再者说，引擎的设计也不太一样，新款的技术更先进，油耗也更低。另外，新款在排放方面也达到了国际上的最高标准，领先了老款好几个档次！

　　顾客：是吗，好的，明白了。谢谢啊……

　　接下来，让我们再看看另一段对话。场景不变，话题相同。

　　顾客：这款新车，我怎么感觉后备厢有点小呢？

　　店员乙：是的，好像是有点小。看起来您对后备厢的大小很关注，是不是有什么大件行李需要经常放在后备厢里？

　　顾客：不不，你误会了。我确实挺关心后备厢的大小，不过不是为了装大件行李，而是总有一种感觉，觉得后备厢大一点的车比较安全，在被其他车辆追尾的时候车里的人受到的冲击可以小一点。

　　店员乙：是吗？哦，原来您是这么想的。可以理解。不过，您确实有些过虑了，我们这款车的安全性没有任何问题，即便发生了追尾事件，也可以很好地保护车内的乘客，特别是坐在后排的乘客。之所以这样说，是因为……（详细地向顾客解释车体结构与汽车安全方面的关系）

　　顾客：是吗？经你这么一说，我心里踏实多了。看来懂行的人和不懂行的人就是不一样。不懂的人总是爱瞎操心……那什么，还有一个问题，我怎么觉得这款车和以前的老款在整体设计方面区别不是很大呢？

　　店员乙：您太客气了。所谓的"术业有专攻"，人和人擅长的领域不一样，所以才需要分工协作不是吗？在您擅长的领域里，我也是个不折不扣的门外汉呢！反过来说，在我擅长的领域里，您掌握的专业知识稍微少一些，也是很正常的事情。正因为这样，所以您才需要我的帮助，而我也很幸运能有这样的机会帮助您！至于说到新款和老款在设计方面的差别，我能不能问您一个问题，在您看到新款之前，您是不是已经有了一种预期，觉得新款的设计与老款相比应该有很大的变化？

　　顾客：对，我是这么想的。觉得既然是新款，在设计方面应该变化蛮大的。

　　店员乙：那么，当您看到新款和老款在设计方面变化不大时，您是怎么想的，是不是感到有些失望？

顾客：哪儿啊！高兴还来不及呢！说实话，这个系列的车，我还是觉得老款好看，特别害怕换了新款之后整个设计风格变化太大，那样的话，也许我就会有点儿消化不良了。可毕竟这次的换款是几年一度的"大换款"，一般来说，大换款的时候车的外形设计都会有特别大的变化，这一点让我挺担心的，所以这次特意跑过来看看。

店员乙：是吗？那看过之后的感觉如何？

顾客：看过之后总算彻底放心了。外形设计方面没有太大的变化，即便一些小细节上有所不同，增添了一些新的创意，也都是一些锦上添花的东西，总之，我挺满意的！

店员乙：那太好了！听您这么说，我也特高兴。那什么，除了这一点，还有哪些方面的细节您想重点了解一下？

顾客：是这样。我的工作呢，需要经常到外地出差，得三天两头跑高速。所以对汽车的动力方面，我比较关注。不知道这回的新款，在这方面的表现怎么样？

店员乙：呵呵，您问到点子上了！我们这回的新款，最大的亮点就是动力。和旧款相比，新款采用了最新设计的引擎，马力一口气提高了百分之二十多呢！所以说，动力方面的事儿您绝对可以放心，包您满意！如果您愿意的话，一会儿我可以陪您试驾一下，您可以亲自感受一番！

顾客：是吗？你这么一说我就放心了。毕竟对于常跑高速的车来说，动力不足真是一块心病，确实挺别扭的。

店员乙：是的，我也这么想。我有一个朋友也和您一样，几乎天天要上高速，动力的问题也让他特别头疼。所以，现在他也对我们这个新款"虎视眈眈"着呢！
……

怎么样？如果你是这位顾客，对两位工作人员的话术技巧，哪一个比较满意？
不出意料的话，相信你的选择一定是：店员乙。
为什么会这样？让我们分析一下。
从店员甲的应对中，我们可以看到这样一种倾向，那就是这位店员几乎没有任何"挖掘顾客潜在需求"的意识和举动。

每当顾客提出某个问题或表现出某种质疑的姿态时，他的本能反应不是去探究顾客为什么会提出这样的问题或发出这样的质疑，而是第一时间迫不及待地想给顾客"纠偏"。换言之，他本能地认为顾客是"错"的，而他必须用"正确"的东西来纠正顾客的"错误"。这样的对话，显然对顾客毫无吸引力。基本上味同嚼蜡，说着说着顾客也就没了脾气，剩下的只有敷衍、冷场与尴尬了。再然后，恐怕就没有然后了。一般情况下，对话到了这个份儿上，顾客会有一搭没一搭地随便聊两句，然后找一个借口迅速逃掉。而且重点在于，一旦顾客逃走，十有八九便再也不会回来了。

事实上，从上述案例可以看出，顾客提出的那几个疑问，其初衷并不是想否定新款车在某些方面的优越性，有几个疑问的本意与店员甲的推测甚至是完全不同乃至完全相反的意思。比如说，对后备厢大小的疑虑，并不是出于想"放大件行李"，而是担心"追尾时的安全性"；对新款和老款在设计方面的区别的质疑，也并不是担心"新款车的变化不够大"，恰恰相反，是由于喜欢老款的设计，从而担心"新款车的变化过于大"。遗憾的是，所有这些顾客内心的真实想法，店员甲似乎都无意关注，而是从头到尾忙于否定和澄清，一厢情愿地将自己的见解强加给顾客。说白了，这就是典型的"鸡同鸭讲"，两个人的对话始终是平行线，彼此之间完全不搭界。难怪顾客会意兴阑珊，很快便选择了逃避。

这一点，从对话的量上也可以看出来。第一组对话，显然双方的话都很短，而第二组对话，显然双方的话都很长。所谓"酒逢知己千杯少，话不投机半句多"，就是这个意思。

那么，为什么店员乙可以和顾客聊得这么热乎，这么投机呢？简单。因为店员乙是真正的高手，掌握了三个生意场上异常关键的技能：一个是"倾听"，一个是"顺从"，一个是"询问"。

首先，在没有了解真相之前，倾听为上，少说为妙。要让顾客尽量多说一点，顾客说得越多，你掌握的信息量也就越大，越详细。好消息是，认真倾听的姿态对打开顾客的话匣子很有帮助。此乃人之常情，尽可利用。

其次，绝对不要否定顾客，这也是生意场上的铁则。没有人喜欢自己说的话总是遭到他人的否定，被否定得多了，说下去的兴致也就没了。反之，如果自己说的话能够得到他人的理解乃至赞赏，情况则截然不同，话匣子一打开，也便收不住了。这也是人之常情，无须赘述。

也许有人会说：那如果顾客说的话确实就是错误的呢？难不成你也要附和、理解或者赞赏？这不是欺骗顾客吗？

当然不是。作为一个"专业人士"，在面对"非专业人士"的顾客时，要将正确的知识和信息准确地传递给顾客，这是起码的义务，也是起码的常识。对于这一点，我当然不会有异议。问题在于，"传递正确的知识与信息"并不意味着要"当面否定顾客"，这是两码事，不能混为一谈。因为后者决定了顾客的心情，只有当顾客拥有一个好心情，他才愿意听取并接受你的"正确知识"，否则，即便你把全世界最正确的真理说给他听，他也没兴趣。

总之，重点不在于你说的事情是否"正确"，而在于顾客是否"愿意听"。

那么，如何才能在不否定顾客的前提下，巧妙地为顾客纠错呢？

简单。你要先顺着顾客来，要尽量肯定甚至夸奖他，让他拥有一个好心情，愿意把与你之间的对话延长。这个时候，事情就好办了。一来，他对你有了好感，丧失了戒备心；二来，充足的对话时间也为你提供了许多暗中做手脚的机会。你只需在后面的对话中一点一点地把他往自己的轨道上带，让他在不知不觉中就范，彻底接受你的观点，即可。

最后，"询问"也很重要。从某种意义上讲，及时而恰到好处的"询问"，甚至可以称为搞定买卖最重要的一个环节，没有"之一"。

理由很简单。由于耐心的倾听，你会得到海量的顾客信息。这些信息有些比较清晰，你可以单独处理，不过大多数信息常常会没有什么头绪，甚至缺乏必要的逻辑，令你丈二和尚摸不着头脑。这个时候，你就需要向顾客提问题，通过这种方式帮助你自己理清头绪，找回事物的内在逻辑，从而更为精准地判断出顾客的用意，挖掘出顾客的潜在需求。这个环节处理得好与不好，直接决定了最后成交的概率。因此无比重要，必须引起高度重视。

说到这里，有几句话不吐不快。

一直以来，一个问题都深深地困扰着我。那就是我始终都搞不清，在生意场上本来应该是卖方提问题比较多才正常，可不知为何一般情况下都是买方提问题比较多。

真是奇了怪了。生意还有这么个做法？

一般说来，买方提的问题大多有关于"商品"；卖方提的问题，才大多有关于"顾客"。显然，解决了"商品"的问题，往往与最后的成交并没有直接的关系；而搞定了"顾客"的问题，则几乎注定能促成成交。这是一个多么简单的逻辑，不知为何有这么多人直到现在还搞不清楚，天天做着本末倒置的事情？

看来，不会提问，是一个大问题。这个问题直至今日依然存在，而且极为普遍，极为顽固。那么，如何才能及时、准确地提问呢？

一个非常简单的方法，就是不要急于回答顾客的问题。每当顾客提出一个问题，都要学会适时反问"您提这个问题是为了什么？""您有什么想法，有什么顾虑抑或有什么期许呢？"

就是这样。而当顾客再次回答你这个问题时，也就等于向你透露了他的心事，换言之，等于你成功地挖掘到了他的潜在需求。这就是所谓的"痛点"，剩下来的事，只需针对这些痛点发力即可。其他乱七八糟的事情，完全可以忽略不计。

遗憾的是，现实生活中极少有人能做到这一点。他们总是迫不及待地将与商品有关的所有信息一股脑倒给顾客，完全不顾这些信息对顾客是否有用，顾客是否会真正在意。

这就是典型的"不会提问"惹的祸。因为不知道痛点在哪里，所以干脆来个全面出击，逮着哪个算哪个。可问题是，你有这个心气，顾客还没那份耐心呢！真把顾客说烦了，他们真有可能翻脸，拍屁股走人，让你把马屁拍到马蹄子上。

在这一点上，显然店员乙的表现就很聪明。每当顾客提出一个问题，他总要反问顾客的用意，如此这般顺藤摸瓜，最后得到一个双赢的结果也便是水到渠成的事了。

店员甲的表现则大相径庭。在上述几乎所有方面，他都彻底掉了链子。我都能想象得出来，店员甲的平均业绩会是一种什么样的水平，而他的部门经理对于这个不争气的员工会有多么的头痛。

坏消息是，现实世界中，店员乙是极个别的存在；而店员甲则无所不在。为什么许多公司的业务部门都会发生那种"一两个突出员工的业绩就能占到部门总业绩的一半甚至更多"的现象，其根本原因就在这里。

愿普天下的店员甲好好反思一下，多向店员乙学习；愿普天下的店员乙不要独善其身，多带带店员甲。毕竟"一花独放不是春，百花齐放春满园"。个人的强大没有意义，团队的强大才是真正的强大。

话术技巧上的失误常常是无心之举。销售人员本身并没有恶意，却在无意之间伤了顾客的心，败了顾客的兴。

这样的事情实在是太多了。

举两个例子。

隔壁一个叔叔，有一天跟我讲了这么一件事。

有一次，他去一家汽车专卖店闲逛，看见展厅门外停着一辆改装样品车，造型奇特，非常惹眼，便忍不住凑上去看看热闹。

这是一辆店家根据顾客的需求定制的改装车。底盘与车体连接处贴了一圈锃亮的金属装饰贴条，轮毂尺寸也比正常型号大了许多，看上去相当气派；尤为夸张的是，这辆车的车身上还贴满了各式各样京剧脸谱的图案，远远看去分外扎眼。

我这位叔叔也是位爱车之人，有着二十来年的驾龄，看到这么帅气的改装车，不禁有些心动。

正在这时，一位三十多岁的销售人员走了过来，客气地说道：您是给孩子看车的吗？这款改装车是挺受年轻人欢迎的，价格也要比原型车贵上一两万块钱。我知道您在想什么，您是不是觉得这款改装车的造型比较怪异，不太好接受？我能理解您的感受。坦白说对于现在年轻人的口味我也挺费解的，不过据说现如今的年轻有车一族就是喜欢这样的，而且还特敢花钱！

我这位叔叔心中泛起一阵不悦。本来蛮高的兴致，被销售人员的一番话瞬间浇灭了。他在心里暗骂了一句：你这话是什么意思？难不成改装车是年轻人的专利，我们上了年纪的人玩一玩就犯法呀！真是无趣！

既然没了兴致，他也便不想再逛下去了。结果连展厅都没进，与那位销售人员随便聊了两句便打道回府。

无独有偶，我还从另外一个朋友那里听过一个相似的故事。

这是一位三十岁的女性朋友。有一天，在一家4S店的展厅里看到一辆新款三厢车，外形很中她的意，于是不禁驻足，多看了几眼。一个销售人员见状马上凑过来，热情地做起了产品介绍，把这款车的主要特征，内饰与装备的具体数据等等，一股脑地推介给了她。

其实，我这位朋友对那些乱七八糟的数据并不感兴趣，销售人员说的那些话她也没太听懂。之所以她会觉得那款车不错，完全是因为外表的第一印象——整个车的造型尽管有些保守，可也有一种沉稳、踏实的感觉；尽管是小排量车，却并不缺乏高贵感。而这些特点，也完全符合我这位女性友人自身的性格与人格特质——保守、低调，沉稳、干练，却又不乏时尚感与高贵感。难怪她会对这款车一见钟情。

遗憾的是，介绍完毕之后，销售人员一句无心的话彻底扫了她的兴：……我们这款车的目标客户群，是那些事业有成的中老年人，希望您回去之后，好好地向叔叔阿姨（亦即这位女性友人的父母）推介推介！

显然，这位销售人员也把她看成了"替别人（家人）选车"的客户，脑子里似乎完全没有装"这个人本身就有可能是潜在客户"这根弦。

我这位女性友人大感失望，心中愤愤不平：什么意思？你的意思是说我不属于这款车的目标客户群，就不可以买是吗?! 或者即便买了，开出去也是一件特奇葩、特丢人的事儿是吗?!

她强行按捺住自己的不快情绪，冷淡地回道：没事儿，我就是随便看看，并不想推荐给谁，也不想替别人买。我父母都有车，用不着我给他们买，也用不着我替他们瞎操心。

其实，她的父母都没有车，可是因为实在气不过，还是暗损了那位销售人员一把。

言毕，女性友人拂袖而去，留下销售人员一个人在身后尴尬不已。

这两个案例都有一个鲜明的共同特征。那就是销售人员自以为是，擅自为顾客做主。他们以为自己阅人无数，是江湖上的老手，所以每一个来店顾客大体上是什么来头，为了什么而来，基本上一眼便知，不用那么麻烦。因此，为提高效率，省略废话，直奔主题也是无可厚非的。可殊不知，所谓"人上一百，形形色色"，无论你这辈子"阅"过多少人，"人心"到底是个什么东西，你也不可能全部参得透。

这是一个非常经典的教训。之所以有太多的销售人员会自作多情，常常把马屁拍到马蹄子上，就是因为不能从这样的教训中吸取经验，改进方法，而是一次又一次地被相同的石头绊倒，一次又一次地败给自己的"情商"。

坦白说，这两位销售人员都没有恶意。恰恰相反，他们之所以这样做，其本意也是为了更好地服务顾客、讨好顾客，想尽量追求某种"善解人意""有眼力见儿"的效果。可是，由于没有倾听顾客真正的心声，好心办坏事，反而用自己莽撞的举动伤了顾客的心，白白错过了真正的客户，错失了绝佳的销售机会。

可见，"说者无心，听者有意"的说法不是闹着玩儿的，还真是这么回事。这句谚语尤其对于服务行业而言堪称生死攸关的大问题，其意义绝对不可小觑。

那么，如何做才能最大限度地避免这种情况呢？

没有其他的好办法，解决问题的钥匙依然是那两个字：情商。

一言以蔽之："无意"中发生的事情，只能在"无意"中解决。而能够做到这一点的，只有"情商"。而情商的本质，是一种"习惯"。任何事物只要到了一种"习惯"的状态，便可以自动地在"无意"中发生。

显然，习惯不全是天生的，许多习惯都需要进行大量的后天训练。

在日常工作中培养习惯、锻炼情商的方法，除了我在前面介绍过的"不急于回答顾客的问题，而是要反问顾客为什么要提这样的问题"之外，还有一个要点，那就是"不急于阐述自己的立场和观点"。

一般来说，人类有一种本能，那就是总是急于表态，急于阐述自己的立场。

之所以会这样，是因为"立场"二字事关人们的"存在感"，而存在感对我们非常重要，没有了存在感，也便没有了生存下去的意义。因此，说一句极端点的话，存在感就是我们的命，无论如何也不能放弃。这就是为什么"急于表态"的现象如此之普遍，如此之顽固的原因。

不过，尽管动机可以理解，由于存在着较大的副作用，至少作为服务行业的工作人员，还是要想办法克服这个毛病。毕竟你要和顾客打交道，不能不考虑顾客的立场，不能不重视顾客的态度。

当然，这么做并不是为了淡化工作人员的立场，恰恰相反，这样做可以极大地强化他们的立场和存在感。理由很简单，工作人员的存在感需要由顾客来评价，由顾客以"成交"的方式来买单。换言之，工作人员的立场是通过顾客的角度间接地实现的。你自己急于表态没有意义，顾客的表态才是最后的决定性因素。

因此，管住自己的嘴，激活自己的耳朵和大脑，是一介服务行业的工作人员最起码的素质与技能。不用担心你的嘴没有用武之地，当你的耳朵和大脑圆满完成它们的任务时，就是你的嘴大显身手的时候。那个时候，再来痛刷你的存在感也不迟。

小结

"无意"中发生的事情，只能在"无意"中解决。能够做到这一点的，只有"情商"。而情商的本质，是一种"习惯"。任何事物只要到了一种"习惯"的状态，便可以自动地在"无意"中发生。

02 生意场上的"读心术"——看透顾客的心

> 掌握读心术的秘诀，首先就是要具备"提问题"的意识，并学会"提问题"的技巧。

什么叫"生意"？

生意就是一种博弈。是博弈双方之间的一场"读心竞赛"。谁能率先读懂对方的心，谁就能掌握生意场上的主动权，左右生意谈判的发展方式和发展方向，直至最后达成自己的终极目的。

所以说，生意场上的主动权非常重要，争夺也异常激烈。从店家的角度来讲，如何读懂顾客的心，也便成为一个极为现实乃至极为迫切的课题。

那么，如何才能在生意场上相对容易地读懂顾客的心呢？让我们一起分析一下。

依然以汽车销售行业举例。我们知道，每一个顾客在购车或换车的时候，总会有两个动机，一曰"表面（或公开）动机"，一曰"内在（或私密）动机"。两者缺一不可。只要有一项没有被满足，这个事儿就搞不定。

遗憾的是，作为店家，常常会被顾客的公开动机所迷惑，极少去关注顾客的私密动机，所以往往容易造成销售机会的莫名损失。

我在前面的文字中曾经举过两个例子，一个是上了年纪的大叔对年轻人的嗜好感兴趣；另一个是年轻的职场女性对中老年人的嗜好感兴趣，可这两种兴趣，最终都被情商欠费的销售人员一句不经意的话给毁掉了。

这就是典型的不会读心惹的祸。

那么，一般来说，顾客都会有一些什么样的私密动机呢？很多，但基本上存在以下几个规律。

规律一：顾客不太情愿直白地表述出来。可是一旦找到知音，这种心理障碍会被迅速打破。他们会从"不愿多谈"很快转变为"无所不谈"。

这一条，意味着顾客对自己的"私密动机"还是比较敏感的。他们也知道自己的这些偏好有些与众不同，因此会产生某种本能的自我保护心理，在没有遇到真正的知音之前，他们绝不会主动触碰这个私密空间。反之，一旦遇到真正的知音，情况就会截然不同。如此小众，如此与众不同的爱好都能找到真正懂、真正理解、真正欣赏的同路人，本身就是一个小概率事件。能够遇到这样的人，绝对是莫大的幸运。堤防的大坝一旦被打开一个豁口，便会一发不可收拾，使他们瞬间进入"酒逢知己千杯少"的状态。话匣子打开了便会停不住。这样的顾客，在理论上讲是特别容易被搞定的顾客。错失这样的商机，绝对是莫大的遗憾。

顺便说一句。这个世界上没有那么多的"知音"，从商家的角度上来说，能成为顾客真正的知音固然好，如果做不到也没有关系，至少你可以"表演"，在顾客面前装出一副知音的样子。但前提是你的演技必须要有一定的水准，不能一戳就穿帮。达到这种状态绝对需要日常训练的积累和超高水准的情商。

规律二：有蛛丝马迹可循，但需要认真、细致地观察。

既然顾客不愿意将自己的私密动机表现出来，那么如何才能将其"看破"呢？没有捷径，只有锻炼强大的观察力这一个办法。

人的一举一动、一颦一笑，甚至哪怕一个不易察觉的眼神，都携带着许多重要的信息。观察这些信息，解读这些信息，是通达顾客内心世界的唯一通道。做到这一点，只能通过日常工作中有意识的锻炼。

就拿前面提到的那两个案例来说，很明显那位大叔和那个年轻女性在样车旁边长时间驻足并凝神观望的姿态，意味着他们对眼前的物件儿感兴趣，而那两个情商低下的销售人员却居然抓不住重点，一派胡言乱语赶走了顾客，实在是遗憾之至。

当然，驻足观望未必代表着本人对眼前的商品感兴趣，"家人朋友有可能对此感兴趣，所以为给他们搜集产品信息而驻足观望"的可能性也确实存在（事实上，那两位销售人员之所以会说出那样没心没肺，伤顾客心的话，其理由就在这里）。不过，即使是这样，两位销售人员的情商表现依然不及格。理由很简单，销售本身就是一个与"概率"有关的事件，任何概率都不能被轻易忽视乃至轻易抛弃。显然，即便是一个简简单单的"驻足观望"的动作，也至少蕴含了两种可能，一种是"为了自己"，一种是"为了他人"。只要这两种概率都存在，作为销售人员便不能贸然出击，擅自替顾客做主，给顾客拿主意。而要戒慎恐惧、步步为营，当谜底正式揭开前绝不妄下结论，草率行动。

还有一个重点需要特别强调一下。那就是"线性思维害死人"。

什么叫线性思维？说得通俗点，就是脑袋一根筋，不会转弯儿，不够灵活，太死板。

"线性思维"在日常生活中的存在极为广泛，祸害不浅。

为了测验你是否也有"线性思维"的毛病，举一个有点黑色幽默味道的例子。

问：一个体重180斤的人最近减肥成功，每天都能掉一斤肉，已经持续了二十天，共减掉二十斤肉。那么如果他的减肥行动一直持续下去的话，100天后他的体重会是多少？180天后呢？

不出意料的话，至少会有一半以上的人对第一个问题的回答是：80斤。理由很简单，因为既然每天都能减掉一斤肉，100天后自然能减掉一百斤，所以体重只能剩下80斤。

这就是典型的"线性思维"。按照这种算法，显然第二个问题的答案应该是：0斤。换言之，如果这个人将减肥行动一直坚持180天，他的体重将归零！

这是多么荒谬的答案！

显然，人的体重不可能无限量减下去，减到一定程度就会停止，甚至会死亡。体重彻底"归零"的结果绝对是一个黑色幽默。而这样的思维方式，居然在大多数人身上都存在，在有些人的身上甚至表现得根深蒂固、顽固不化！

这是多么令人触目惊心的现实！

再举一个例子。

我是学经济学的，对经济类的新闻比较感兴趣。这两年有一个比较热的话题，那就是"人民币汇率与资本外流的关系"；或者说得再准确一点，是"人民币汇率是否会长期贬值以及这种趋势与资本外流之间的内在联系"。

对此，许多专家发表了这样的观点，而且居然得到了无数国人的认同！

这些专家说：人民币汇率一定会长期贬值，从而导致资金大量外流。尽管我们国家有着将近四万亿美元的外汇储备，但是最近两年每年的外汇流出量都超过了五千亿美元，两年下来已经累计外流了一万多亿美元的外汇。照这个速度发展下去，中国四万亿的外汇储备将在未来六七年内消耗殆尽！

乍看之下，这个理论非常合理，是一道非常简单的小学水平的数学题：外汇储备总额是四万亿，每年流失五千亿，顶多八年，也就彻底归零了。

可仔细想想，这样的说法却无比荒谬：中国的外汇储备，怎么可能会一直不断地流失下去，而且还是以一个固定的节奏持续不断地流失?!

这不是典型的"只要将减肥坚持到底，迟早有一天会把体重降到零公斤"的歪理吗?!

尤其考虑到说这种话的人是人人尊敬的"专家"，而且有那么多的国人居然对此深信不疑，我的后脊梁不禁有点暗暗发凉。

可见"线性思维"的危害性之大、隐蔽性之高、影响面之广已经到了一种什么样的程度，其后果是多么的可怕！

在生意场上，这样的"线性思维"的思维方式也很普遍，需要引起我们的高度注意。

就拿前面提到的那两个例子来说，"造型奇特的改装车只适合年轻人"或"如果有中老年人驻足观望这样的车，那肯定是为了自己的孩子"；同理，"造型低调、古朴的车只适合中老年人，尤其是男性"或"如果有年轻女性驻足观望这样的车，那肯定是为了自己的父母"——这些都是典型的"线性思维"模式，被这种模式拿了魂，洗了脑，销售人员的职业发展之路，也便可以告一段落了。

之所以有太多人在职场中的发展容易碰到"瓶颈"（亦即甭管如何努力，就是不见进步）现象，一个很大的肇因恐怕就是这个"线性思维"。因此，只有大胆突破"线性思维"的窠臼，才能有效冲破职业生涯的瓶颈。

那么，如何才能有效地打破"线性思维"的制约呢？

两个关键词，一曰"暂停"，一曰"逆向思维"。

在为某种现象下结论的瞬间，要习惯性地按一下"暂停键"，让自己能有哪怕两三秒钟的"再思考"时间：万一我的想法是错的呢？如果我的想法是错的，会发生什么，我又应该怎么做？

要有意识地加强锻炼。假以时日，必有收获。

规律三：某些私密动机实在上不了台面，顾客会将"打死不说"的原则坚持到底，这个时候，就需要有位知音来为他"点破"。

有些私密动机过于隐私，即便是在知音面前也未必能做到"言无不尽"。比如说，想和某某同事攀比，在风头上压过对方；长期被人看不起，想买辆好车证明自己；看上了一个女孩子，想买台靓车追女孩……这些理由，多数皆属难言之隐，是不足以为人道的。在这种情况下，如果销售人员还能够通过强大的观察力和归纳总结能力，利用顾客释放出的一系列蛛丝马迹将其准确地"提炼"出来，然后有的放矢，直戳顾客的痛点，那么最后成交的概率将是非常可观的。

换言之，这种"难言之隐"要比上述"可言之隐"更容易左右顾客的思维和行为，更容易对其决策过程和结果产生决定性的影响，因此也更应得到销售人员的高度重视。

举一个真实的例子。

几年前，我还在汽车圈干的时候曾经向某家店派出过一个探子（神秘访客）。这位探子是我们公司的业务骨干，一个三十多岁的小伙子，人长得精神，也很时尚，是那种不多见的大帅哥。

完成任务回店之后，他带着几分后怕地跟我说：领导，好险！我差点让人忽悠了，差点在人家那儿定了一辆车！

原来，见到我们这位探子之后，对方的销售人员一个劲儿地把话题往"泡妞"上面引，强烈推荐某款号称"泡妞神器"的车；甚至还拿出一本杂志来，将上面的一篇涉及某个调查结果的文章展示给他看。这位探子细看之下，才知道对方正在给自己推介的车型在现如今"年轻女性最希望男朋友或情人载着自己出去兜风的车型评比"中名列前茅，而且还是第三名！

尽管我的这位同事已经有女朋友，可他还是有些动心。毕竟他是一个爱车之人，且时尚偶倜，对如此浪漫的诱惑不可能完全无动于衷。

好在最后时刻他保持住了冷静，装出一副不在意的样子将话题岔开并伺机离去。可在往回赶的路上，他的脑子里还是像走马灯似的不断地过着刚才那位销售人员的话，还有那本杂志上的内容……

后来他对我说：我回去还真的问了一下我女朋友，没承想她对这款车还真的特感兴趣，说攒够钱一定要买一辆。还说小两口开着出去一定会羡煞旁人，至少会让单位里那些小姐妹们犯上红眼病！

可见，不说，不代表着不介意；有些东西尽管难以言传，却往往是致命死穴。顾客说不出来，也不代表着不可以被别人点破。温柔地点破顾客的难言之隐，然后不为顾客故作镇定或故意遮掩的姿态所迷惑，也是一种情商高的表现。

当然，既然是"难言之隐"，点破它时手法一定要隐晦一点、温柔一点，切忌简单粗暴，纠缠不休，那样反而会惹恼顾客，彻底坏了你的好事。

个中分寸的把握，也能看出一个人情商的高低。

话又说回来，顾客虽然介意，却由于种种原因不得不压在心里，而不表现出来的事情又何止这些？！

曾经有某家世界知名的第三方机构做过这样一个调查，他们通过电脑随机筛选，选出了1000名在最近三个月内购买了新车的顾客，然后调集大批人马（专业调查人员）给这些顾客去电话，详细了解售后服务的具体情况。

由此得到许多细节，有些细节颇为耐人寻味。

让我们看一下这些调查人员到底掌握了什么样的细节。

这次调查是采用问卷方式，具体问题都是由专业人士事前设定好的。调查人员发现了一个有意思的现象：一通电话拨过去，在整个问答环节，虽说大多数顾客都能顺利配合，可不知为什么，总是有一些意犹未尽的感觉，好像有许多想说的话不太方便说。这种欲言又止的感觉，即便隔着话筒也能清晰地感受到。不过，随着对谈的深入，顾客渐渐放下了矜持，放松了戒备，慢慢地打开话匣子之后，话风就会彻底翻转，从方才的"谦谦君子"瞬间变成"怒火少年"。顾客的各种不满，各种吐槽会喷薄而出，反而让调查人员应接不暇。

其中，买前与买后店家对顾客态度的巨变是最集中的吐槽点。

正所谓"买前是大爷，买后是孙子"。以"购买"这一行为为界限，店家与顾客在期待值与能量值这两个指标的表现上常常会发生"乾坤大挪移"现象，呈截然相反的态势。

买前，店家期待高、能量高；买后则相反，成了顾客期待高、能量高了。攻守易位的结果是：买前店家有求于顾客；买后顾客有求于店家。买前店家天天盼着顾客来电话；买后顾客天天盼着店家来电话。

这样的局面一旦形成，顾客的"待遇"也便可想而知：绝大多数顾客，在购车的头一两个星期是可以接到店家的售后电话的，然后这样的电话频次骤减，基本上一两个月之后，店家就会完全不搭理这些顾客，就好像他们从来没有在这个世界上存在过一样。那些店家的人跟在顾客屁股后面苦苦"追求"的经历，好像都是梦幻中发生的事情，都是顾客的臆想。

不满与愤怒就是这样产生的。

问题在于，如果这些不满与愤怒顾客能够直接发泄给店家，事情还有挽回的余地。毕竟店家还能知道自己错了，而且到底错在哪里。可事实上，大多数顾客并不会这样做。或者没时间，或者没精力，或者对这种情况见多不怪，早有心理准备，因此只会把不满与愤怒藏在心里，并希望随着时间的流逝，这些负面情绪都能慢慢淡化，慢慢消失于无形。换句话说，不但店家遗忘了顾客，顾客也希望彻底遗忘店家。这种"互相遗忘"的潜在动机和其所预示的暗淡前景才是最值得担心的地方。

没有必要再重复"一锤子买卖"的害处，也没有必要再次说明"上当只此一次，绝无下次"这句话到底意味着什么，对任何一个商家而言，"售后"的重要性远远大于"售前"是常识中的常识。问题在于，常识谁都懂，可一到现场就走样。真是"江山易改，本性难移"啊！

可见，生意场上的大多数人，原本是不适合做生意的。这是一个天大的坏消息，也是一个天大的好消息，因为这就意味着只要你能在这方面稍微发点力，大多数人将不是你的对手。

那家调查公司最后得出了这样的结论：对店家的服务内容与服务水平感到不满的 100 个顾客当中，能够将这种不满公开表现出来的人，不会超过 3 个。

这是一个惊人的数字。其结果与"沉默是金"无关。顾客之所以会沉默，是由于心里压根儿就不抱希望，认为自己即便说出来店家也不会在意，更不会予以解决。这样一来，反而会愈发气到自己，等于火上浇油，完全得不偿失。

所以，无奈之下顾客只能选择放弃，只是这种放弃对店家来说到底意味着什么，将会成为一个更大的问题……

所谓"商机"，说到底就是顾客的需求；所谓"需求"，说到底就是顾客的困惑与问题以及解决这些困惑与问题的方法或路径；所谓"成交"，就是顾客认可了这些方法和路径，并愿意掏钱将其购买下来。

这就是生意的基本逻辑。

所以说，这里的关键就在于，销售人员要搞清楚顾客的需求，也就是彻底弄明白那些困扰顾客的问题到底是什么。这就需要他们具备高超的读心术。而掌握读心术的秘诀，首先就是要具备"提问题"的意识，并学会"提问题"的技巧。

不可思议的是，身为一介职业销售人员，有太多的人居然连"提问题"也不会。他们既没有这方面的意识，也没有这方面的技巧。所以在顾客面前，往往是销售人员的一言堂，而且也只能是一言堂：只有销售人员一个人说个不停，顾客只能乖乖地做个听众。

结果也便可想而知：销售人员说的，都是他自己感兴趣（抑或一厢情愿地认为顾客也会感兴趣）的话，而一旁的顾客却有种不明所以、味同嚼蜡的无聊感，听着听着，也便失了兴致。

这就是典型的"剃头扁担一头热"、"替顾客拿主意"的情况。可是，真到了需要"替顾客拿主意"的场合，我们的许多销售人员反而会掉链子。

实话实说，许多时候顾客自己也不明白自己的问题到底是什么，自己到底有些什么样的需求。尽管问题与需求确实客观存在，许多顾客却缺乏足够的归纳总结能力，无法将这些问题与需求清晰地呈现出来。总之就是觉得什么地方不太对，可就是不知道该怎么形容，该怎么表达。这个时候，就需要有专业人士出面，代替顾客完成归纳总结的环节。显然，这是销售人员的本职工作。反之，如果销售人员不去做这件事，顾客就会感到很迷惘。你一个人站在那里夸夸其谈，顾客听也不是，不听也不是，那种感觉一定分外难受。不听吧，保不齐哪句话会带给自己灵感，戳中自己的痛点；听吧，这种被戳中痛点，启发灵感的概率又实在太低。这就是典型的鸡肋感觉：食之无味，弃之可惜。

所以，甭管顾客是否具有明确的问题意识，是否清楚地知道自己到底想要什么，作为一个职业销售人员，一定要善于发现，抑或帮助顾客发现困扰他们的现实问题；一定要善于挖掘，抑或帮助顾客挖掘他们内心深处的潜在需求，然后通过提供方案，解决问题，最大限度地满足这些需求。只有做到这一点，才能创造顾客与店家的双赢局面，才称得上是一个合格的"专业"人士——而所有这一切的起点，全部源于那三个字：提问题。

不会提问题，一切都无从谈起；缺失了"提问"这个环节，所有的商谈都是无效商谈，无论销售人员表现得多么卖力也很难抑或完全不可能达到成交的目的。

举几个具体的例子。

一般来说，第三方调查机构的工作人员，在乔装改扮，"深入虎穴探测敌情"之前，都要先对自己将要扮演的"顾客角色"润色一番。换句话说，要给这个角色附加一些具体的、有特色的背景条件，以便检验被调查对象的工作人员是否能够"见招拆招"，针对不同的顾客提出不同的方案；与此同时，还要检验这些方案是否能够真正戳中顾客的痛点，令顾客心服口服。

比如说，顾客甲：建筑承包商。四十多岁的中年人。买车的目的主要是为了接送工人上下班。由于要频繁地来往于公司与工地之间，且路况条件不太好，需要一辆底盘较高、轮胎尺寸较大，抗颠簸、通过性较好的中巴车。价格要适中，故障率要低，最好能皮实一点儿、耐操一点儿。

本人亲自驾驶。驾驶习惯：十几年前是一个狂热的飙车爱好者，这二年略微有所收敛。一来年纪大了，稳重了许多；二来有了自己的事业，不愿过多冒险。但是，本性使然，对汽车澎湃的动力依然有种说不出的迷恋。

个人兴趣方面：是铁杆滑雪迷和冲浪迷，经常开着车长途跋涉上千公里去北国雪场或东部滨海城市过瘾。即便现在年纪渐渐大了，这两个爱好依然不改。换车后，他还希望开着新车，拉上员工一起"南征北战"，大家共享"青春繁华"，一起体验大自然的魅力和健身的快乐。既能锻炼身体，又能陶冶情操，还能强化团队精神，可谓"一举多得"。

顾客乙：普通公司职员。三十多岁正当年。老婆刚生了二胎，想把自己开了五年的老款三厢车换成一辆宽敞点的MPV（多用途旅行车）。个人爱好方面没有什么特殊之处。平时的用车目的就是上下班、接送孩子、外出旅游。总之，他的家庭是万家灯火中无比普通的那一盏，唯一的亮点是：夫人是个铁杆环保迷。对"爱护地球"这码事发自内心地关注，而且在日常生活中也能做到身体力行。

……

以上，就是调查公司为自己的"探马（伪装成顾客的调查人员）"设计的"角色背景"。

那么，这两位"顾客"在店家（调查对象）那里又会受到什么样的待遇呢？店家的表现到底合不合格？

让我们来看一下。

先说结果。事实上，在实际的调查活动中，两位"顾客"的"角色背景"都没有被提及，完全没有找到出场的机会。之所以会这样，是因为店家的销售人员压根儿就没有针对这样的背景提任何问题。销售人员不发问，"顾客"自然没有自己主动提及的道理，所以双方的交流始终都是平行线，没有找到任何交点。

比如说，对顾客甲而言，汽车发动机的性能、功率数，轮胎的抓地能力和耐操性以及百公里加速的具体数据等等，都能成为上佳的"痛点"；至于说到冲浪和滑雪这些"高大上"的业余爱好，如果也能略知一二，简单聊上两句，更能轻松打开顾客的话匣子。

再比如说，对顾客乙而言，尽管缺乏令人印象深刻的个人爱好，不太容易找到共同话题，可如果深入挖掘，也能挖到一些"痛点"：家里刚生了宝宝，对车的安全性肯定有极高的要求；家里多添了人口，车内的宽敞度和舒适度也会成为大问题。尤其是两个宝贝坐在车里，行驶时的平顺度、抗颠簸表现一定会深受家庭成员的关注。甚至于，车辆在环保方面的表现，不仅是油耗的问题，还包括废弃物的排放情况，也会成为一个显著的卖点——因为夫人的关系。

可见，不问不知道，一问吓一跳。无论表面上看起来多么寡然无味、平淡无奇乃至无欲无求的顾客，一旦深度挖掘，都能发现一大堆欲望、一大堆要求（甚至是苛求）、一大堆有待解决的问题。而所有这一切，都是顾客的心声，顾客的需求。不擅长提问乃至完全不提问的人，是无法读懂顾客的心，无法掌握顾客需求的。

既然如此，在两位"顾客"面前，销售人员便只能照本宣科，按照自己的节奏把培训课堂上学习到的内容机械地介绍一遍，然后再大眼瞪小眼，尴尬地面对随之而来的冷场局面……

显然，如果仅仅是照本宣科，顾客完全没必要亲自往店里跑一趟听你啰唆。

现如今各种资讯媒介如此发达，想查到某种商品的具体信息还不易如反掌?!所以说，顾客之所以会费劲巴拉地亲自往你的店里跑，一定有他特殊的目的。

这个目的到底是什么，一定要想明白；想明白之后，一定要在行动上体现出来。

这才是做生意的正确姿态。

小结

生意场上的大多数人，原本是不适合做生意的。这是一个天大的坏消息，也是一个天大的好消息。因为这就意味着只要你能在"读心术"方面稍微发点儿力，大多数人将不是你的对手。

03 "试用"不如"使用"——
"商品试用"环节的秘诀

"试用"只能带来"了解"，只有"使用"才能带来"喜爱"与"依赖"。

对服务行业、商业企业而言，商品的"试用"环节无比重要。

这是一个常识，无须赘言。问题在于，你是否深刻地了解了"试用"的本质，是否真正掌握了"试用"的技巧？这里面的文章可不少，让我们一起来看一下。

为什么要"试用"？

因为对一件陌生的产品而言，顾客需要有一个了解和熟悉的过程，需要由商家创造一个顾客与产品"亲密接触"的契机。

显然，这里面的关键词不仅仅有"了解"，还有"熟悉"。这既是程度的差异，更是性质的区别。前者是"入门级"，后者才是"进阶级"。这就意味着，蜻蜓点水般的试用，只能起到"了解"的作用，往往效果不会太理想；只有想方设法让顾客对你的产品"熟悉"起来，你的"试用"才有可能带来最后的"成交"。

这才是生意的本质。

所以，现在必须明确一个概念："试用"是伪命题，只有"使用"才是真命题。

换言之，"试用"的最佳境界、最高技巧，便是把"试用"变成"使用"。

非如此，"试用"是无法被激活的。

那么，如何才能变"试用"为"使用"呢？

有这样几组关键词：狭义与广义；时间与数量；拥有感与成就感；使用习

惯与使用黏性。

让我们——道来。

先举一个小例子。

现在的许多汽车销售店，在试驾这个环节，都有这样一个特点，那就是"浅尝即止"。

具体地说，你到一家销售店，要求试驾某款车，然后会在工作人员的引导下完成一些必备手续，再然后你会被带上一辆车，在工作人员的陪伴下将这辆车开出店外跑上几分钟，抑或仅在店内绕上几圈，结束。

这就是典型的蜻蜓点水，典型的浅尝即止。

当然，效果总是会有一些，可不知为什么，从顾客的角度来说，心里总会有一些遗憾，残留一些不满足感。

之所以会这样，是因为时间（驾驶时间）太短、数量（驾驶距离）太少，让你意犹未尽，很难获得某种拥有感和成就感。再加上一路上都有工作人员相伴，虽然能够在对方的指导下解决许多技术上的疑问，可是有一个人在旁边盯着，也会让你倍感不自在，更加无法强化拥有感和成就感，因此也便无法获得真正的满足。

显然，这样的试用，仅仅能够达到让顾客"了解"产品的程度，完全无法做到让顾客"熟悉"乃至"喜爱"上自己的产品。换言之，在这种情况下，"试用"完全无法转化成"使用"，因此促销效果必然会大打折扣。

那么，更好的方法是什么呢？

不妨考虑一下这样的做法。

比如说，在常规的试驾环节完成后，让顾客把车开回家里去，结结实实地"享受"几天，效果会如何呢？

实话实说，如果是这样的话，接受这种试驾条件的顾客未必会很多。一般来说，这样的顾客只有两种人：一种是骗子，"伪顾客"，会打试驾车的鬼主意；另一种是"真爱粉"，十有八九最后会买你的车。

前者出现的概率极低，无限接近于零。而且，只要想出一个万全之策，杜绝这种人的出现完全是有可能的；反之，后者出现的概率则极高，且最后的成交率几乎接近百分之百。

两相对比之下，这种做法算是一桩合算的买卖，还是值得一试的。至少，你可以在茫茫人海中迅速锁定目标客户，而且还是那种超高质量的目标客户。总比你历尽艰辛，费尽口舌，辛苦追踪几个月甚至多半年也搞不定一个能成交的客户要强得多。

总之，通过这样的做法，时间与数量的问题就能得到圆满的解决；与此同时，用户的获得感和成就感的提高，也便能自然地转化成某种程度的使用习惯和使用黏性，有利于用户把对产品的粗浅"了解"转变成对产品的"喜爱"与"依赖"。这样一来，"试用"就会自然地转化为"使用"，从而相对迅速地促成最后的成交。

顺便说一句，这种做法在日本汽车销售行业是相当常见的。其本质与"无偿租借"毫无二致。尽管商家要冒一些风险，但是促销效果极佳。

当然，中国的国情和国民素质与日本相比还是有一些差别的，完全照搬照抄人家的做法确实不太现实。不过，想办法变通一下也未必全无可能。毕竟汽车租赁业在我们国家也很普及，借鉴一下他们的做法，比如说留下一部分押金，然后再免掉租金，让顾客把车开回家里去，结结实实地体验几天，效果一定会有所不同。

至少，在一些价位不太高的普及型车型上做这样的尝试，应该是有可能的。

下面再来说说"狭义"与"广义"的区别。

所谓"狭义的试用"，是指存在一个既定目标的试用。具体地说，就是顾客心里明确地知道自己要试用什么，并由顾客方主动提出试用的要求。

所谓"广义的试用"，是指不存在既定目标的试用。具体地说，就是由店家主动提出试用邀请，让顾客试用某种顾客并没有明确的事前预期的产品。

不要小看这一点点差别，对于销售这个行业来说，这一点点差别最后带来的效果与效益将会有天壤之别。

理由很简单。所谓"存在既定目标"，仅仅是因为顾客对某个产品有所耳闻，并且已然心动，只不过由于没有近距离接触过，对这种产品还缺乏一个感性认识，缺乏一种起码的了解，因此才会产生试用的动机。但是，这并不意味着顾客只会对这种商品感兴趣，而对其他商品不感兴趣。因为接受的信息有限，顾客的任何试用动机都是暂时的、相对的，并不会一成不变。换言之，只要你给顾客提供其他的试用机会，未必不会激起顾客的新兴趣、新动机。

因此，在试用环节，仅仅依靠顾客自身的既定目标和试用动机是远远不够的；作为店家，一定要想方设法扩大顾客的试用目标和动机，将更多的商品展现在顾客面前，并让顾客获得与它们亲密接触，并最终喜爱上它们的机会。

这才是一个真正的生意人应该有的作为。

这一点，在日本的汽车销售行业体现得尤为鲜明。

那里的销售人员绝不会被动地等待顾客的"既定目标"，而是常常会主动出击，尽一切可能让顾客喜爱上任何一种有潜力的商品。

只不过，他们的做法很巧妙，并不会一味地硬性推销，从而激起顾客的反感；而是步步为营、循循善诱，在充分揣摩顾客心理状态的前提下稳扎稳打，抓住一切可乘之机主动出击，因此效果颇为理想。

说起这个话题，学问可不少。我会在其他章节详细解说，这里便一带而过了。

下面，再用几个日常生活中常见的小案例，详细地说明一下"试用"与"使用"之间的关系。

我们在超市购物的时候，常常会看到这样的场面：几个打扮入时的女孩子，手里端着一个白色的托盘，盘子里放着若干小口杯，口杯里盛着多半杯茶水。女孩子们面向络绎而过的顾客，面带微笑，不停地打着招呼，请他们稍作驻足，品尝杯子里的茶水。

没错，这就是商场中常见的"试饮"环节。作为一个现代人，你一定遇到过这样的事情，一定受到过"试饮"的邀请，也一定或多或少给过对方面子，饮过杯子里的茶水。问题在于，有多少次，你曾经真的被吸引、被打动过，真的掏腰包买过单呢？

不出意料的话，你的答案一定是否定的。

换言之，这样的试饮环节到底在多大程度上起到了真正的促销作用，是需要打上一个大大的问号的。

我的感觉是，即便有人"中招"，在试饮之后会真的掏钱买单，这种概率也是非常小的，几乎可以忽略不计。也就是说，这样的试饮效果欠佳，总的来说得不偿失。

为什么会这样呢？

原因有很多。首先，试饮口杯很小，基本上就是一两口的事情，这种程度的试饮，到底能在多大程度上起到让顾客了解产品的作用，完全不得而知。当然，只要你提要求，女孩子们会让你多饮一两杯，可是除非你真的感兴趣，一般人不会提这样的要求；再者说，如果你饮了好几杯之后仍不买单，面子上也过不去。更何况一个打扮入时的女孩子站在你的面前，满面笑容，满眼期待地盯着你看，是个人都会觉得不好意思：盛情之下，完全不喝不好意思；可喝得太多、太露骨依然不好意思，于是乎只好随便喝两口，给对方和自己一个台阶下，然后赶紧找个借口从对方身边逃离。相信这才是多数人的真实心理写照。

场面尴尬如此，又何来"促销"的意义？

可见，数量少、时间短、场面尴尬是这种试用方式的致命伤。

数量少、时间短——别说"使用"，即便连"试用"的效果都很难达成。

场面尴尬——找几个时尚靓丽的女孩子做这个事，效果完全适得其反。用靓女做广告完全没问题，毕竟"可远观而不可亵玩焉"，远远地看靓女，还是有一些"吸睛"作用的；但是，让靓女站在你的眼前，直接服侍你"试用"，情况则截然不同。在这样的场合，顾客更为在意的恐怕是"自己的行为举止是否得体"，而不太可能将注意力全部倾注到眼前的试用商品上面。这样一来，情况便与"试用"产品的初衷南辕北辙了，反倒会弱化产品的存在，徒增彼此的尴尬。最终非但不会让顾客对你的产品留下印象，反而会让顾客留下不快的记忆。

所以，正确的做法应该是这样的：不妨将茶叶做一些便携式的小包装，放在柜台里由顾客自由取用，拿回家去自己冲泡，慢慢品尝。这样一来，既轻松地解决了数量和时间的问题，也巧妙地规避场面的尴尬。

当然，如果你非想借助靓女的"吸睛"效果，找两个性感时尚的女孩子来帮忙也未尝不可。只不过，就不要让靓女直接介入试用环节了，只需让她们在柜台旁手举一个招牌，上写"此处有试用品，可以随意取用"即可。

这就是将"试用"变为"使用"的操作方法。

无独有偶，同样是商场里的"试用品"，有些商家的手法便相对高明一些。

比如说某些糖果柜台，便会有专门的"商品试用角"。里面会有一些散装或小包装的糖果供顾客试用，数量不限，时间不限，也可以抓一把拿回家去吃，促销效果就会好得多。

这样的案例在生活中并不鲜见。

比如说上门推销的洗衣粉，常常会免费赠送给顾客一些小包装袋的试用品；大多数品牌的化妆品，也会在正式商品之外，附赠一些小包装的赠品。有些知名品牌的赠品，甚至会在网店上被公开售卖。据说生意也相当好。

曾经有一个卖瓜子的小哥给我留下了深刻的印象。

他在我家附近的一个夜市里摆摊儿。摊位前常常人满为患。那个夜市里卖瓜子花生的摊位不少，可似乎只有他的摊位生意兴隆，别人的摊位前则鲜少有人光顾。我感到很好奇，便刻意凑上前去观察了一阵。我吃惊地发现，尽管他的摊位前聚集了不少人，却没有几个人真正掏钱买，大家都在旁若无人地"试吃"。而且大多数人不是逗留一两分钟，随便吃一个两个，而是"赖"在那里一吃就吃上个五六分钟，甚至十来分钟。不一会儿，地上便堆满了瓜子皮。

我的心里顿生疑窦，不禁暗自纳闷：这么个做生意法儿，岂不得从舅舅家赔到姥姥家?!

换了别人，恐怕早收摊儿不干了，可是那个小伙子的摊位却始终"屹立不倒"，在夜市里蔚为一道风景。

后来，我找到一个机会和他闲聊了一会儿，才知道他的用意：刚开始这些人来我这里吃，光吃不买，而且老赖着不走，吃个没完，让我也很头痛，常常给他们冷脸子看，甚至干脆哄他们走。可是后来我发现，我的生意情况并没有任何的好转，甚至还越来越差。后来我终于想明白了，干脆让他们吃，吃个够才好！因为在我这里试吃的大多是女人，女人好占小便宜的心理我明白。你不让她们占便宜，她们也不会买你的东西。再者说瓜子这玩意儿本身就是容易上瘾的东西，女人尤其容易上瘾。从她们在我这里吃个没完这一点便能看出来。所以我干脆将计就计，让她们在我这里放开了吃，先吃上瘾，上了瘾就离不开我的瓜子了；久而久之她们就会掏钱买，而且只会在我这里买。因为只有我这里能让她们占大便宜：吃二两，买一斤，等于白送了她们二两。这点账她们算得出来。这种待遇她们在别人那里得不到，换了我自己也不会去别处买啊！就这样，我越放任她们吃，自己的生意就越好。看着好像是让人家占了便宜，其实真正占了大便宜的，是我自己！

这笔账，小伙子算得够精明！连我这个世界名牌大学商科毕业的高才生，也不禁甘拜下风，暗自服气。

这又是一个经典的"试用"变"使用"的案例。

也许有人会说：你说的这个例子太特殊，不具备普遍性。那家瓜子摊只是走运而已。换了别人这么干，非赔死不可！怎么可能让人随便拿、随便吃还能挣到钱?！这种概率实在是太小了，几乎可以忽略不计！

必须承认，这种担忧有一定的道理。那位小伙子的成功经验是否能够被大量复制，确实存有疑问，存在一定的风险。不过，降低风险、解决疑问的方法也很简单，四个字而已：限时限量。具体地说，就是将免费试吃或试用的数量和时间予以适当的限制，从而最大限度地降低成本、规避风险。比如说：一个小时、一百个；哪个先到算哪个。一百个拿不完或吃不完，以一个小时为限；反之，则什么时候拿完、吃完，什么时候终止即可。

那位说了：你这个方法不新鲜，早让别人玩滥了，一点都不灵！你当顾客都是傻子啊?！人家的心里会这么想，你这个限时限量的伎俩根本就是骗人的，从一开始就是玩猫腻，早就做好手脚了。换句话说，即便顾客按照你说的时间点过去，你也会以"顾客来晚了，免费用品已经发完"为借口搪塞人家。所以说人家心里跟明镜似的，知道无论什么时候赶过去也拿不到你的免费试用品。时间长了根本就没人买你的账，让这个招数彻底报废！

我能理解这种担忧，所以还需要在"限时限量"的基础上再做一点小文章。具体地说，这个"限时"不能在营业开始的时间段做，而必须在营业进入高峰期的时间段做。也就是说，不能在客人稀少的时间段做，必须在客人最多的时间段做。之所以这样做，有如下几个理由：

第一，可以让更多的人亲眼见证"免费试用"的全过程，从而消除以为你在"玩猫腻"的潜在意识。

第二，可以让更多的人为你捧个人场，从而增加广告促销的效果。

第三，比较容易造成"大排长龙"、"人人争抢"的局面，不但有利于现场促销，还能达到某种"饥饿营销"（哎，真倒霉，今天又没抢到！）、"口碑（口口相传）营销"（那家店免费派发东西呢，人们都抢疯了，还不快去！你瞧，这是我刚抢到的！特别不容易，再晚了就抢不到了！）与"持续营销"（今天没抢到，明天接着来！）的效果，可谓"一举多得"。

举一个真实的小例子。

我们家附近的菜市场里，曾经有两个卖自制糕点的小店，它们的做法和遭遇便很值得玩味。

先说第一家店。

这家店在店门口的马路边上摆了一个全封闭的玻璃柜台，里面放了许多样品（仿制品）做展示；老板本人则待在店内不露面。如果有哪个路过的客人看了样品后想买糕点，只要冲着店内叫唤两嗓子，老板就会出来接客，并根据客人的要求从店里取货。

再说第二家店。

这家店也在店门口的马路边上摆了一个全封闭的玻璃柜台，柜台里也放了不少糕点的仿制品做展示；只不过这个全封闭的柜台旁边还摆着一个开放式的，尺寸略小的玻璃柜台，里面放的则是货真价实的糕点，只是尺寸比正常的糕点略微小一些。店老板也藏在室内，平常不露面。想买糕点的人要冲屋子里喊一嗓子，老板才会出来接客。

那个开放式小柜台里的糕点是客人可以随意取用的，但是有限时限量的规定，只在每天傍晚客流高峰期开放一到两个小时，直到柜台里的糕点取完为止。在这段时间里，客人可以尽量吃、尽量拿，哪怕用购物袋装走一斤半斤的也没关系。

把话说到这儿，这两家店的大概经营状况，也就有些眉目了。

显然，按常理来说，第二家店的生意会远胜第一家。

事实上，第一家店开业后连三个月都没撑过去便关门大吉了。现在，那条小路旁边的糕点店，只剩下了第二家。而且至少迄今为止，还没看到任何新竞争者加入的迹象。

那两家店的糕点我都买过。坦白说，无论是做工还是味道，两家店不分伯仲，都比较一般，没有什么明显的特色。可是在商品试用环节的这一点点区别，便已让两家店的结局高下立判，不能不令人颇为感慨。

第二家店通过这样的试用操作，不仅轻而易举地打垮了第一家店，也成功地阻碍了后来者的入场——毕竟对于新入场者来说，如果照抄第二家店的做法，在成本和综合财务负担方面不会占优，因此，除非新手能拿出更多的绝招或者鼓捣出某种质量超群、独树一帜的新商品，一举打响知名度，否则，如果不得不站在同一条起跑线上和前辈竞争的话，是不可能有任何胜算的。

这就是"一招鲜，吃遍天"的生动体现。有的时候在市场中独占鳌头，用不着你面面俱到，拥有太多的绝招，只需区区一两个雕虫小技，成功地卡住对手的命门，便可胜负立见了。

也许有人会提出这样的质疑：你说的这种方法，确实有利于将顾客的"试用"感觉转化成"使用"感觉，从而有利于最后的成交。可是，现在的问题在于，这种方法只适合于那种"低值易耗"型的商品，不适合那种价格昂贵的耐用品或奢侈品。比如说，饮料、食品之类的东西你可以搞"免费试吃"，冰箱、彩电或房子，这种耐用品或奢侈品你还能玩"免费试用"的招数吗？

答案是肯定的。免费试用这一招，不仅在价格相对低廉的日用商品上有效，对那些价格昂贵的耐用品或奢侈品也有效，甚至效果更为明显。

拿冰箱、彩电来说，只收押金，不收租金，限时限量（比如说只限一台，只限一周），让顾客搬回家去，结结实实地使上一段时间。你觉得有多少顾客最后会选择"拒绝买单，再把商品退回去"这个选项？

显然，这个方法看似麻烦了一点，笨拙了一点，但只要有顾客中招，最后成交的概率极高。

理由很简单，奢侈品和耐用品正因为其价钱的昂贵，正因为其体型的巨大以及搬运的不方便，所以一旦让人搬回家，真实使用一段时间之后，更容易让人产生获得感与成就感，更容易促成最后的成交。

不止如此，也正是因为奢侈品和耐用品的高价性与重要性，顾客在选用这类商品的时候会异常小心，异常谨慎，会患得患失，极难成交。因此，这个时候的免费试用，对买卖双方都有极大的好处：对顾客而言，一方面可以真实地使用一段时间，另一方面依然存在反悔的空间，因此更容易下决心；对店家而言，成交率尤其是成交速度的提升也有利于资金的周转和效益的改善。可谓"一举两得""皆大欢喜"。

那位说了：你说的这个方法有什么新鲜？这不就是所谓的"购物之后一周之内无条件退货"的常用促销手段吗？换汤不换药而已！

对此我有不同的看法。让顾客买单，锁定"购买"事实之后的"无条件退货"和无须顾客买单，不构成"购买"事实前提下的"无条件退货"，对顾客的心理影响是不一样的。前者终归是"购买"了，而后者仅仅是"试用"，而且还是"免费试用"，两种不同的做法对顾客构成的心理压力与心理影响是截然不同的。不但程度上有不同，性质上也有不同。这样的不同必然会在店家最终的成交率和成交速度上体现出来。不信的话，店家不妨小规模地试验一下，看看结果如何。

除了冰箱彩电、家具之类的室内用品，房子本身的促销，也可以使用这种方法。

把一间房子装修好，让一家人进去免费试住一个月（当然，试住前需要有一定的押金，同时免去租金），一个月后这家人不拿下（买下或租下）这间房子的概率应该无限接近于零。

这就是"越贵、越笨重越适合免费"的逻辑所在。因为只有这样，"试用"才能更好、更快地转换为"使用"；"了解"才能更好、更快地转换为"喜爱"乃至"依赖"；只要有了"喜爱"与"依赖"，成交也便不是问题了。

当然，这个世界上永远有不肖之徒，会恶意利用这种免费的机会，给店家造成困扰。他们会不停地试，不停地放弃，不停地占便宜，没完没了。不过，这种人毕竟是极少数，对大多数人而言，与"占便宜"的想法相比，"嫌麻烦"的心态会占优，因此，局部的风险虽然不能否认，整体而言还是利大于弊的。即便对于那些不肖之徒而言，防范他们作恶的方法也会有很多，店家只要肯开动脑筋想办法，制服这些社会渣滓应该不是什么难事。

试用环节除了方法之外，场所的选择也很有讲究。换言之，作为一个商家，仅仅知道"如何试用"还远远不够，你还必须搞清楚"在哪里试用"。两者相辅相成，缺一不可。只有做到这一点，才能确保最佳的试用效果。

在这方面，有一个依附于汽车销售行业的案例颇为经典（这样的案例，我习惯于用"寄居蟹"来形容）。

去过汽车销售店，尤其是那种豪华品牌的汽车销售店的人，恐怕都经历过这样的事情：在等待期间，被销售人员领到店内的某个角落，享受"免费坐按摩椅"的待遇。

这种按摩椅价格不菲，动辄上万元乃至数万元，可是体验效果确实不错。尤其是近两年，随着人工智能技术的日新月异，按摩椅的人体工程学功能愈发强大。坐上去之后，仿佛真的有一个人用他那双强劲有力的手按摩你的全身，而且穴位的把握非常到位，真的会让人产生"舒经活络"的感觉。因此销售店安排的这个环节颇受顾客欢迎。只要是店内的正常营业时间，几乎没有一个按摩椅是闲着的，有的时候甚至需要排队等待。

尽管每个人都知道这份"优待"其实就是一个小小的促销"陷阱"，是店家和厂家"窜通"好了忽悠顾客买单的伎俩。可既然是白用，而且还是不计时间、不计数量的使用，一般人都不会拒绝这份甜蜜的诱惑。

据我所知，因为这个而最终买单，把按摩椅搬回家去的人不少。毕竟只是一把椅子，价钱再高也赶不上一辆车。显然，这种把高价按摩椅放在汽车销售店试用促销的招数，在商品的选择和搭配方面堪称一绝。

事实上，高价按摩椅在普通商店里也并不少见。可问题在于，普通商店里的商品价格普遍不高，如此高价的椅子便显得有些"高处不胜寒"了。再者说，在商店里试用，又会发生数量和时间的问题——不试用吧，如此高价的商品不可能轻易勾起人的购买欲；试用吧，区区几分钟的体验也不可能给人留下任何深刻的印象。更何况旁边还有一个销售员带着或期待或戒备的眼神死盯着你，让你浑身不自在，也不可能静下心来细细体味商品的好处。因此，普通商场中的试用常常是失败的。既然如此，将这些商品摆到商场里卖，也许本身就是一个无意义的举动，纯属劳民伤财。

最后，再讲一个在"试用"和"使用"的相互关系方面更具代表性的例子。

这个例子，涉及最近在年轻人中间异常火爆的互联网视频。

我们知道，现在的网络视频已经从以前的免费，渐渐过渡到了收费的时代。大多数网络平台都在通过有偿收视的方式聚拢资金，绞尽脑汁地将庞大的流量变现。

不过，在实践过程中，效果却有着巨大的不同：有的网络视频平台更成功一些，有的则一筹莫展；有的视频领域更为成功一些，其他一些方面则较为失败。

正可谓"几家欢乐几家愁"，"网络视频收费化"的道路看来并非是一片坦途。

那么，在这方面做得比较成功的领域，到底都有哪些经验值得借鉴；而那些较为失败的地方，又有哪些教训值得吸取呢？

让我们以电视剧和电影的网络播放为例，详细分析一下。

先说电视剧。

现如今的网络电视剧动辄六七十集，综合点击率则动辄几十亿乃至数百亿，其发展势头之迅猛颇为令人咋舌。

迄今为止，网络电视剧的"吸金"方法基本上就是"免费观看，靠厂家的内贴广告挣钱"这一条；不过，随着社会氛围对互联网产业的愈发适应、愈发宽容，现在的网络视频平台也在尝试"吸纳会员，收费观看"的吸金方式。具体操作方法是：一部新的电视剧上线，平台会让你免费看几集（视剧集的火爆程度，能够免费观看的集数有所不同），接下来的剧集则必须付费观看。

这是一个极其聪明的做法，观者的"中招率"非常之高。

理由很简单。如果一个人连续看了好几集也喜欢不上一部剧，那么即便你后面的剧集全部免费，他也不会看下去；反之，只要是一部"能看"的剧，当一个人连续看了几集之后，便一定会上瘾，一定会产生明确的收视习惯，这个时候如果赫然中断收视，将是一件非常痛苦的事情。那种让人抓心挠肝、朝思暮想的感觉非常不好受。换言之，此时的观者已经"误上贼船"，想不"中招"都不行了。这样的人，最后十有八九都会乖乖地掏钱买单。

这就是非常经典的变"试用"为"使用"的招数，而且效果奇佳，几乎屡试不爽。

也许是被网络电视剧的吸金模式所启发与鼓舞，网络电影现如今也跃跃欲试，开始尝试"吸纳会员，收费观看"的模式。

奇怪的是，同样都是网络上的操作，而且操作方法大体相同，可网络电影的运气却远不如网络电视剧，其吸金之路要崎岖曲折得多，至少目前来看形势还不容乐观。

为什么会这样呢？难道说广大网友独爱电视剧，不爱看电影？抑或电影这种东西不太适合在网络上生存？

当然不是这样。同为网络视频内容，电视剧能混，而且混得不赖；电影自然也能混，而且也应该混得很好。可为什么事实却不是这样呢？理由很简单，这里依然有一个数量和时间的限制问题；与此同时，还存在着一个"试用品的相对完整性"的问题。

具体地说，事情遵循了这样一个逻辑：

网络电影的试看时间通常非常短，往往只有区区五六分钟，最长的也不会长过十分钟。

这是一个什么概念？简单。这就意味着除非观者对这部电影十分熟悉，非常感兴趣，已经到了必看不可的程度，他们才会有掏钱买单的可能；否则，如果对电影印象一般，看的欲望本来就不太大，那么让他们掏钱买单的可能性便无限接近于零。

这里就有一个问题。对于前者而言，其实你是否设置试看环节已然全无意义，因为有没有这个环节他都会看；与此同时，对于后者而言，试看环节也是一个鸡肋。人家本来兴趣就不大，你还设置如此高的试看门槛，那就等于从一开始就将人家拒之于千里之外。

网络电影的收费之路之所以走得如此艰难，其根本原因就在这里。

那么，如何才能改变这种现状呢？简单，学习网络电视剧集的收费模式即可。具体地说，你可以这样做：降低试看的门槛，让观者多看一段时间，比如说看到一半或一多半，再收手，再收费，这样效果就会好得多。

如此一来，"试用"环节的效果就会从"蜻蜓点水"变成"深度涉猎"；观者的感受便会从粗浅的"了解"变为"喜爱"与"依赖"，情况发展到这一步，最后的成交也便是水到渠成的事儿了。

这就是"试用"变"使用"的招数，其关键点在于巧妙地解决了时间和数量的限制问题。

不夸张地说，如果把"免费试看"的门槛从区区五六分钟大幅度降低到五六十分钟；甚至于让观者几乎能够把影片免费看完，仅仅保留最后的十分钟作为"收费区间"，其效果非但不会更烂，反而会更好也说不定。

换言之，就是把极致的"试用"变成极致的"使用"——"使用"的时间越长，"占有"的感觉便越强烈；"占有"的感觉越强烈，最终买单的决心也便越坚定。

就是这样一个逻辑。

许多人也许不理解这个逻辑，他们会发出这样的质疑：这种做法实在是太荒谬了！你都免费让人家看了百分之八九十，人家还有什么兴趣买单，你还怎么收费？！这跟把自己的网络电影整个儿白送给人家有什么区别？！

我的回答是：有区别，而且还是很大的区别。

理由很简单。一个人只看区区五六分钟，然后放弃观看对他没有什么影响。因为反正也是一头雾水，基本上不知道电影里到底要演点儿什么，因此看不看的，也便无所谓了；反之，如果一个人都连续观看五六十分钟了，然后突然被迫放弃观看，对他的影响则很大。因为他已经入戏很深，正看到兴头上，难以自拔了。此时的突然放弃，对他的心理冲击将会非常之大。

换言之，"只让看开头"的效果（痛苦），远远不如"不让看结尾"的效果（痛苦）来得大，来得剧烈。此乃人之常情——一般来说，一部影片最精彩的部分都集中在片尾（更不要说最后的"大彩蛋"了）。你在前面酝酿了一个多小时的情绪，就是为了最后那一刻的爆发。这个时候硬生生地剥夺你爆发的权利，绝对是不可忍受之痛。如果解决这个痛苦只需要你花费非常小的代价（办一个会员而已），那么十有八九你会欣然买单，绝不会有任何犹豫。

而且，还是那句话。这种招数的诱惑力极大，鲜少有人能够不中招——人都有占便宜，而且是占便宜没够的性格弱点，因此，你让对方占便宜的机会越多，占的便宜越大，对方上钩的机会也便越大。这是人性使然，这样的招数绝对屡试不爽。有兴趣的朋友不妨试验一下。

除此之外，网络电影可以向网络电视剧集借鉴的东西还有一个，那就是"试用品的相对完整性"。

电视剧集的"试用"效果之所以非常理想，一个很大的原因是因为"分集"。观众可以免费试看几集，每一集都是一个相对完整的故事，因此构成了一个相对完整的商品，这种完整性有利于观众获得较多、较大的满足感和成就感，因此也有利于观众自觉地强化将"试用"变为"使用"的动机。

网络电影则不同。由于影片本身是一个整体，并没有"分集"一说，因此如果你想收费，便只能硬生生地将电影切割，人为地制造出一个"试用区间"。这种做法极易破坏"试用品"的相对完整性，会极大地伤害观众的获得感、满足感与成就感，从而令观众下意识地弱化将"试用"变为"使用"的动机，极大地影响试用效果以及最后的成交率。

改变这种局面，只有一个方法：既然切割不可避免，那么不妨切割得整齐一点、漂亮一点，以确保试用品的相对完整性和美观度。

具体地说，就是效仿网络电视剧的做法——分集。把一部影片分为上中下三集，前两集免费，最后一集收费，即可。

采用这样的做法，一定能让网络电影的收费之路从此一片坦途，成功复制网络电视剧集"吸金大法"的辉煌。

我们可以拭目以待。

当然，这样的切割必须适度，不宜过头。毕竟电影不同于电视剧，电影有着较强的完整性与连贯性，如果你切割得过于琐碎，会严重破坏消费者的整体观感，从而激起他们的逆反情绪，影响最后的成交。不止如此，毕竟免费的部分还要贴广告，你切割的集数过多，网友就需要一再地看广告，时间一长便会令他们不厌其烦，导致最终彻底放弃观看。

所以，在采取"分集"的方法时切忌贪得无厌、索取无度，否则得不偿失。

其实说起来，至少对于网络电影而言，采用"分集"的做法怎么也会比维持既有的做法挣钱多。现在这种试看方法，只有区区五六分钟时间，你无法贴任何广告。如果网友最终拒绝收看，你等于一无所获；可是采取"分集"的方式，无论网友最后是否买单，起码在试看的环节，你还能挣点广告费。

孰优孰劣，一看便知。

小结

"试用"的最佳境界、最高技巧，便是把"试用"变成"使用"。

04 "一通电话"里面的学问

> 在接打电话这个事情上，顾客的耐心要远比我们想象得
> 差一些；负面情绪的到来要远比我们想象得快一些——记住
> 这一点，对电话营销大有益处。

一般情况下，在服务行业的标准工作流程里，都会有这样一项规定：顾客打进来的业务电话，铃声响过四声之后必须有人接听。否则就算违规，要受到相应的处罚。

那么，为什么必须是"四声"呢？五声不行吗？不行。电话铃声必须控制在四声之内，五声（或以上）就会出问题。之所以这样说，是有科学根据的。

据调查，顾客在给店家打电话的时候，从拨完号码到电话接通，能够在心平气和的状态下等待的时间最多只有十一秒钟，也就是电话铃连续响四声左右的时间。超过这个时间顾客就会开始烦躁，这种情绪或多或少会对接下来的通话过程及通话质量造成负面影响。

顺便说一句，即便对方及时接通了电话，如果不能马上进入实质性对话进程，比如说还需要将电话转接给他人，那么在这个过程中顾客能够平心静气等待的时间最多也只有三十秒，超过这个时间顾客就会产生消极情绪，从而影响其后的通话质量。

可见，在接打电话这个事情上，顾客的耐心要远比我们想象得差一些；负面情绪的到来要远比我们想象得快一些。

显然，打电话的一方与接电话的一方在心理感受方面存在着巨大的落差。

许多在后者看来无足轻重的事情，对前者而言却事关重大。因此，在接顾客电话的时候，我们的一线工作人员要格外小心，千万不可在这种细节上丢分。让自己输在起跑线上，那就太不值得了。

还有一点要注意。在与顾客通话时，要格外注意自己的语音、语调。

从心理学的角度讲，电话里的声音往往比真人的肉声要显得生硬一点。这也是生活中的常识。因此，即便你觉得自己的声音没有问题，可在电话那头的顾客听起来，也很有可能对你的声音产生不适感乃至不快感。因此，千万不要自我感觉良好，要尽可能地让自己的声音更洪亮一些、热情一些、亲切一些。总之，一定要有意识地拿出与生活中截然不同的声音状态与顾客通话，要有意识地在语音和语调方面做一些调整，这样才能确保较高的通话质量。

说到语音、语调的话题，就有必要提一下语速的问题。

一般来说，店家的工作人员接打顾客电话的时候，常常会不自觉地加快语速，让顾客听不清，抑或即便听清了脑子也跟不上。因为完全反应不过来，完全没有反应的时间。

工作人员的语速之所以会这么快，可能有两方面的原因：一来是为了提高效率，以便在有限的时间内多接打几个电话；二来是因为习以为常。天天做的事，天天说的话，实在是太熟悉了，简直可以说倒背如流，闭着眼睛都能说出来。因此不自觉地就会倾泻而出，别说顾客的脑子跟不上，工作人员自己在说话的时候可能都没怎么过大脑，基本上就是一种本能反应。

问题在于顾客不是员工，他关心的不是你的效率，也不是你超快的反应能力；他关心的是自己的事，是自己有没有听清楚，弄明白。尤其对那种初次打电话进来的顾客，店家工作人员过快的语速常常会激怒他们，因为他们会认为这样的做法是对自己缺乏尊重，是在随便打发自己。

要知道，店家与顾客产生的第一个接点是无比宝贵的资源，如果以如此轻率的举动毁掉这个资源，那实在是一件可惜至极的事情。

我们不妨将心比心，换位思考。如果你是一位顾客，在给某个完全陌生的店家打电话的时候，会是一种什么心态？

看不见对方的脸，不知道对方是谁，也完全不清楚对方的脾气秉性，却要与这个人通话，是一种什么感觉？或多或少，你会感到不安，感到紧张。此乃人之常情。

那么，在面对一个感到不安和紧张的顾客时，你应该怎么做呢？安抚他、温暖他、感化他。让他放松下来，产生愉悦的情绪，甚至喜欢上你。

显然，在一通电话里做到这一切不容易，只有在自己的声音上下功夫。

语速慢一些，语调高一些，语音清晰一些；用词注意一些，态度热忱一些，氛围亲切一些。你就能搞定这件事。

一句话，即便是接打顾客电话这件小事，也需要情商，需要技术。这些东西绝不是天生的，一定要经过刻意的磨炼才能获得。

不夸张地说，大多数人其实都不会"打电话"，这玩意儿需要拿出电影学院练台词的功夫去做才成。因此，真正精明的店家应该给这个事儿设一个门槛，必须经过严格的培训且考试合格的人才能上岗。

以上，是顾客主动把电话打进来的情况，那么，作为一线销售人员，在给客户打电话的时候，又有什么秘诀呢？

首先，盲目地打电话肯定是不行的，这样的业务电话只能激起顾客本能的反感，徒增销售人员的心理压力，是不可能取得理想效果的。别看一通小小的电话，里面的学问可不少，最大的学问就是，这通电话必须"师出有名"。换言之，你要给业务电话寻找一个合适的理由，这个理由要与顾客的切身利益密切相关，要让顾客感兴趣，至少不会反感。这样的电话打过去，才有可能"有下文"，才会对你的业务进程产生切实的助益。

下面，就让我们尝试着寻找一下这些理由。

这样的理由主要有两个类别，一类与业务有关，一类与业务无关。

先说与业务无关的理由。

还是让我们以汽车销售行业为例，模拟几个日常工作中的通话场景。

场景一：

有这样一对夫妻，曾经造访过某家店，并在离开之前给销售人员留下了老公的电话号码。

几天之后，销售人员给这位男士打去了一通业务电话。

销售人员：请问您是某某先生吗？您好，我是某某店的销售员小李，上次您来过我们店，我们见过面。

顾客：哦，小李是吗？我想起来了。我是去过你们那儿。你有什么事儿吗？

销售人员：是这样。上次您和夫人在我们店看的那款车，刚好现在有现货，而且我们店最近正在搞大规模促销活动，力度不小，能给打八折呢！现在正是买车的好时机。不知您和夫人商量得怎么样了，最近有购车的打算吗？

顾客：哦，是这样。那什么，我们现在还没最后决定，还想再多转转，多看看。等什么时候有消息了，会主动通知你的。

销售人员：别再犹豫了。机会难得呀！现在我们店里的车都让顾客抢疯了，再不买就没货了。我特意给您争取了一辆，一时半会儿还卖不出去。可如果您耽误的时间久了，我就不敢保证了。所以您赶紧和家人商量商量，尽量早做决断，否则我这儿就不好办了。如果真有别的客户要买，我也不能老不卖给人家啊！

顾客：谢谢你的好意。难得你这么为我着想。不过我们真没最后决定，如果你那儿实在不方便，那就卖出去吧。我们这儿真没事儿！

销售人员：哦，这样啊……那好吧，什么时候等您想好了，再和我联系吧，打扰您了。再见！

顾客：成，等什么时候想好了，我一定给你去电话。再见。

怎么样？有什么感觉？

显然，如果你是一位业内人士，这一幕一定是你非常熟悉的场景；这样的销售人员在你的身边一定非常常见。

正所谓"司马昭之心路人皆知"。尽管这位销售人员试图在客户面前营造出一种"饥饿营销"的感觉，可这一招实在是太滥也太烂了。他的那点心思顾客心知肚明，他的那点套路顾客嗤之以鼻。总之，用这样的招数诱使顾客上钩，成功的概率无限接近于零。

问题在于，即便招式如此之烂，成功率如此之低，我们的一线销售人员却似乎并不介意，他们依然乐此不疲，不断地以飞蛾扑火般的稚气与勇气挑战这个烂招，也同时挑战着顾客的心理底线。

这真是一件不可思议的事情。究其原因，恐怕还是在于"招数少"、思维窄上面。

我们不妨换位思考一下。如果你自己是一位顾客，回回接到店家打来的电话都是直奔主题，一张口就是"要钱"（对顾客而言，谈业务就意味着"要钱"），你会怎么想？

不出意料的话，你会活活烦死。

这未免也太过"猴急"了。难不成我们的销售人员与顾客之间，除了赤裸裸的金钱关系，就无法发展出其他种类的关系了吗？

答案显然是否定的。店家的销售人员与顾客之间，除了业务方面的话题之外，可谈的话题还有很多，完全没必要一棵树上吊死。至少，没有哪条法律规定销售人员给顾客打电话必须谈业务，不谈业务就是违法行为。

让我们尝试一下另外一种通话方式。

销售人员：请问您是某某先生吗？您好，我是某某店的销售员小李，上次您来过我们店，我们见过面。

顾客：哦，小李是吗？我想起来了。我是去过你们那儿。你有什么事儿吗？

销售人员：是这样。上次您和夫人来我们店看车的时候，好像夫人的脸色不太好，据说是胃不太舒服。我当时给夫人倒了一杯热水，她喝下后说是没事了。可是后来我发现她的脸色还是不太好，好像一直没有恢复过来。为这个事儿我一直感到很内疚，觉得自己没有尽到义务，没能照顾好自己的客人。所以犹豫再三还是决定给您去个电话，问问夫人的情况。不知她后来怎么样了，回到家后休息一段时间是不是能好一些。不好意思啊，打扰您了。我只是想了解一下夫人的近况，好让自己能够安心一点。

顾客：真是太感谢你了。没想到你还一直惦记着这个事儿，连我自己都快忘了！那什么，她那天是不太舒服，回来后吃了点药，休息了两天，现在已经没事了。

销售人员：是吗？那太好了，这回我总算可以放心了。说实话，我做了这么多年销售工作，还从来没有产生过这么重的心结呢！谢谢您替我打开了这个心结，可以让我轻装上阵，不再惦记这个事儿了。那好，祝您和夫人生活幸福，身体安康。打扰您了，再见！

顾客：等一下！你今天打电话来就是为了这个事儿吗？没有其他的话要说？

销售人员：没有别的事儿，就是想打听一下情况，问候一下。

顾客：……哦，是这样。明白了。那什么，上次我们去看的那款车，你们店里还有现车吗？

销售人员：当然有。货很充足。

顾客：哦，明白了。是这样。我们还在商量，还没最后决定。想着再去别的店转转，看看还有没有其他的车型适合我们。不过，我和媳妇还是比较倾向于买你们那款车，所以也许近期还会去看一次。

销售人员：那好啊，非常欢迎！不过，买车这种事儿不是小事，您是应该多转转，多看看。一定要多方比较，挑选一辆最适合您家的车。您放心，我都能理解。将心比心嘛！即便是买普通的商品还要货比三家呢，何况是买车！是这样，毕竟在这方面我算比较内行的人，应该能帮到您。所以，您在转其他店家的时候要是有什么不明白的事情或者让您犹豫的地方，不用介意，尽管问我好了，我一定知无不言言无不尽！

顾客：好的，放心吧！你这个朋友我算交定了，有事情一定会问你的。再见！

销售人员：再见！

怎么样，这段通话，你的感觉如何？

不出意料的话，相信这一次你会为这位销售人员精湛的话术点赞。

至少与上一段对话相比，这段对话的水平高了不止一两个档次。

其实，销售人员在这通电话里使用的话术，其秘诀也很简单，无非就是"欲擒故纵"。可"欲擒故纵"这一招在销售这行当中往往屡试不爽，堪称"万灵丹"。当然，前提是你得会使，真正抓到要害，戳中顾客的痛点。

在这个案例中，显然顾客真正的痛点不是"买车"，而是"家人的突发状况"。前者固然是顾客拜访店家的主要目的，可问题在于这个目的过于"显性"，并不容易造成有效的痛点。如果你猛戳这一点，往往会适得其反，欲速则不达；后者则不同。后者具有某种偶发性、突然性，却又真实存在、合情合理，因此反而容易造成有效痛点。猛戳这个点，常常会立竿见影、事半功倍。

可见，"寻找有效痛点"才是销售的秘诀所在。在这一点上绝对需要我们的销售人员发挥高度的洞察力，运用强大的情商，务求做到稳、准、狠、快，以达到"意料之外，情理之中"的效果。

反之，如果一上来就谈业务，恰恰会给顾客带来"意料之中，情理之外"的感觉（亦即知道你会给我打电话，可是这个电话只能给我造成困扰，让我心烦），成功的概率自然不会高。所以我才会说，"业务"这个点，恰恰不是有效痛点。如果可能的话，业务电话一定要尽量少谈业务，多谈点别的。

这样做还有一个好处。因为顾客已经做好了你会跟他谈业务的心理准备，甚至已经将自己武装到牙齿，准备对你迎头痛击；可是你却虚晃一枪，完全不跟他谈业务，他就会顿失重心，茫然失措。一般来说，在这样的心理状态下，他反而会主动跟你谈业务，试图把失掉的重心重新找回来。此乃人之常情。又或者，即便顾客不能当场做出这样的反应，他也会有意犹未尽的感觉，在日后主动寻找与你谈业务的机会。这是大概率事件。当然，前提依然是你的做法要巧妙，要到位，要能触动顾客的心，让他在不知不觉中乖乖就范。而关心顾客的家事、私事或其他一些也许连他自己都不曾关心过的细节，让顾客心生错愕，然后再将这份错愕转化为一种感动，就是为了戳痛顾客，触动他的心，让他能够日后主动找上门来，自己上赶着与你谈业务。

这才是一种真正的良性心理互动。

退一万步讲，即便顾客永远不会采取主动，这样的良性心理互动也是大有裨益的，至少比你那套"霸王硬上弓"的办法灵验得多。只要你不轻言放弃，持之以恒，不断地故技重施，最后的成功率与成交率一定不会太低。

归根结底，销售是一个"以钱换情"的行业。这就是为什么情商在这个行当中如此重要的原因。尽最大可能给顾客提供最优质的服务，尽最大可能关心顾客、帮助顾客，其终极目的就是为了让顾客欠你一份人情。只要你能成功地做到这一点，就能轻易地俘获顾客，搞定你的生意。毕竟欠别人的人情不是一件好受的事，只要有一线可能，每个人都会主动寻找偿还人情的机会。

所以这个行当里还有一句话，叫作"有钱难买我乐意"。

反过来说，销售人员常犯的一个最大错误，就是反其道而行之，总是欠顾客的人情，让顾客占上风，所以才会屡战屡败，在顾客面前永远显得底气不足，永远也抬不起头来。一谈业务，不是乞求，就是强迫；不是轻易放弃，就是纠缠不休。总之，除了被动还是被动，除了尴尬还是尴尬，除了难受还是难受。这样的搞法能有好果子吃才叫见了活鬼。

这个恶性循环不打破，不可能找到真正的出路。

愿我们的一线销售人员能够好好反省。

情商这个东西，说难也容易。只要你是个有心人，高情商的灵感火花完全可以随时迸发，信手拈来。

下面，再举两个与情商有关的话术技巧例子。

场景二：

还是以上述场景为例，看看电话这样打，效果会如何。

销售人员：请问您是某某先生吗？您好，我是某某店的销售员小李，上次您来过我们店，我们见过面。

顾客：哦，小李是吗？我想起来了。我是去过你们那儿。你有什么事儿吗？

销售人员：是这样。上次您和夫人来我们店看车的时候，好像外面下雨了，您和您的夫人都带着伞。但是我有些记不清了，想和您确认一下。

顾客：没错，我们去的那天是下雨了。你确认这个事儿干什么？

销售人员：哦，是这样的。我在展厅里发现了一把雨伞，黄色的底，黑色的花纹，非常漂亮。我问遍了公司同事，他们都说不知道这把伞是谁的。所以我想可能是顾客遗失的，特意打电话问一问。

顾客：哦，是这样啊！谢谢你还能惦记着我们。不过我非常确定那把伞不是我们的，因为去你们那儿那天我俩都把伞拿回来了，谁都没丢。

销售人员：这样啊……好的，明白了。那我再给其他顾客打电话问问，也许能找到点线索。不好意思啊，打扰您了。再见！

顾客：等一下。你今天给我来电话就是为了这个事儿吗？

销售人员：是呀，就是为了这个事儿。现在是雨季，最近天天下雨，别看一把伞不值什么钱，可一旦遇到刮风下雨的天气，身边没有伞还真是一件闹心的事儿呢！所以，我想尽快找到失主，把伞还给人家。毕竟人家是顾客，好不容易到我们这儿来一趟却把伞弄丢了，心里得有多别扭呀！

顾客：你真是细心。这服务态度没得说。那好，不打扰你了，赶紧给那把伞找找失主吧！

销售人员：好的，谢谢。再见！

顾客：再见！

注意，这段对话中的那个道具——伞，既可以是真实存在，也可以是人为杜撰。既需要强大的观察力，也需要过硬的归纳总结能力。总之，最终的目的只有一个，力求达到"意料之外，情理之中"的目的。

场景三：

依然以上述场景为例，如果电话这样打，看看会有什么样的效果。

销售人员：请问您是某某先生吗？您好，我是某某店的销售员小李，上次您来过我们店，我们见过面。

顾客：哦，小李是吗？我想起来了。我是去过你们那儿。你有什么事儿吗？

销售人员：是这样。上次您和夫人来我们店看车的时候，好像您的夫人提到了一件事，说是单位里有个合同上的纠纷，希望能找到一位靠谱的律师帮帮忙。刚好我父亲认识一家知名律师事务所的所长，我跟他提起了这件事，问他方不方便跟那位所长打声招呼，他说没问题，包在他身上。所以我想跟您沟通一下，不知您夫人是否找到了律师，如果还没找到的话，我觉得那位所长还是不错的，应该相当靠谱，不知您愿不愿意考虑一下？

顾客：是吗？那太好了！我正愁找不到人呢！说实话，律师倒是见了几个，可是都不太合适，专业不是很对口。而且人家嫌我们的官司太小，没什么油水，也表现得不那么热情。要是你那儿能介绍一个靠谱的主儿，我们求之不得！

销售人员：是吗？太好了。我还一个劲儿地担心呢，怕您已经找到律师了，那我就等于白忙活了。您放心，这位所长很专业，也很敬业，是业内的老手，口碑非常好。而且退一步讲，即便他也不合适，所里还有不少其他律师，也都相当不错，相当有经验，到时候再让他给您介绍几个，应该不成问题！

顾客：太好了太好了，你可帮了我们大忙了。这事儿要是真能成，我请你吃饭！

销售人员：瞧您说的，您是我的客户，是我的衣食父母。能给您帮上忙是我的荣幸，怎么还能让您请客呢！

顾客：哎，我这个"衣食父母"名不副实啊！这样，你放心。买车的事儿我正和媳妇酝酿着呢！感觉她还是比较倾向于买你们店那个车型。我再和她商量商量，争取最近再到你们店去一趟。

销售人员：那真是太谢谢您了，非常欢迎您和夫人再次光临我们店！不过，买车毕竟不是小事，您还是要尽量慎重，多走走，多看看，货比三家再做决定。毕竟我是搞这行的，多少懂一些专业知识，如果您信得过我，甭管您看上了哪家店的哪款车，都可以给我来个电话，我帮您好好参谋参谋！

顾客：好的，一定！真是太感谢你了，难得你对我们的事儿这么上心！

销售人员：您太客气了。还是那句话，您是我的"衣食父母"，我当然要上心了！那好，今天就说这么多，不打扰您了。有事再联系，再见！

顾客：好的，再联系。再见！

这个案例是典型的"让顾客欠自己一个人情"的案例。一般来说，在这样的案例中双方都会产生一种"酒逢知己千杯少"的感觉，对话的氛围会迅速热络起来，彼此之间想说的话越来越多，越来越长，直至欲罢不能，难舍难分，谁也不愿首先挂断电话。这样一来，双方的心理距离会被迅速拉近，后面的事情也便一马平川了。

如果你有本事让通话进入这种境界，这通与业务全无关联的电话的价值，绝对胜得过一场艰难的、马拉松式的业务谈判。

以上，只是日常生活中的几个小小场景，希望能够起到抛砖引玉的作用。

法国的艺术巨擘罗丹有一句名言：生活中不是缺少美，而是缺少发现美的眼睛。

从今天开始，培养一双善于"发现"的眼睛，去寻找生活中的"美"和机会吧！

你会惊诧地发现，"海阔天空"这个事情，真的与"奇迹"无关。

说完了与业务无关的通话案例，我们再来聊聊与业务有关的话术技巧。

这里面有一个铁则，必须得到无条件遵守。那就是这样的业务电话必须打给"既有顾客"，亦即至少与你有一面之缘，且对你的产品表示了初步的兴趣；或者至少对于对方的价值取向以及兴趣爱好等私人信息你已经有了一定的了解，能够做到"有的放矢"，这样的顾客才有可能让你的业务电话"师出有名"，不至于白打。反过来说，对于那些从未谋面，也没有掌握任何有效信息的顾客，业务电话是打不得的。这种电话打过去，只能对对方造成骚扰，除了让人家把你直接拉黑之外，你不可能指望任何实质性进展。

这一点务必要牢记。

说到这里，想起了一件事。恐怕每一个现代人都曾经有过这样的体验：手机被骚扰电话打爆。

何谓"骚扰电话"？说白了，就是做广告、拉业务的电话。实话实说，这些电话里确实有不少真正的业务电话，不全是诈骗行为。可问题在于，以这种方式拉业务，成功的概率到底有几何？！抵不抵得上电话费？！尤其考虑到这类电话大多跨省，甚至跨国境，其性价比的合理性也便更加令人怀疑了。

不止如此，这类骚扰电话还有一个特征，那就是铺天盖地、不厌其烦、无穷无尽。经常一天之内就能接到十几个甚至几十个，有时连拉黑的速度都赶不上新的骚扰电话打进来的速度。真是令人叹为观止！

我经常想：这些打骚扰电话的人，全都是一顶一的人才啊！如此有毅力，如此有耐心，如此有激情，这样的人才，干点什么不好啊，为什么偏偏要干这个？！这些人的脑袋让门缝挤着了吗？怎么连这么简单的道理都整不明白？！

可见，素质再高、能力再强的人，如果不得要领，找不到好方法，也会徒劳无功，白白浪费了一身的好才华。

在商务实践当中，方法论的重要性由此可见一斑。

那么，在打业务电话的时候，又有什么好方法，有什么具体技巧可以借鉴呢？

让我们以"曾有一面之缘"，亦即顾客曾经来过你的店，现场接受过你的咨询服务为例，来聊一聊这个话题。

我们来说说"答谢电话"的重要性。

所谓"答谢电话"，指的是在顾客来店之后，销售人员当天打过去的"回访电话"。

一般来说，任何服务行业的企业，都会要求销售人员在顾客离店之后，给顾客打一个电话，对后者的光临表示谢意。从表面上看，这只是一种很普通的礼节，可是如果你仅仅把它视作一通礼节性的电话，表达完谢意之后便立马挂断，也未免太过可惜。

甭管怎么说，这是一个店家与顾客之间极为宝贵的接点，是一个打电话极好的由头，因此完全可以对其加以利用，深度挖掘这里面的潜在价值，让这通电话对你的业务进程产生积极的影响。

那么，如何做才能有效达成这个目的呢？

简单，无论如何，你要借助这通电话创造一个让顾客"再次来店"的机会。因为那意味着更多的接触，更多的了解，更多的机会。因此，电话内容的核心，以及话术的具体运用，都要围绕着如何能让顾客"再次来店"这件事情做文章。

下面，就让我们以汽车销售行业为例，来详细地分析一下这里面的技巧。

比方说，某家店在一个周末举行了一场促销活动，在活动结束的当晚，销售人员给顾客打了一通"答谢电话"。

以下是他们之间的通话内容，我们一起来找找感觉：

销售人员：今天在百忙之中光临本店，实在是太感谢您了，辛苦了！

顾客：呵呵，没关系。你太客气了。还麻烦你给我来个电话，真是不好意思！

销售人员：哪里哪里，应该的。顺便问您一句，今天咱们在店里谈的那个事儿，您考虑得怎么样了，和家人商量过了吗？

顾客：瞧你说的！我刚从你那儿回来，这才多一会儿啊，哪有时间考虑，哪有时间和家人商量？还没呢！

销售人员：哦，是这样……好的，明白了。那什么，今天在店里我给您介绍的那款产品，可是我们的最新款，最近打电话咨询的人多了去了，请您也尽快考虑考虑，尽快和家人商量一下好吗？要不然我真怕卖断货了！

顾客：好的，我尽快考虑。

销售人员：那就多多拜托了！另外，还有个事儿。我们下周末还会举办促销活动，活动上会推出许多优惠政策，力度也许比今天还大。如果您有时间的话，希望您能再次光临！当然，如果可能，希望那时您和您的家人已经考虑得差不多了，大体上可以做决定了。

顾客：嗨，瞧你说的。这事儿和搞不搞促销活动没关系。放心吧，如果我决定了购买你们的产品，到时候一定会过去！

怎么样，看完这通"答谢电话"的具体内容，你有什么感觉？是不是隐约觉得哪里不太对劲？

甭管你的感觉是什么，类似内容的"答谢电话"在我们的一线销售现场早已司空见惯，这一点是毋庸置疑的。

正如我在前面所说，"答谢电话"的功能不仅仅在"答谢"，还在于能够通过"答谢"为接下来的业务谈判牵线搭桥，为顾客创造一个"再次来店"的契机。显然，上述案例中的这位销售人员在这方面表现欠佳，从顾客那里得到的一定是负分。因为他仅仅做到了表面上的"答谢"，而其后的所作所为，几乎是一边倒的"强买强卖"，等于在事实上强迫顾客无条件地接受自己的要求，完全没有考虑到顾客的实际情况以及顾客的心理感受。销售现场的"答谢电话"要都是这么个打法，"顾客满意度"的概念，恐怕也便形同虚设；至于说到"促进业务、促进成交"，则更是天方夜谭，想都别想。

所以，无论如何，请务必高度重视这通"答谢电话"。做买卖不易，错过任何一个业务机会，对一介销售人员而言，都是严重的"犯罪"。

要知道，顾客也很忙，不可能脑子里盘旋的都是你的人、你的店、你的产品，这不现实。因此，好不容易找到一个浑然天成的与顾客接触的机会，如果轻易错过实在是太浪费了。

那么，销售现场真正的高手会怎么做呢？简单，充分理解和掌握"答谢电话"四原则。只要做到这一点，不夸张地说，销售业绩至少有提升两倍的可能。

首先，销售高手会这样做：在"答谢电话"中，再一次确认促销活动当天，顾客在店里和自己进行业务谈判的时候，提出过的几个重点内容。

也就是说，他们会把顾客当天说过的话重新回忆一遍，系统地整理一遍，然后再从中抽取几个要点，在电话里对顾客复述一遍。

这样一来，顾客会这么想：这个人居然把我今天说过的话记得这么清楚，有些细节连我自己都忘了，他却全都记着。看来，他确实很重视我，很尊重我。是个值得信赖的人！

只要顾客能这么想，一切便都有了转机。

"答谢电话"四原则。

其一，回顾当天的商谈内容。

其二，"遗漏信息"的再确认。

其三，沟通下次面谈的主要内容，并达成共识。

其四，确定下次面谈的具体时间。

关于第一条，我在前面已经做了大体上的描述。这一原则的要害在于，销售人员能够有效缩短与顾客之间的心理距离，让这通业务电话消除"强买强卖"的色彩，并能有效去除顾客心中（对于销售人员）潜在的对立情绪和警惕感。换言之，电话这样打，能让顾客产生一种"销售人员与自己持相同立场，是一个战壕里的战友"的感觉。只要顾客萌发了这样的感觉，销售人员便有了机会，能够成功地走进顾客的内心世界，充分理解并完全"分享"顾客的烦恼和问题。这样一来，顾客便不会再感到孤独，感到无助。顾客对销售人员初步的信赖感，也便就此达成。

落实第一条原则，还有一个好处。那就是对销售人员来说，可以更加容易地对顾客提问题，进一步挖掘顾客的潜在需求。

"记得您今天跟我说过还想再看看别家的产品，然后再做决定。不知您到底想看哪些品牌的产品呢？当您考虑其他品牌产品的时候，您主要关注的是哪些方面的性能？我是干这行的，应该能给您提供一些有用的信息。"

"记得您今天跟我说过，下次来店的时候，想再看看小排量的车型。当时我忘了问您了，小排量的车型，是您夫人感兴趣的车型吗？她平时也开车吗？她开的车是哪一种车型？是平时上下班开，还是节假日自驾游的时候也开？"

……

通过这样的话术，在当天的促销活动中没能确认的信息，便可轻易到手。

这就是"答谢电话"四原则的第二条，"遗漏信息"的再确认。

如果不这样操作，按照普通销售人员的"常规"做法，这些被遗漏的信息，恐怕只能拖到顾客再次来店的时候才能搞定了。

显然，在这里，"答谢电话"四原则起到了"促进谈判进程"的作用。

只要能走到这一步，后面的事情也便一马平川了。

"哦，是这样。明白了。您说的那些其他品牌的特性，有些内容我了解得确实还不够透彻。是我太高看自己了，真是不好意思！这样，我一定加强学习，好好研究一下。等下次您再过来的时候，一定给您一个满意的答复！"

"哦，是吗？好的，明白了。原来您夫人平时开的是这款车，知道了。刚好我们店也有相同排量、相同款式的车型，希望您下次能和夫人一起过来，我会提前准备好这款车的试驾车，让您夫人好好体验一下，看看与她现在的爱车到底有什么异同。不过，我对我们的车很有信心，相信您夫人一定会感到惊喜的！"

……

以上，便是"答谢电话"四原则的第三条：沟通并确定下次见面的主要内容。

由于增加了新的信息，新的内容，下次商谈的重要性及其价值也由此得到进一步的提升。剩下的事情，也便一目了然。那就是"敲定顾客下次来店的具体时间"。

这便是"答谢电话"四原则的最后一个要点。具体话术，前面已经详细介绍过，这里不再赘述。

至此，四个原则全部介绍完毕。接下来，就是"实践"了。

在一线现场的销售实践中，能够切实贯彻这四条原则的销售高手，基本上都会养成这样一个习惯，那就是在促销活动当日与顾客进行业务谈判的时候，他们会一丝不苟地记笔记，将顾客说过的话，特别是话中的重点一一记录下来。当然，随着科技的进步，用自己的智能手机录音也是一个选择，会被某些人视为捷径。不过，真正的销售高手却很少这样做。理由很简单，一来当面做记录，把重点写在纸面上，容易给顾客留下一个好印象，增加顾客"自己被尊重"的感觉；二来亲自记录容易加强销售人员的记忆，"复盘"的时候也可信手拈来，反而省却不少麻烦，效率并不低；三来录音这种方式的缺点不少，其实反倒是个笨方法。除了现场嘈杂，有些声音听不清楚，容易错过重点之外，内容太多，时间太长也是个大问题。这么庞杂的信息量，去粗取精找到重点无异于大海捞针，实在是过于艰难，容易让人心生畏惧、望而却步。所以，一般情况下，如果销售人员采用这种方式记录顾客的信息，录完音之后极少有人会真的重新听一遍，更不要提认真地听了。这份录音资料也便成了垃圾。

所以，要想当真正的高手，绝对偷懒不得。切记。

小结

对于那些从未谋面，也没有掌握任何有效信息的顾客，业务电话是打不得的。这种电话打过去，只能给对方造成骚扰，除了让人家把你直接拉黑之外，你不可能指望任何实质性进展。

>>> 第五章
把顾客当人看

01 没有"低档"客户，只有"低档"销售

在服务行业，任何"深挖客户资源"的行为都会带来相当可观的回报。这是大概率事件。

在汽车销售店，初次来访的客户会被要求填写一张信息登记表。

不要小看这张登记表，它可是一切销售活动最初的起点，尤其是对于那种顾客来店式服务行业而言，能否掌握顾客信息是事关成败的大事——有信息，顾客就是你的。因为顾客离开后，你至少还有跟进的机会；没信息，顾客就是别人的。因为你无法得到任何跟进顾客的线索，顾客来了也等于没来，你已经在事实上失去了顾客。

有意思的是，如此重要的客户信息表，我们的许多一线销售人员却并没有真正重视起来，更不用说活用了。

我自己就经历过不少这样的事情：拜访了一家店，在销售人员再三要求乃至恳求下填写了客户信息表，可是回到家后，却并没有任何跟进电话打过来。

据某家权威第三方机构的调查结果显示，现如今大部分销售店在顾客离去后，销售人员跟进电话的实施率不超过 30%。

这个结果真是令人感到意外。

一方面，好像多数人都有过被各种莫名其妙的推销电话反复骚扰的不快经历；可是另一方面，那些真正"靠谱"的店家，却似乎对"骚扰"我们这件事并没有那么感兴趣；或者，至少不像我们想象得那般热衷。

看来，我们是被太多不靠谱的推销电话弄烦了，搞怕了，才会对这个事儿

产生了某种错觉，一厢情愿地认为那些"靠谱店家"的跟进电话打得也够频繁，也没少骚扰自己。

那么，为什么店家的一线销售人员在请求或恳求顾客留下个人信息的时候如此煞费苦心，而事后对这些费尽九牛二虎之力才争取来的客户信息却表现得如此不上心，甚至弃之如敝屣呢？

作为一个曾经的"业内人"，我的理解是这样的：

首先，现如今一般的店家都会在"顾客信息留档率"方面采取严格甚至严厉的考核方式予以督促和监管。留档率低下的员工会受到严厉的惩罚，因此"重压之下必有勇夫"，众员工为了少挨罚，纷纷使出浑身解数与顾客纠缠，不惜一切手段也要留下顾客信息的行为也便可以理解了。我就曾经在某家销售店见过这样的销售人员，她在说服我填表的时候，反复解释"这是公司的规定"，反复求我帮她一个忙，并且一再保证"只是填表而已，这张表是给上司看的。放心，我不会给您去电话，绝不会打扰您！"可见，"填表"已然成为一个忽悠上司的手段，与"跟进顾客"这码事完全没了干系。

其次，这里面还有一个精力分配的问题。一般情况下，每一个正常的工作日，每个销售人员都能接待十余个客户。这样一路攒下来，好歹有几个月工龄的主儿，都能积累数百乃至上千个客户信息。新人尚如此，那些工作数年的老员工则更不用提了。他们的电脑或随身携带的记事本里，恐怕已经有数千乃至上万个客户信息。如此庞大的信息量，要求我们的销售人员全部做到"贴身跟踪"，确实有不小的难度。

最后，也是最重要的一点。那就是在这个行业里极为典型的"挑客户"心理在作祟。

简而言之，员工会对他们接待过的客人打分，然后按照"成色"（亦即购买欲望、购买概率的大小）将顾客分为三六九等。档次越高的顾客，员工下的功夫也会越大，反之亦然。显然，从概率论的角度来讲，高档顾客永远是少数乃至极少数，其他顾客永远是大多数。因此，在留下个人信息后，只有少数人能接到店家的跟进电话，大多数人则会被店家冷落甚至彻底遗忘，这种情况的发生也便不难理解了。

特别需要指出的是，"挑客户"陋习的养成，并不仅仅是员工的责任，老板也难辞其咎。现在有许多店家，甚至是厂家，会在工作流程里特别列入"顾客分类跟进"的内容。甚至会主动为"顾客分类"提供依据。告诉员工什么样的顾客"成色高""买气大"，什么样的顾客"成色差""买气小"。

这种行为简直堪称助纣为虐，荒谬至极。

有人也许不解，会提出这样的疑问：将顾客分类，有什么不对？你也说了，人的精力有限，公司的资源也有限，把有限的精力和资源集中到成交概率更高的顾客身上，不恰恰是一种高效率的工作方式吗？这有什么可喷的呢?!

这个问题问得很经典，很有普遍性，我需要好好解释一下。

先说结论。

我一向认为，给顾客分类，区别对待顾客，是销售这个行业所有坏习惯中最大的恶习，且没有"之一"。

之所以这样说，不仅仅是因为这种"贴标签"的做法意味着对顾客的不尊重，更重要的是，这样的行为常常预示着巨大的潜在损失，从手指缝里浪费掉的销售机会，往往是一个惊人的天文数字。

举一个简单的例子。

就拿汽车销售行业来说，"高档顾客"的成交率一般在五成左右，而"低档顾客"的成交率一般在一成左右。表面上看，确实前者优于后者。问题在于，前者的数量太少，往往不到一成；而后者的数量极多，往往超过九成。就是说，在数量上，前者只是后者的一个零头。

这样算来，每五个低档顾客的成交率相当于一个高档顾客；而前者的数量又是后者的近十倍，因此，如果全力以赴抓住低档顾客，最后的成交数量（业绩）将是只抓高档顾客的两倍之多！

这就是所谓"蚂蚁雄兵"的道理，不能不引起业内人士的高度重视。

不仅如此，如果你坚持给顾客贴标签，还会有更危险的陷阱等着你。

这个陷阱就是：你的标签很有可能贴错。真正的"高档客户"让你贴了"低档"标签，然后被冷遇、被遗弃；而那些货真价实的"低档客户"，却很有可能被你当成了宝贝，天天宠着惯着，最后却很难给你满意的回馈。

这样的案例在实践中屡见不鲜；这样的教训也让太多人吃尽了苦头。

可是，为什么会发生这样的事呢？

理由很简单。我们这个世界上，没有比人类更复杂、更难猜透的动物。人心之复杂，是人类之所以能够成为"高级动物"最根本的理由，也是人类区别于其他物种最典型的象征。

因此，无论你为客户定出多少"判断成色"的标准，这些标准也只能成为一个大概的参考而已，且往往不会太灵验。换言之，除非每一个进店顾客都在自己的脑门上贴一个标签，注明自己的"成色"，否则，你是不可能仅凭三五个标准便能准确判断出哪个顾客档次高，哪个顾客档次低的。

更何况，顾客的档次是高是低，还与一线销售人员的个人努力与职业素养息息相关。不夸张地说，顾客进店的时候是没有所谓"成色"一说的，在很大程度上，顾客的"成色"要靠我们的销售人员在与顾客接触的过程中自己去塑造。

塑造得成功，最"没戏"的顾客也会"有戏"；塑造得不成功，再"有戏"的顾客也会"没戏"。这是一个无比简单、无比清晰的逻辑。

因此，将一张需要自己"染色"的白纸，人为地幻想出一大堆乱七八糟的"颜色"出来，实在是荒谬至极的举动。

话又说回来，老板们自身的做法也很成问题，堪称"自相矛盾"：一方面，他们通过严格的考核手段试图逼迫员工尽量多拿顾客信息；可是另一方面，他们又通过鼓励员工给顾客分类试图让员工放弃大量的顾客信息。

老板们到底想要什么，实在是让人琢磨不透。也许更大的可能是：他们自己也没把这个事儿想明白。只是"跟着感觉走"，乱干一气而已。

不过，在"顾客信息留档率"方面尽最大可能做到"零遗漏"这种做法本身，还是正确的。

理由很简单。我们以汽车销售行业的"低档客户"为例，依然假设低档客户的平均成交率水平在一成左右。那么，如果一家公司平均每天遗漏（放弃）十个客户，就等于平均每天放弃一辆车的销售机会。这样算下来，这家公司每个月放弃的销量将是三十辆车，每年放弃的销量将是近四百辆车！这绝对是一个天文数字。

　　顺便说一句，一般来讲，一家中等规模的汽车销售店平均每个月的销量大概在六十辆车左右。如果把这种情况考虑进去，那么现实生活中大多数汽车销售店在平日里浪费掉的销售机会，将是这些店销售总量的一半！这个结果不可谓不惊人。

　　更何况，这一结果是在我们硬性规定所有错失掉的客户全部都是"低档客户"的前提下计算出来的，而在现实世界中这种前提成立的概率并没有那么高（理由在前面已经解释过，这里不再赘述），这就意味着我们的销售店在日常经营活动中蒙受的损失及潜在损失可能会更大、更离谱。

　　看来，老板与高管们是该好好反思一下了。

　　总之，销售是一件"积少成多"的事情，是一件必须认真贯彻"勿以善小而不为"原则的事情。这一点万万大意不得。就好像用双手抓沙子，你的手指头必须紧紧闭合，没有一点缝隙才行；否则，任何一个细小的缝隙都会造成沙子的慢慢流失，在无意之间侵蚀你的劳动果实，最终让你一无所获。

　　那位说了：你的这套逻辑似乎有些道理，可却依然有一个死结没有解开。正如你在前面提到的那样，老板和员工"挑客户"，给客户贴标签的做法也是不得已而为之。因为客户的数量太容易膨胀，稍不留神就会成百上千。一个人的精力毕竟是有限的，根本就不可能实现"全覆盖"。退一万步讲，就算有一个极敬业的一线员工使出吃奶的劲儿来，勉强做到了客户信息"全覆盖"，这种"覆盖"的效率也肯定不会太高。你想啊，这样的话他一天得打多少通电话啊?! 得接待多少个客户啊?! 他又不是神仙，长着三头六臂。这么频繁的电话和客户接待，工作质量能高得了吗？肯定是敷衍了事，三言两语解决问题。业务电话和客户接待的质量上不去，你即便实现了"全覆盖"也没用，不可能有效率，也不可能提升最终的成交率。等于费力不讨好。既然如此，还不如从一开始就"挑客户"呢！起码能选几个概率高的，"靠谱"点儿的客户追一追，精力相对集中一些，效果也会好一些，最终的成交率也会高一些。你说是不是这个理儿吧?!

　　坦率地说，这种看法很有代表性，很能反映一些一线管理者的心声。

不过，我还是有不同的看法。我觉得问题的症结依然在老板身上。一言以蔽之：老板省了不该省的钱。

这是一个非常简单的逻辑：你既然开了店，就需要招揽顾客；你既然招来了顾客，就需要有人跟进；你既然明知跟进的人精力不够使，那就需要加人。

就这么简单。这才是正常人的逻辑，否则就有些奇怪了：一方面你要做生意，可是当做生意的人手不够用时又不愿意加人，这不是自相矛盾吗？

所以，"加人"是唯一的办法。

我能理解老板们不愿意加人的苦衷：成本太高，生意不好做。因此任何增加经营成本的事情老板们都会本能地反感，本能地排斥。

这很正常。如果前提是"只有成本增加，效益不增加"的话，可这一条对服务行业不适用。在服务行业，任何"深挖客户资源"的行为都会带来相当可观的回报。这是大概率事件。因此，至少对服务行业而言，如果你找到了经营困境的症结，如果这个症结多多少少与客户资源利用不充分有关，那么，在绝大多数情况下"加人"都会是一个正确的选择，合算的选择，不可能让你吃亏。

在这方面，有个台湾前辈的故事很有启发性。

这位前辈年逾花甲，从事汽车销售行业近半个世纪，有着丰富的从业经验。他在退休之后来大陆发展，在上海管理一家美系品牌的汽车销售店。

这家店的神奇之处，是每月的销量能达到近两百辆车！这实在是一个天文数字，令业界同人叹为观止。要知道，这是一家中等规模的店，正如我在前面所说，这种级别的店平均每个月的销量顶多也就是六七十台；更何况上海是一线城市，同品牌的销售店有十余家之多。在如此激烈的竞争下还能取得这等成绩，实在是有些不可思议！

即便考虑到作为中国的经济中心，上海有着非同寻常的雄厚消费实力，如此亮眼的业绩也绝对称得上"鹤立鸡群"了。

那么，这位台湾人是怎么做到这一点的呢？简单，人海战术。

按照业内的一般规律，中等规模的销售店，其业务部门的一线销售人员顶多十五六人，超过二十人的店都极为罕见。而这位台湾前辈管理的销售店里，居然配备了四十多位一线销售人员，这种不可思议的大手笔跌碎了所有同行的眼镜！

我们知道，销售人员的收入往往具有极大的弹性。基本工资常常只是他们收入的一个零头，其他大部分收入都来自销售提成。所以，每月确保一定的销量，是他们能够获得相对稳定收入的一个大前提。而对于一家中等规模的销售店而言，如果一个销售人员每个月的销量不能够达到五台以上，他的基本生活是很难得到保证的。

那家台湾人管理的店也是如此。这家店给每位销售人员规定的任务是：每月销售量不得少于六台。低于这个数，销售人员自身的生活堪忧；高于这个数，则销售店的整体业绩将异常惊人。

照理说，这个数字对于一般销售店的业务人员而言只是"平均线"，"洒洒水"而已，并不难做到；可由于这家店有四十多位销售人员，数量比其他店多出好几倍，在这种情况下，达成相同的数字目标可就没有那么简单了。

由于"僧多粥少"，顾客数量被大幅度地稀释，每个人能够接待到的顾客极为有限，这家店的员工对顾客资源的珍惜程度也便可想而知。无论是在店内接待顾客，还是事后的电话跟进，这里的客户资源被员工开发、利用得淋漓尽致，绝对称得上"零死角""零遗漏"。

台湾老总也趁热打铁，推波助澜。公司规定：只要是走进店里的客户，必须无条件留下信息。哪怕仅仅是来上厕所的人也不能放过。每遗漏一个客户信息，罚款五十元。而且不接受任何理由的辩解，一律无条件实施。

这项规定堪称严厉，甚至有些不近人情。因为这就等于硬性要求"顾客信息留档率"必须达到百分之百，而这种事情是不可能实现的。理由很简单，并不是所有的顾客都愿意留下自己的私人信息，无论销售人员的话术多么高明，劝诱多么巧妙，也总会有力所不逮的时候，也总会出现"漏网之鱼"。所以，一般的店家无论在这方面要求多么严格也总会留下一些余地，不会把事情彻底做绝。大多数店家都会规定一个大概的范围，比如说留档率不能低于八成，等等，给员工一些空间。而这家店，却居然真的要求员工在留档率方面做到百分之百，一点余地都不留！

这就意味着，几乎所有员工都会挨罚，而且是每个月都会挨罚，只不过程度不同而已。

可为什么这样，员工还能甘之若饴，毫无怨言呢？

第一，这位台湾老总给出的提成条件非常优厚，几乎是其他店平均水平的两倍之多。

显然，在"薄利多销"这一点上，这位老总做到了极致。

第二，由于每个员工能够摊到的顾客资源实在是有限，因此大家对顾客信息本来就很重视，有一种常态化的饥渴感，也便不会觉得公司的要求过分苛刻了。

当然，提成高收入就高，员工们也付得起罚款的代价。这样的罚款在很大程度上仅仅是一种形式，提醒员工要时时刻刻绷紧神经而已，并不会给他们带来实质上的经济损失。

总之，这一系列的做法带来的收获是相当可观的。数倍于同行的业绩足以让他们笑傲上海滩。

这个案例雄辩地证明了"加人""加成本"与"加收益"三者之间的逻辑关系，很值得后来者品味借鉴。

小结

销售是一件"积少成多"的事情，是一件必须认真贯彻"勿以善小而不为"原则的事情。这一点万万大意不得。

02 "客户信息"掘金术——
如何做到"一个都不少"?

> "索取顾客信息"这个动作,最好在业务谈判进行的过程中,在你与顾客之间的氛围渐入佳境的时候做,既不能太早,也不宜过晚。

如果你的公司确实情况特殊,实在不能加人,或至少不能加太多的人,还有一个折中的办法可以考虑一下,亦即借助第三方的力量解决自己的问题。

两种方式可供选择:

方式一:将一部分业务外包给外部机构。

方式二:将一部分业务外包给内部机构。

先从方式二说起。

在"僧少肉多"的情况下,解决问题的最好方法是将"肉"分一点给别人,让别人帮助自己"吃一吃"。

具体地说,就是业务部门的销售人员将手里泛滥成灾的客户信息拿出来一部分,交给其他部门的同事帮助自己打理。这样一来,既可以解决由于精力不济而带来的客户跟进质量不高以及客户流失的问题,也可以解决由于好逸恶劳所造成的"挑客户"、给客户贴标签的问题;闹不好,还能捎带着解决某些非业务部门工作量不够饱满的问题。可谓一举多得。

当然,最为受益的还是那些将大量业务外包出去的一线销售人员。因为他们愿意外包的东西，肯定都是被他们视为"鸡肋"的东西，甩掉了这些"鸡肋"，他们就可以尽情地"挑客户"了。只不过，被他们挑出来、甩出去的客户，这一次不会再被浪费，由于"接盘侠"的出现，公司的利益也能得到最充分的保证。

不过，这样的安排对"接盘侠"的条件也是有要求的。最大的要求就是这位"接盘侠"的工作量不能太饱满。否则又会造成员工精力不济、工作质量不高以及客户流失的结果。那样的话就等于白折腾了。

换言之，如果充当"接盘侠"的部门也出现了工作强度过高，工作密度过大的情况，唯一的解决办法还是要"加人"。非如此不能从根本上解决问题，甚至还会带来更多、更复杂的问题，可谓得不偿失。

作为企业的管理者、决策者，在这方面一定要做到头脑清醒、出手果断。

说到这里，想起一个真实的案例。

在我踏进汽车销售这个圈子，从事管理工作最初的几年里，也曾碰到过同样的问题。

一次，在无意之中查阅一线业务部门的电脑资料时，赫然发现客户信息存在着巨大的浪费现象。几乎七成以上的留档客户，员工从来没有打过跟进电话（至少在客户"二次来店"之前是这样。有些顾客会"二次来店"，这样的客户有被跟进的可能）；而这部分客户当中，又有七成左右几乎从未有过"二次来店"的情况（这就意味着，这些客户彻底流失了）。不止如此，在剩余的三成客户当中，只有一半客户曾经接到过两通（及以上）来自公司员工的业务电话，剩下的一半，则只接到过一通电话。还没有完。更为离谱的是，即便是那些曾经接到过两通以上业务电话的顾客，基本上在一个月以后就完全接不到电话了。只有极个别的客户，有可能被员工一直跟进两个月以上。问题在于，这部分被员工长期跟进的客户，成为最终成交客户的概率却并不那么大，基本上所占比重不到三分之一。换言之，最终成交的客户，有一大半都是曾经被员工放弃或差点放弃的客户。

显然，这是一种非常典型的"靠天吃饭"的生态情况。它意味着员工的工作效率极低——绝大部分成果都是从天上掉下来的，通过员工自己的主动工作得到的成果实在是凤毛麟角，几乎无异于"撞大运"。

这样的工作方法和工作效率绝对是不可接受的。

于是，我准备出招整治一下这种乱象。经过一番缜密的策划，推出了一系列新制度、新规定。大体的意思是说：员工的业务电话，必须无条件实现"全覆盖"，而且必须保持一定的密度和强度。绝不允许发生"三分钟热度"或"狗熊掰棒子"那样的事情，否则重罚不怠。

"新政"实行一个月之后，情况果然有了变化：员工的业务电话打得更勤了、更密了，基本上实现了我所说的"全覆盖"。

我不免感到几分得意，觉得自己这步棋走对了。可是美了一阵之后，又有一个新问题浮出水面，令我倍感困扰。那就是，我诧异地发现，尽管"新政"看起来收到了效果，可是只治了"标"，没治到"本"——业务部门的成交率并没有得到明显改善，甚至还有下滑的迹象。

这令我十分纳闷，百思不得其解。于是，我决定"微服私访"，深入第一线调查一下，看看到底是什么情况。这一看不打紧，眼前的现实令我不禁倒抽一口凉气。我赫然发现，员工的跟进电话打得极为潦草、极为随意。常常一个电话打过去，不出三十秒便告结束。不但谈不上任何内容，任何质量，甚至连起码的礼节都很难得到保证。

这一发现令我倍感惊心，于是又决定找几个员工谈谈心，倾听一下他们的想法，他们的心声。这次倾谈彻底打开了我的心结，使我终于找到问题的症结所在。原来，员工自有员工的苦衷，而且这些苦衷完全可以理解。

第一，负荷太重，没有精力顾及细节。

前面提到过，客户数量膨胀的速度是极快的，而成交的速度则要缓慢得多。这就意味着员工需要在日常工作中处理的客户信息量是一个天文数字，且这个数字每天都处在高速增长之中。这就令我们的员工焦头烂额，每天为了打业务电话而疲于奔命。在这种情况下，能够把每天的电话打完已经算不错了，哪有精力考虑什么业务电话的质量和细节？！

第二，由于电话数量太多，有些电话的时机选择很成问题。

一天要打几百个电话，打电话的时机便成为一个大问题。尽管每个人都知道要选择在顾客"方便"的时候打电话，但是当任务量过于巨大的时候，这样的选择便显得异常奢侈。无奈之下，大量的业务电话都是在顾客"不方便"的时候打过去的。而这种电话往往会招致顾客的反感，引发顾客本能的拒绝反应。反过来理解，这就意味着大多数业务电话是失败的，员工等于在事实上做了无用功。

第三，员工出现严重的心理健康问题，而这种心理问题又极大地影响了他们的工作方式和工作效率。

高负荷以及高失败率给员工带来巨大的挫折感，而回避心理挫伤的本能又倒逼员工在跟进客户的时候尽量选择敷衍了事的方式——尽量多打短电话、少打长电话；尽量把话往浅里说，不愿把话题往深里引。省得为自己找麻烦，让自己不开心。

看来，过高的要求和过强的负荷已经产生强大的副作用，不彻底改弦更张是不行了。

顺便说一句，在这种节骨眼儿上反其道而行之，采取进一步强化负荷，进一步施压策略的管理者也不少。他们的观点是：人的潜力是"挤"出来的、"挖"出来的。不挤不挖的话，多数人甚至连自己的潜力极限到底在哪里都不知道。所以，越是扛不住的时候，就越要施压。冲破一定的极限，人就会"升华"，就会"凤凰涅槃"，得到真正的成长机会。

坦率地讲，这个观点不能说错。问题在于，将此类观点付诸实施的时候，一定不能过于蛮干，而是要适当地巧干。归根结底，这不是一个原则问题，而是一个节奏问题，或者说是一个技术问题——一定要灵活地把握节奏，及时地调整节奏。绝不能不问青红皂白，一条道走到黑。

常言道"一张一弛是文武之道"。正是因为目标艰难而长远，所以有松有弛才能长久，才能最终到达目的地；而绷得太紧一定会崩断，导致前功尽弃。

这是题外话，再说回前面那个案例。

为了彻底扭转这种被动局面，我想出了一个妙招儿：让一线销售人员采取自主申报的方式，将自己手里顾不过来的客户信息转交给客户服务部（以下简称客服部），让后者的员工负责追踪跟进，销售人员只需将自己有把握的、愿意跟进的客户信息留下来，专心跟进即可。当然，客服部的员工并不会将客户跟进到最终成交的程度，而只是负责将这些客户"激活"，然后再将其交还给一线销售人员，由一线人员负责最后搞定。换言之，客服部需要做的事情是啃硬骨头，将"难搞"的客户变得相对"好搞"，然后再把"好搞"的客户还给他原来的负责人。就是这样一个过程。

由于客服部员工付出了巨大的劳动，帮了一线员工很大的忙，所以如果客户最后能够成交，销售提成将由双方分享。

这样一来，不但许多既有问题可以得到相对圆满的解决，还能创造出一些新的工作负荷，甚至新的工作岗位，可谓一举多得。

当然，旧的问题解决，新的问题也会不断出来。在我们实施"新政"的过程中，最突出的新问题有两个：

其一，"捂盘惜售"。

很奇怪，有些销售人员在新政实施前不断地叫嚷"负担太重"，而在新政实施后却不可思议地干出了"捂盘惜售"的勾当。这些人在向客服部门转交客户信息的过程中磨磨唧唧、不情不愿，刻意做了许多手脚，把不少明明自己无暇顾及的客户信息强行截留。这就再次造成了客户信息的潜在浪费现象，给新政的实施制造了不小的麻烦。

其二，"倾囊而授"。

有趣的是，居然还有另外一拨人，动起了完全相反的心眼儿。这拨人的招儿更绝，干脆把自己的客户信息全部交出去，乐得做个"甩手掌柜"，也不在乎和客服部的员工分成。反正再怎么说也是不劳而获，自己吃不了亏。因此，他们在日常工作中的状态极为放松、异常惬意，基本上新客户进店后，只需做一点点最简单的交流，然后将客户的信息留下即可。剩下的事情，就好办多了——把刚得到的热气腾腾的客户信息立马甩给客服部，自己再去接待下一拨新客户。如此周而复始，日子轻松自在，真是好不逍遥！

上述这两种情况，尽管走的是两个极端，却反映出同样的人性——自私、懒惰。

前者是宁可自己不好，也见不得别人好，宁可自己吃不着，也不愿意别人吃着；后者则是彻头彻尾的寄生虫，依附在他人身上吸血。

显然，这两种人的存在都是不能允许的。

既来之则安之。治他们的招也不难。针对上述情况，我又推出两个新规：

其一，每个一线员工的客户信息资料，必须做一份备案上缴部门经理，由后者负责监督管理。而且信息的更新必须及时、全面，不得有任何拖延和遗漏。

其二，每个一线员工在留下客户信息后，均不得在第一时间将其转交。必须由本人亲自追踪跟进一段时间后，再根据情况定夺。如需转交，信息交接时必须征得部门经理的同意。没有部门经理签字的信息交接表，客服部门的员工可以拒绝执行，并将其退还给一线业务部门。

上述措施由我本人亲自督导执行，不得有任何纰漏。任何人等不得违抗，更不能"阳奉阴违"，说一套做一套。"违令者斩"。

新政实行后，不出半年情况就有了比较明显的改观。

客户信息流失的现象还是会有，但已经得到了有效的控制；由于被移转的客户信息都是一些比较难啃的"硬骨头"，所以这部分顾客的整体成交率不算很高，大概只有五到六个百分点左右。可即便如此，由于信息总量很大，每个月都能达到数百乃至上千，因此最终的成绩还是相当可观的，能够比新政施行前每个月多卖出十几辆乃至几十辆车。

后来，我又再接再厉，做起了客服部跟进电话话术技巧方面的文章，通过经典话术整理、模范案例推广以及失败案例解析等方式大力强化内训工作，又成功地将最终成交率提高了两三个百分点，体现在销售量上就是每月平均近十辆车的销售增量。

这个结果让老板很满意，我本人也享受到极大的成就感。一直到今天，我都将这段经历视为自己职业生涯中的一份宝贵财富，格外地珍惜并经常拿出来与朋友分享。

有些一线销售人员可能还是会不太服气，也许会发出这样的质疑：听了你讲的这些案例，我对于你的"抓沙子"理论有了一定的感性认识。我承认，对于销售行业而言，"客户信息"是一个无比重要的资源，没有信息就等于没有客户。因此，客户信息留档率越高越好，最好做到"一个不漏"。对这一点我毫无异议。可现在的问题是，让顾客留下自己的信息不是那么简单的事情。有些顾客脾气比较温和，愿意配合你；有些顾客则很难搞，无论你怎么软硬兼施，就是不买你的账，死活也不愿意配合你。借用你的"抓沙子"理论来讲，有的时候不是我们不珍惜，不想抓住沙子，而是沙子太滑、太细，你根本就抓不住。这不能全怪我们呀！

必须承认，这样的心态极具代表性。

每次指责一线销售人员"不珍惜客户资源"的时候，他们总会以"客户太难搞，太难缠"为由替自己开脱，总是试图把所有责任都推给客户，从不找自己身上的原因。

这是不行的。诚然，客户"不好搞"。不过也唯其不好搞，才有了"销售人员"这一工作岗位成立的可能。否则，客户都那么"好搞"了，还要销售人员干什么？给业务部门配一个收银员，天天收钱不就完了？

所以，作为一个专业人士，销售人员存在的价值就体现在有本事搞定"难搞"的顾客这件事上。回避这件事情，是不配做一个职业人士的。

那么，在获取顾客信息，提高信息留档率这件事情上，我们的销售人员到底应该怎么做，才能取得较为理想的效果呢？

对于这个问题，业界有两种不同的观点。

一种观点认为，客户信息最好在客户进店时索取，这件事不能拖，越早搞定越主动。否则，当顾客都谈得差不多了，就要拍屁股走人的时候你才张口向顾客要信息，顾客会心生反感，十有八九会拒绝你。

还有一种看法与这个观点完全相反。有些人认为，客户信息不能在人家刚进门的时候便立马索要，这样做一来不礼貌，二来成功率也高不了。理由很简单，客户信息属于顾客的隐私，没有人会将自己的隐私在一个陌生人面前和盘托出，这种事不符合逻辑。所以，如果你想获取客户信息，必须要打破"陌生人"的身份，在和顾客接触一段时间，彼此之间的心理距离大幅度缩小之后再办这件事，成功率就会高得多。显然，在你与顾客之间的业务商谈行将结束，顾客准备离去的时候，你们之间的关系融洽度会达到一个阶段性的峰值，这个时候索要顾客信息就会自然得多，成功的把握也会大得多。

坦白地说，这两种观点尽管截然相反，却都不无道理。因此，最好的办法恐怕是"A 加 B 除以二"，走折中的路线。换言之，索取顾客信息这个动作，最好在业务谈判进行的过程中，在你与顾客之间的氛围渐入佳境的时候做，既不能太早，也不宜过晚。具体时机可以灵活把握。

还有一点很重要。那就是在索要顾客信息的时候，表情、动作、语言一定要自然，要有如行云流水、一气呵成才行，不能太刻意、太生硬，更不能太强势、太咄咄逼人，切忌给顾客造成不适感。

有些销售人员习惯用快刀斩乱麻的方式办这件事，常常会以"这是流程的一部分（意味着顾客没有选择，必须做）"为由，让顾客在还没有搞清楚状况的情况下稀里糊涂地就范。这种"公事公办"的态度确实会带来高效率，可是给顾客带来的感受却不那么理想。还是会在无形中造成顾客的不适感，因此并不值得大力提倡。

最佳的方式，依然是"明取"，而不是"暗夺"。还是要把事儿办在明面儿上，让顾客做好心理准备，心甘情愿地把自己的隐私交给你。这才是上策。

那么，怎么做才能达成这个目的呢？简单。和顾客交朋友，让他们喜欢上你，或至少对你放心。

这就需要你具备一项本事，那就是"尽量多聊八卦，少谈业务"。你要通过察言观色，迅速地判断出顾客的价值和兴趣取向，并以最快的速度锁定这些价值点，聊一些顾客感兴趣的话题。然后在聊天的过程中进一步观察与探索，不断缩小包围圈，让顾客在不知不觉中陷入你的套路里，和你聊得不亦乐乎。走到这一步，剩下的事儿就好办了。至少这个时候向顾客索要私人信息，一般来说没有人会拒绝你。

这样的试探可以有很多方法，有很多切入点，完全可以信手拈来。比如说顾客穿的衣服、戴的手表、玩的手机，都是很好的素材，完全可以让你有不少的发挥余地。甚至顾客的私生活，比如说工作、家庭、个人爱好等等，也是非常好的话题，只要把握好分寸，不让顾客产生不适感，都可以涉猎，且都能取得不错的效果。

当然，如果在顾客身上实在找不到什么合适的切入点，聊一些近期的社会热点新闻或者明星八卦之类的话题也是可以的，即便是这些市井谈资，也比纯聊业务的效果强得多。

总之，"谈业务"这个事儿过于正规、过于严肃，不太适合拉近业务人员与顾客之间的心理距离，不利于创造彼此之间的心理舒适区；只有跳出业务的范畴，多聊聊生活中的八卦，才是打破陌生感最好的方法。

我们这个社会中存在着这样一群人，他们总是能够异常迅速、异常轻松地和所有陌生人瞬间打成一片。明明是刚认识，却能表现得仿佛是相识多年的"故知"一样亲密无间。这种人俗称"见面熟"。职业销售人员就是要具备这种"见面熟"的本事。这已然不是一种天性，而是一种职业技能、职业要求。

具备这种职业技能，没有一定的情商是不行的。说到底，职场中的一切玩的还是情商。而情商的获得，只能通过在日常工作中多观察、多思考、多实践。必须不断地试错、不断地磨炼、不断地积累，除此之外别无他法。

当然，"人上一百，形形色色"，无论你的情商有多高，也不太可能成功地摆平所有顾客。即便你使出吃奶的劲儿，用尽浑身的招儿，还是会有一些顾客不买你的账，不愿意将自己的信息留给你。

正常，没问题，可以理解。毕竟这是人家的私人信息，人家有自行处理的权利和自由。给你，是情分；不给你，是本分。不要埋怨。一定要换位思考，将心比心，对顾客的这种举动表示十二分的理解，而且一定要将这样的理解体现在表情上、行动上。千万不能给顾客冷脸子看，让顾客产生不悦的情绪。

做到这一点不容易。许多销售人员在日常工作中都会有相同的倾向，那就是对于爽快地把个人信息留给自己的客户格外热情，而对那些"交出"信息不爽快或者彻底拒绝"交出"信息的客户则不那么热情，甚至会刻意冷落人家。这可不是什么好习惯。即便我们不考虑礼节，甚至不考虑顾客的满意度，仅从成交的可能性来说，"不留信息"也未必意味着"不会成交"。事实上，从我这么多年的经验来看，在一个销售人员每个月最后成交的客户中，从未留下任何私人信息的客户所占的比重常常高达两成左右，是一个非常可观的数字。可见，通过"是否愿意留下信息"这一点来判断顾客"成色"的做法是一个损招，绝对弊大于利。

因此，即便对于这种"顽固派""死硬派"客户，销售人员也应一视同仁，拿出最大的诚意，使出浑身的解数向他们提供最高质量的服务。或者换个角度来讲，正因为这些客户没有留下信息，从而让销售人员无法进行事后跟进，所以才更加需要销售人员利用有限的时间，在与这些顾客面对面接触的时候尽最大可能给对方留下一个好印象，一个深刻的、不可磨灭的印象，从而让顾客离开之后，还能在心里惦着你，惦着你的店、你的业务，只有做到这一步，你才能在完全没有任何着力点，完全"失重"的情况下紧紧地攥住客户，让他们无法从你的手指缝中溜走。

这才是真正高手的作为。

我就曾经碰到过这样的高手。

有一次为了搞现场调研，我来到一家欧系品牌的汽车销售店。接待我的是一个二十出头的年轻女孩子。这个女孩子的表现堪称完美，无论是态度、技巧还是对流程节奏的把握都十分讲究、十分到位，让人心情愉悦，有一种"如沐春风"般的感觉。

由于我的目的是做调查，并不是诚心看车，所以那天我没有给她留下任何私人信息。她也非常善意地接受了这一点，没有表现出任何不悦。可是回家之后我的心里居然萌生出一些小小的不安，平生第一次有了"欺骗了一个好人"的内疚感。尽管我知道我的行为是工作所需，而且这种工作在业界司空见惯，早已成为某种潜规则甚至是明规则，可内心莫名的内疚感和负罪感却始终挥之不去，持续了相当长一段时间。在那段时间里，一闭眼睛脑海里全是那位女孩子的形象，让我备受折磨也倍感惊奇。

顺便说一句，那个女孩子并不是什么靓女，只是面善一些罢了。让我这个"老炮儿"都能产生如此剧烈的心理反应，只能说明她练就了一身过硬的"真功夫"。

显然，如果那天我不是去做调查，而是真去看车的话，给她留下私人信息固然不在话下，恐怕最后在她手上成交一辆车也未必没有可能。

后来经过一番打听我才知道，那个女孩子确实不简单。别看她貌不出众，在当地的汽车销售业界却是大名鼎鼎。几乎每家店都想挖走她，可她本人却极少跳槽。理由很简单，对她而言，"隶属于某家店"这件事已经不太重要，她的手里掌握了天量的优质客户资源，几乎闭着眼睛都能挣钱。换言之，她自己就是一架赚钱机器，只要机器正常运行就能轻松挣钱。至于说这些钱在哪里赚，则完全无足轻重。

这个女孩子的案例非常典型。雄辩地证明了"销售人员的终极推销品是自己"这一业界铁律。值得同道中人奉为模范，虚心学习。

小结

"谈业务"这个事儿过于正规、过于严肃，不太适合拉近业务人员与顾客之间的心理距离，不利于创造彼此之间的心理舒适区；只有跳出业务的范畴，多聊聊生活中的八卦，才是打破陌生感最好的方法。

03 逆向营销——最好的进攻是防守

良好的售后服务，就是企业最好的营销方式。

最好的进攻是防守——这是一句赛场上常能听到的话。

赛场如此，商场亦如此。

如果把"营销"比喻成商场上的"进攻"；把"售后服务"或"守住老客户"比喻成商场上的"防守"，那么，我们可以得出这样的结论：良好的售后服务，就是企业最好的营销方式。

既然如此，我们又应如何评判售后服务是否"良好"呢？

简单。我们有"客户满意度"这个管理工具。只要客户"满意"，就意味着你的售后服务"良好"；只要售后服务"良好"，你的"营销"便不成问题。

就是这样一个逻辑线。这样的逻辑，在现代商场的生存竞争中，愈发显得重要。之所以这样说，是有原因的。

我们知道，传统的营销方式，主要以"开拓新客户"为主。此种方式在市场发育尚不完全却发展迅速、所有玩家尚显稚嫩却野蛮生长的大环境中颇具优势，但是一旦市场的发展速度慢下来，发育的程度逐渐成熟起来，便会劣势尽显。

说得通俗一点，就是在"猪都能飞上天的风口"上，闭着眼睛都能撞到新客户的时候，传统的营销方式可谓如鱼得水、势不可当；可是，当市场逐渐趋于饱和，家家户户该有的都有了，该买的都买了的时候；或者当客户见多识广，身上的"土豪"气息逐渐褪去，开始挑三拣四、犹豫不决的时候，"新客户的开拓"往往便不再灵光，需要你想点别的招数了。

这个招数，就是上面提到的"以守为攻"的招数。

某个国外的权威管理研究机构，曾经通过大量深入、翔实的调查，得出过这样一些颇接地气的结论。

结论一：对一般的商家而言，每获得一个新客户需要花费的成本（不止广告费，还有其他人、财、物的投入）大概在几百美元，也就是数千元人民币左右。

结论二：购买过商家产品或接受过商家服务的客户当中，对商家的服务感到满意，并自愿成为该商家的"常连客（粉丝级客户，忠诚度极高）"的比例不超过两成。换言之，对商家的服务或多或少感到不满，而且十有八九"下次不会再来"的客户比例高达八成之多。

结论三：从给商家带来的利益或潜在利益的多寡来看，常连客的价值是新客户价值的九倍之多（之所以会这样，有两个原因。第一，常连客的忠诚度极高，其自身的反复消费行为会给商家带来巨大的利益。第二，常连客最大的行为特征之一就是喜欢为商家介绍新客户，并通过这种行为获得某种成就感和满足感。这一点也会为商家带来巨大的利益）。

这三个结论说明了什么问题？

我的理解是这样的：

第一，大多数企业在做着一件得不偿失的事情。一方面，它们花了大把的真金白银把客户招揽进来；另一方面，它们又通过糟糕的服务将客户赶走。这一进一出之下，企业想不赔本都难。

第二，大多数企业的经营和管理陷入了某种恶性循环。越不抓服务质量，顾客便越不满意；顾客越不满意，成为高附加值常连客的概率便越低；高附加值的常连客越少，店家便越要去开拓低附加值的新客户；开拓低附加值的新客户，需要店家付出巨大的成本；附加值越来越低，成本越来越高，店家的经营便会越来越恶化。

考虑到上述三个调查结果均出自西方发达国家的企业，我们国家的企业会是一种什么状态也便可想而知了。

总之，大多数企业搞错了事物的基本逻辑，正在做一件"狗熊掰棒子"或者说"头疼治屁股"的蠢事。

因此，解决问题的办法只有一个，那就是调转枪口，瞄准"售后服务"的靶心。

如果说承担"开拓新客户"任务的是售前的销售人员；那么，掌控"售后服务"质量钥匙的，就是售后的服务人员。

在这一节里，我们就来重点谈谈服务人员应有的作为。

首先，让我们回归原点，探讨一下"售后服务"的本质。

两个问题。

第一个问题：什么是"售后服务"，它的具体内容是什么？

第二个问题：为什么顾客会这么在乎"售后服务"？或者换一种问法，为什么"售后服务"质量的好坏，会对顾客其后的消费行为产生如此巨大的影响？

先来说说第一个问题。

售后服务，具体地说，就是退换、维修、保养和信息咨询这几块内容。换言之，东西买回去，一旦出了问题有人管；一旦有不懂或令人怀疑、令人不安的地方有人可以问。

就这么简单。

再来说说第二个问题。

一个东西买回家去，顾客会有两种感觉：喜悦和不安。喜悦，是源于拥有；不安，是因为不了解、不放心。任凭你广告上吹得天花乱坠，我自己没使过，心里就总会有些不安。

此乃人之常情，无可厚非。

有人说：这种不安可以通过品牌效应来抵消啊！

不错，是这样。人们倾向于买好的品牌，一个很大的原因就是因为好品牌可以在一定程度上减少不安。不过，之所以好品牌能有这个效果，依然与这个品牌一贯的行为与表现有关。具体地说，当顾客看到一个品牌时，如果能够稍感安心，肯定是因为这个品牌一贯的作为和作风起了作用，间接地赋予了顾客安心感。不过，如果顾客把东西买回家去，出了问题之后该品牌的有关部门处理得不够好，品牌效应在顾客心中便会瞬间崩塌，不值一文。

可见，顾客的喜悦和不安是相辅相成的。持续消除不安可以塑造品牌；买到品牌可以带来喜悦；出问题之后品牌提供的服务质量如果名不虚传可以进一步消除不安；不安的消除可以进一步强化品牌；品牌的强化可以进一步带来拥有品牌的喜悦……

这就是一个典型的良性循环。

而这个良性循环的起点，或者说整个品牌的起点，不在于"销售（售前）"而在于"售后"。理由很简单，依然是相同的逻辑：只有确保"售后"才能消除或缓解顾客的不安；只有不安的消除和缓解才能带来喜悦；只有喜悦才能塑造品牌。

顾客之所以如此在乎"售后服务环节"，其根本原因就在这里。

说起来，在这个物质极为丰富的时代，"东西的好坏"本身所受到的关注已经大不如前。大多数人在购物的时候，最为关注的事项已经不是产品质量，而是售后服务。

就拿我本人来说，这些年来无论是买白色家电、手机还是电脑，我第一个要落实的事情，便是"维修是否方便"。具体地说，维修地点有几处，离家远不远；维修价格如何，能不能承担；零件更换是否方便，合算不合算，合理不合理……甚至于维修点到底是一个鸟不拉屎的偏狭小胡同里的破败小门脸儿，还是一个正规商业设施里的气派专修店，这些小细节对我来说也非常重要。

只要这些细节靠谱，十有八九会促使我下定购买的决心；反之亦然。

理由很简单。现如今的各色商品品牌多如牛毛，即便是知名品牌也常常是一种"百家争鸣"的态势，分分钟让你挑花眼；不止如此，由于场内的玩家太多，所有这些产品的同质化趋势也异常严重，在这种情况下，你买哪家的东西其实都差不多，不存在大好大坏的可能。唯一能分出胜负的，似乎也只有"售后服务"这一条了。

遗憾的是，恰恰是在"售后服务"这个关键点上，大多数商家都扑了空，犯了"顾脑袋不顾屁股"的毛病。他们常常倾向于认为：销售才是重中之重，售后服务仅仅停留在口号上就成。只要把产品卖出去，把钱收回来，销售这码事就基本上可以宣告完结。至于售后服务，在很大程度上是一件"麻烦"的事儿，能免则免。

又或者，某些企业意识到售后服务也是一个"来钱"的门路，能够表现出一定的重视，并对其倾注一些精力和资源，只不过，这样的"重视"与我们所提倡的"重视"不可同日而语。后者的标的是"顾客满意度"，是"放长线钓大鱼"的逻辑；而前者的标的仅仅是"钱"，为了钱不惜牺牲客户满意度。是"涸泽而渔"的逻辑。

所以我们可以看到，许多所谓的"名牌"产品，当你买回家出了问题之后，会发现维修与保养是一件相当昂贵的事情，其昂贵程度几乎不亚于重新购买一件新的商品。

只不过，这样的当上一次也便够了。商家的做法看似精明，其实却是绝顶的傻。

可见，"售后服务"不简单，里面蕴藏着不少玄机，需要我们认真面对，绝不可儿戏。

那么，如何确保"售后服务"的质量，以谋取较高水平的客户满意度呢？

有以下两个要点：

其一，不做一锤子买卖。

买前是大爷，买后是孙子——这是让顾客最头痛也最恼火的问题。

这就是典型的"一锤子买卖"现象。

这种现象主要体现在四个方面：

第一，态度。买前的态度和买后的态度判若两人。顾客购买前，店家的态度令人如沐春风，上赶着给你献殷勤；顾客购买后，店家的态度立马变得冷若冰霜，就好像不认识你这个人。

第二，方式。买前的待客方式和买后的待客方式截然不同。顾客购买前，店家恨不得把心窝子掏给你，好话说尽、端茶送水、迎来送往忙个不停；顾客购买后，店家的热情立马直线下降，如果你不开口，连杯热水都不会端给你。

第三，时间。买前的待客时间和买后的待客时间相差万里。顾客购买前，店家恨不得一天二十四小时见到你，一天二十四小时黏着你，就像一块狗皮膏药一般紧紧地贴在你身上，仿佛你就是对方的全世界或至少是对方世界的中心；顾客购买后，店家却神奇地从你身边消失，仿佛和你多说一句话都是浪费时间。

第四，效率。买前的办事效率和买后的办事效率天差地远。顾客购买前，所有的环节一路绿灯，异常顺利；顾客购买后，所有的环节一路红灯，磕磕绊绊。

除了上述表现之外，还会有一些其他的情况，比如说前面提到过的售后环节价格昂贵，唯利是图的问题，也是典型的一锤子买卖的行为，为人诟病已久。

这种"一锤子买卖"大行其道的现象有其结构性的成因，那就是店家以及多数一线员工普遍认为，一旦顾客完结了购买行为，他们的剩余价值也便被压榨殆尽，不再值钱，也不再有任何魅力，因此继续给顾客好脸子看，继续围着顾客转已经没有什么意义，热情自然而然地就会冷却下来。但经过我们前面的分析，已经得出相反的结论，明确了"购买行为完结后的顾客反而具有更高价值"的观点，因此，与其讲大道理，不妨从利害关系的角度切入，去重新考虑、理解这个问题，也许能找到打破僵局的出口也说不定。

我自己的经历就很能说明问题。

在汽车销售行业干了这么多年，我发现一个有趣的现象：越是业绩好的员工，似乎对开拓新客户越不热心；反之，越是热心开拓新客户的员工，往往业绩越不好。

有人可能很好奇：上班时间不接待新客户，那些业绩好的员工每天都干点什么呢？

简单。和老客户"打成一片"。或者煲电话粥，或者上门拜访、聊天，或者老客户成群结队地来串门……总之是有的忙，而且忙得不可开交。

那位说了：既然老客户都是买了车的主儿，那这些员工和人家"打成一片"有什么用？难不成天天聊八卦？

恭喜你，你答对了。还真是这么回事儿，这些业绩好的员工天天和老客户泡在一起，还真不怎么聊业务上的事儿，聊的全都是有一搭没一搭的八卦。有些内容在旁人听来无聊至极，人家却能聊得热火朝天、乐此不疲。

照理说，天天聊八卦，基本上不谈业务，这些人还不得活活饿死？可你猜怎么着？事实恰恰相反，人家几乎从不谈业务，业务却总是自己找上门儿。这些人的生意极为红火，每个月轻轻松松地就能卖十几辆乃至几十辆车，月月奖金工资过万，小日子过得那叫一滋润，活活让人嫉妒死。

这些人的经验，生动地验证了那家外资机构的调研结果，亦即"售后客户的价值与潜在价值是新客户的九倍"。

从这些人身上得到的灵感，曾经促使我在公司销售部推出过这样一项制度：所有一线销售人员，在追踪客户或进行业务谈判的过程中，必须拿出一定的时间份额，聊业务以外的事情（包括八卦），否则将受到处罚。对于那些与顾客接触的时候除了业务上的事儿无话可谈的人，甚至可以考虑直接辞退。

这些做法，有兴趣的朋友不妨尝试一下。

以上，是业绩好的员工每天的工作状态；那么，业绩不好的员工每天都在干什么呢？简单，他们每天都在忙于接待新客户。

表面上看起来，这是一群相当敬业、相当勤快、相当努力的"好"员工，可事实上，恰恰是这些人，不但拖了自己，也拖了公司业绩的后腿，是不折不扣的"坏"员工、"懒"员工。

为什么这么说呢？

是这样一个逻辑：因为守不住（或懒得守）老客户，所以只能开拓新客户；而新客户的成交率很低，导致他们的业绩常常很不理想；业绩不理想，又不愿伺候老客户，便只能一而再再而三地去开拓新客户，周而复始，就成了一个恶性循环。

其实好好想一想，这些人实在是傻得可以。开拓新客户是一件极其费劲，效率又极低的事情。不断地开拓新客户，恰恰是选择了一个最笨的方法，走了一条最艰难的路；与之相反，活用老客户则是一条不折不扣的捷径。刚开始的积累过程可能会有一点点难，积累到一定程度之后也便一马平川了。那个时候，你即便不来上班，天天躺在床上玩手机，也会有客户自己主动找上门来与你成交。

这就是"量变产生质变"的道理。

不过，必须承认，新客户的开拓也是一项很重要的工作，不可能也不应该完全荒废。在这种情况下，售前部门的销售人员确实有可能发生"精力不济"的问题：手头攒的新客户过多，实在忙不过来，因此也便无暇关注那些老客户了。

这个时候应该怎么办？简单，公司一盘棋，售前部门的"漏"，售后部门要及时捡起来。

换言之，如果说"向新客户要效益"在很大程度上是售前部门的职责的话；那么，"向老客户要效益"从一定程度上来说就是售后部门的本职工作。

说来遗憾，在这方面大多数店家都没有做到位，造成了巨大的资源浪费。

汽车销售行业的例子便颇为典型。

这个行业有一个非常著名的现象，亦即"四一零"现象。具体地说，在顾客购车之后，第一个月可以平均每周接到一通店家的电话，一共能接到四通电话；但是第二个月，打电话的次数便急转直下，顾客能接到一通店家的电话就算不错；从第三个月开始，顾客便一通电话也接不到了。而且这往往意味着，顾客一辈子也不可能再接到店家的电话。

那么，这种"四一零"现象为店家带来的潜在损失是什么呢？大量的客户流失。

我们知道，今天的汽车销售行业仅靠售前卖车已经挣不到钱了，甚至还有可能赔钱；汽车销售店的收入，现在更多地来自售后服务，比如说维修、保养以及周边产品的贩卖等业务。

在这种情况下，售后客户的流失往往比售前客户的流失带给企业的潜在损失要大得多。

前些年我在汽车销售行业做管理工作的时候，曾经考察过许多店家，发现这些店家在维持售后客户稳定性方面都存在巨大的管理漏洞，有些店家售后客户的流失情况已经达到令人触目惊心的程度。

随便举个例子。任何一家店，只要经营五年以上，都会攒下数千乃至上万个售后客户的信息；可是，对绝大多数店家而言，真正能够长期来店的常连客（所有的维修和保养事宜，都会锁定一家店做的客户）往往只有一两百个，极端的情况下甚至只有几十个。换言之，其他的售后客户基本上都是散客。

这是一个令人震惊的现实：明明店家的经营应该已经到了"吃老客户都吃不完"的阶段，却依然不得不靠散客为生，维持着"靠天吃饭"的状态，这实在是太不可思议了！

显然，绝大多数老客户都流失掉了，跑到其他店去做保养和维修，抑或购买价格不菲的汽车周边产品——这些利润丰美的果实，本来都应该属于自己，现在却拱手让给了别人。

盛怒之下，我曾经一而再再而三地对集团公司旗下各店的老总强调"维持售后客户信息"的重要性，甚至一度撤换了好几家店的售后经理。最后干脆亲自上阵，跑到下面的店里去做督导，试图重新激活那些躺在各式各样电脑表格里的"僵尸信息"，遗憾的是，我的努力收效甚微。

从消费心理学的角度来讲，顾客一旦受到冷落，尤其是长时间的冷落，再重新"激活"他们是一件比登天还难的事情。而且，由于长时间的疏忽，许多顾客的信息已经发生了更改，让你连人都找不到。这就是所谓的"失联客户"，而这种客户所占的比例高得吓人，常常有六七成之多。这样一来，找得到的客户不搭理你，找不到的客户你没脾气，你就只剩下眼巴巴地看着那长长的客户名单叹气的份儿了。

不过即便如此，经过长时间的努力，每家店还是能够成功激活几十个客户信息，尽管和成千上万"僵尸"以及"准僵尸"客户信息的基数相比，这个结果是一个超低的比例，但对于那些平日里只有一两百个乃至数十个常连客的店而言，这个成绩已然算不错。粗算下来，仅仅是这多出来的几十个客户，每年就能为企业带来近百万的营业额以及十几万的利润。

这可不是一个小数字。正因为数字异常可观，那些被白白浪费掉的客户信息才会尤为令人心痛。

想想看，如果这些信息没有被浪费，或至少有一半没有被浪费，那将是一种什么情况？那将是数千万乃至过亿的营业额，上千万的利润啊！

有人可能会说：你这是扯淡！即便那些信息全都能被激活，成千上万的客户跑到你的店里来做维修和保养，你吃得消吗？有那么大的地方，有那么多的人力、物力、财力来应付吗？

你还真别抬杠，我还真见过这样的案例。

我认识一位前辈，是个台湾人，在汽车销售行业做了近半个世纪，十年前来到内地，在上海一家美系品牌汽车销售店做总经理。

这可是位传奇人物。

他的售后车间没有淡旺季之说，一年三百六十五天工位爆满，要做维修保养都得提前好几个月预约。就这都未必能排得上号。为了不耽误客户的事儿，这家店的员工经常会苦口婆心地劝说客户去别的店维修保养。说得通俗点儿，就是"赶客"。可奇怪的是，客户居然赶都赶不走，死活就要在这家店做，哪儿都不去。

无奈之下，这位台湾老板只好向厂家请示，又在上海郊区租了几块地皮，新建了几个维修点，这才勉强解决了问题。

那位说了：为什么这家店这么牛掰，能把生意做到这个份儿上？

简单。就是因为人家的工作做得细致。从一开始就狠抓细节，而且抓得严丝合缝、绝无遗漏。时间长了，量变产生质变，品牌效应就会出来。在上海那样一座人口众多、竞争激烈的大城市里，一旦某家店在某个方面打出了品牌，口碑传播效应是非常吓人的，这就是经济学中常提到的所谓"乘法效应"。不过，事情发展到这一步还远远不是终点。真正的考验还在后面。常言道"水能载舟也能覆舟"，口碑传播效应的强大本身就是一把双刃剑。你做得好，可以一夜风靡；你做得不好，也会一朝倾覆。那位台湾老总高明就高明在这里。他深得日本"细节管理"的精髓，在细节管控方面始终紧抓不放，力道延绵不绝，让这家店的售后服务部门能够长期维持一种较高的管理水平，因此达到了一种

"招牌越擦越亮，品牌越打越响"的经营境界。

在卖车已经不挣钱的当下，这家店每年的纯利都在千万元上下，营业额更是达到数亿元的水平。这样的经营水准，足以奉为典范，值得太多的职场中人学习。

其二，化"敌"为友，不打不成交。

客户投诉（以下简称"客诉"），是服务行业的宿命，想躲都躲不掉。这一点令许多店家头痛，唯恐避之不及；殊不知，恰恰是客诉的存在，为店家创造了绝佳的提升客户满意度的机会。这就意味着，从某种意义上讲，要想提高顾客满意度，非但不能讨厌客诉，还要欢迎客诉。

别着急，我知道你在想什么。这样说自有我的理由，且听我慢慢道来。

不错，如果有可能、有条件的话，客诉越少越好。对这一点我没有异议。不过，俗话说"勺子难免碰锅沿儿"，管理得再完美的企业，也不可能做到"零客诉"。既然如此，不妨反其道而行之，对客诉采取一种开放、欢迎的态度，巧妙地利用客诉来提升顾客满意度。

因此，这里首先就有一个心态的问题。

你的心里讨厌客诉，当客诉不可避免地发生时，就会产生一种情绪化的反应——真倒霉，怎么又碰到这种事儿了?! 怎么偏偏是我碰到这种事儿?!

越这么想，情绪化就越厉害；越带着情绪处理客诉，客诉就会越多、越严重。这样就会形成一个恶性循环，既严重地伤害了顾客满意度，又极大地挫伤了自己人的士气。

所以我们可以看到，往往越是那种打出"零客诉"目标的企业，客诉的问题便越频发、越严重。这就是典型的"不能与客诉好好相处"惹的祸。

之所以说"客诉问题首先是一个心态问题"，其根本原因就在这里。

俗话说"山不过来，我就过去"，做人没必要那么死心眼儿，既然客诉是一个无法绝对避免的存在，那不妨摆正心态，与它好好相处，在融洽的相处过程中最终将其制服。

那么，到底怎么做，才是正确的"与客诉的相处之道"呢？

有这样几个要领：

要领一：一定要第一时间投入问题的解决，一秒钟都不能拖延。

当客诉发生时，顾客最忌讳的店家反应之一就是拖延。你越早投入，便越容易减轻乃至消除顾客的不满情绪，反之亦然。因此，当客诉发生时，哪怕手边有天大的事情也要暂时放一放，要尽可能地在第一时间投入到客诉处理中去。无论前景如何，无论心里有没有谱，都不重要，先投入进去再说。当然，关键在于这样的姿态一定要在顾客面前做，而且要做足。要让顾客亲眼看见你的一举一动，这样才能领你的情。

要领二：要比顾客表现得还着急，还大惊小怪。

当客诉发生时，顾客最厌恶的另一种店家反应便是"过分沉着"。表面上看，遇到问题时不慌不乱、泰然处之似乎是店家"功底深厚""成竹在胸"的表现，顾客应该欢迎才对；其实不然，当顾客火急火燎、怒火中烧的时候，店家的过分沉着往往会激怒顾客，让顾客产生一种"他对我的事不上心"的错觉。

这就好比医院里的大夫，见过太多疑难杂症和生老病死，往往会在病人家属面前表现出一种异常淡然的感觉，而心急如焚的家属则常常会将大夫这样的状态视作"罔顾病人生死""不负责任"的表现。

关键在于专业和情绪的不对称性：一方专业，一方不专业；一方没情绪，一方有情绪。这种不对称关系是产生包括客诉在内的人际冲突现象最重要的肇因之一。

因此，当客诉发生时，与解决问题相比，更为重要的事情是要抚平客户的情绪。这就需要你的情绪与顾客的情绪同步，顾客急，你也急，甚至比顾客更急；顾客大惊小怪，你也大惊小怪，甚至比顾客更加大惊小怪，这才行。

只有这样做，顾客才会在情绪上找到"知己"，在心理上得到安慰。

当然，你是专家，顾客不是。着急上火的情绪可以尽情表现出来，但是必要的专业素养也不能弃之不顾。"想顾客之所以想，急顾客之所急"一定要与"用专业技能解决问题"联结起来才是有意义的。否则只能适得其反，让你的情绪把顾客带进沟里，最终彻底搞砸客诉。

个中的分寸感和操作技巧，一定要认真体会，好好把握。

要领三：即便不能彻底解决问题，也要摆出一个"尽力解决"的样子。

一般来说，大多数客诉都不太可能有一个终极圆满的解决方式，总会留下这样那样的遗憾。甚至有不少客诉从一开始便几乎没有解决的可能。但这些问题之所以能成为客诉，一个很大的原因是由于顾客的不专业，以及源于这种不专业的情绪化反应：因为不专业，所以误判了事态；因为误判了事态，所以变得情绪化；因为情绪化，所以产生了客诉。

显然，这种时候，"解决问题"本身便不再是重点，做出一个"解决问题"的姿态才是真正紧要的事情。

先做一个姿态，抚平顾客的情绪。当顾客冷静下来之后，再针对顾客的不专业反应做一番耐心的说明，客诉问题也便迎刃而解。

这个顺序千万不能搞反。切忌一上来便试图纠正顾客的不专业反应，然后再去解决问题。这是最笨的方法。当顾客处于一种极端情绪化的状态，有一脑门子的官司要和你清算的时候，你的任何解释说明都是多余的，顾客根本就听不进去。

因此，多说无益，用行动去安抚顾客，才是唯一可行的办法，才能为问题的解决打开一个真正的豁口。这一点务必要牢记。

总之，以上三个要领，只有一个目的，那就是让顾客"息怒"。只要顾客能息怒，放弃情绪化的反应，剩下的事情就好办了。

其实，从我这么多年的职场经验来看，真正棘手的客诉并没有那么多，至少比大多数人的想象要少得多。之所以许多客诉最后都变得非常棘手，非常难以解决，甚至完全变成一个解不开的死结，最关键的原因不在于引发客诉的原始肇因本身，而在于顾客情绪的不断恶化所引发的事态升级。

简而言之，客诉的本质往往与"问题"无关，而与"情绪"有关。

不夸张地说，情绪问题不解决，即便你圆满地解决了顾客的问题（亦即引发客诉的原始肇因），顾客依然不会善罢甘休，他们会不依不饶，与你反复纠缠，甚至势不两立。

因此，只要你把九成的精力倾注到顾客的情绪问题上，剩下的事情不消一成功力便可轻松搞定。这绝对是大概率事件。

不止如此，还有好事等着你。

俗话说"不打不成交"，在你圆满地解决了顾客的问题，成功地抚平了顾客的情绪之后，十有八九你们会成为莫逆之交，彼此的感情反而会愈发接近，更加升华。从这个角度上讲，每解决一个客诉，你便有获得一个粉丝的可能。而且还是那种高质量的"真爱粉"。这样的粉丝积累到一定程度，你便可以躺着挣钱了。

就是这样一个逻辑。

不过，有一点需要引起我们的高度注意，那就是客诉也有"良性"与"恶性"之说，一定要注意区分，区别对待，否则得不偿失。

"良性客诉"的解决会为你带来一个朋友，"恶性客诉"则不然，恶性客诉的解决不会为你带来任何朋友，顶多能替你消灭一个敌人。

这就意味着，我们要在处理客诉的过程中迅速判断哪些是良性的，哪些是恶性的。对于前者，我们要从一开始便将对方视为朋友，以善意解决问题；而对于后者，我们则要从一开始便将对方视为敌人，以其人之道还治其人之身。

判断恶性客诉的方法有很多。比如说，一上来便大喊大叫，开始打砸抢行径的人；对员工，包括女员工污言秽语、行为不端的人；主要精力根本就没有放在"解决问题"上面，甚至主动出手阻挠公司员工为其解决问题的人；一而再再而三纠缠不休的人；一坐下来谈，便狮子大开口，提出某种公司绝无可能承受的条件的人；工于心计、善于表演，常常喜欢伪装现场，煽动群众，栽赃给对方的人……遇到这样的人，你就要小心了，因为这类客诉十有八九是"恶性客诉"。

处理这样的客诉用一般的方法不灵光，必须要将计就计才行。方法也很简单：派几个员工乔装打扮成围观现场的"吃瓜群众"，用手机偷偷地拍下这些人的恶形恶状就行。然后将相关证据交给有关部门，或者发到网上，甚至干脆直接发给闹事者本人，问题十有八九会迎刃而解，至少会大幅度地缓和下来。

只要能缓和，就有办法，就能最终解决。

总之，无论是良性客诉还是恶性客诉，都应该欢迎，至少不必害怕。一来处理客诉可以锻炼队伍；二来解决客诉可以交到朋友；三来研究客诉可以提升管理，这是一件一举多得的好事情。

在这里，特别需要强调一点，那就是在处理客诉的时候，上司不要越俎代庖，要尽可能地把这个机会让给自己的下属。

之所以这样说，是有原因的。

长期以来，在我们的一线现场，存在着一种非常不正常，也非常不健康的现象，亦即处理客诉的排头兵，往往是上司，而不是下属。换言之，闯祸的是下边的人，擦屁股的是上头的人。这样的一种客诉处理结构普遍地存在于职场之中。

这样做的危害是显而易见的：

首先，犯错的人不用负责，便会一错再错。反正到时候把烂摊子甩给上司处理就行，自己乐得清静。这样一来，一方面员工的责任心和综合素质没长进，另一方面客诉发生的根本肇因也得不到有效的控制与解决，这就会让同质化客诉不断发生，低级别失误层出不穷，既严重破坏了企业的声誉，也浪费了海量的企业资源。

其次，犯错的人不用亲自纠错，便永远掌握不了纠错的本领，永远学不会处理客诉的技巧和艺术。这样就会剥夺员工成长的机会，让他们永远做长不大的孩子。

最后，员工越没长进越无能便越会拖累乃至害死上司。不断闯祸的员工会让他们的上司疲于奔命、焦头烂额，成为事实上的"救火队员"；可即便如此，公司内部却依然火情四起，情况不会有丝毫好转。这就会形成一个恶性循环，引发经典的"越忙越乱，越乱越忙"现象。不止如此，上司也是人，毕竟精力有限，过于频繁的火情也会极大地消耗上司的精力和体力，给上司造成巨大的身心负担。这种情况不但会让客诉处理的质量大幅下降，严重影响客户满意度；还会极大地分散上司的精力，让上司无暇顾及其他一些更为重要的管理工作，从而导致漏洞百出、顾此失彼的局面。

在林林总总的"公司病"里，"上司无比敬业，无比繁忙，公司管理却依然一塌糊涂"是相当典型的一个病例。其根本原因往往与上司的过分身先士卒有关。正是因为上司过分敬业，凡事事必躬亲的作风严重剥夺了下属员工的表现机会，严重妨碍了下属员工的成长，所以这种公司病才会如此普遍、如此顽固、如此贻害深远。

另外，从"不打不成交"的角度来说，在处理客诉这件事上上司的越俎代庖也是颇为不智的举动。即便上司圆满解决了客诉，与顾客化敌为友的人也将是上司本人而不会是他的下属。长此以往，公司的粉丝级客户资源会越来越集中于上司手中，而下属依然是两手空空。这是一件极为荒谬的事：一方面，直接与客户打交道，最需要客户资源的一线员工手里没有几个优质客户；另一方面，与客户不产生直接关系，最不需要客户资源的二线管理者手中却握着大把的优质客户。显然，这样极端的资源错配现象对企业效益来说绝不是什么好事情。

其实话说回来，许多上司之所以常常会做"越俎代庖"这样的事情，除了客观原因使然之外，也有不少主观原因作祟。

最大的一个主观因素，就是"炫技"的冲动。

这一点，与许多上司的成长背景有关。在我们这里，绝大多数的管理者常常都没有什么真正的管理素养，几乎完全是因为做员工的时候业绩比较突出被提拔上来的。这样的做法有利有弊。好处是管理者常常具备异常丰富的业务经验，坏处是管理者往往难以抑制炫技的冲动——由于自己也干过现场，知道许多现场的门道和妙处，自认为已经练就了一身好本领，因此总是迫不及待地想将其展示出来，在同事和下属面前好好露露脸，长长威风。

上司这样的心理状态固然可以理解，却不值得鼓励。要知道，只要你做了别人的上司，你的立场和职责就变了，衡量你自身价值的标尺也会变——当你是一个普通员工的时候，自己的技艺和表现是成功的标尺；而当你是一名上司的时候，下属的技艺和表现才是成功的标尺。换句话说，只要你做了上司，自己炫技便失去了意义，让下属炫技才是你的本事。

不明白这一点，就不配做上司，不配做一名管理者。

有些人可能会有不同意见：尽管你说的有些道理，不过我也能理解上司"越俎代庖"的理由。毕竟上司经验丰富，可以将客诉处理得相对圆满一些；你让下属去处理，万一他们搞砸了，岂不对客户满意度更加不利？再者说，上司在客诉处理问题上"越俎代庖"的举动也有"不得已而为之"的一面。现如今的顾客都很彪悍，尤其是自恃有理的时候，顾客的表现往往更加锋芒毕露、咄咄逼人，经常一上来就会大声叫嚷"把你们领导叫出来！"你说，碰到这种场面，上司是出面还是不出面？你不让上司出面，顾客又不愿意搭理下属，那做下属的人到底应该怎么办？这不是摆明了为难人家吗？

必须承认，这些话有些道理。出了事让下属顶雷，上司躲在后面，于情于理似乎都有些说不过去，而且实际操作起来也确实有些难度。不过，也正因如此，办这个事儿需要上司具有足够的胸襟和胆魄，敢于把事情做得决绝一些。

长痛不如短痛，该决绝的时候不决绝，必将后患无穷。换言之，为了锻炼下属独当一面的能力，上司要学会说"NO"，要勇于拒绝下属的恳求和顾客的无理要求。哪怕这样做会最终将客诉搞砸也在所不惜。搞砸几个客诉，得罪几个客户，如果能够换来更老练的下属和更满意的客户，绝对是一笔合算的买卖。

切记，做上司的人在这种时候一定要强行压抑住"炫技"的冲动。或者说，不妨将这种冲动改换一下方向，变"炫能力"为"炫演技"，想方设法劝导客户："如果您想解决问题，最好还是去找我的下属，因为他们才是真正的专家。"这样一来，上司的虚荣心即可得到满足，一场好戏也便可就此上演。

小结

活用老客户是一条不折不扣的营销捷径。刚开始的积累过程可能会有一点点难，积累到一定程度之后也便一马平川了。

04 把顾客当人看！

> 顾客希望与之打交道的，是"人"，活蹦乱跳的大活人，
> 而不是一个简单而冰冷的关于"人"的符号或概念。

特别需要强调的一点是，在售后服务这个环节上，一定要高度重视"人性"的存在，切忌过分物化顾客以及与顾客打交道的人。

说得通俗点儿，顾客希望与之打交道的，是"人"，活蹦乱跳的大活人，而不是一个简单而冰冷的关于"人"的符号或概念。

因此，你必须要把顾客以及与顾客打交道的员工当人看，而不能仅仅将"顾客"视作一个概念，把"员工"当成一种工具。

讲一个真实的小故事。

有一次，我去某家销售店保养汽车，接待我的售后服务人员是一位中年男子。此人态度和蔼，知识渊博，经验丰富，令我非常钦佩。把自己的车交给他做保养，心里特别踏实。由于当时我的车还有一些其他的小毛病，再加上遇见了这样一位经验丰富的老手，机会难得，我便一股脑地将自己心中的疑点全都倒给了他，希望能够得到他的帮助。他耐心地倾听着，当我说完之后给了我一个肯定的答复：放心吧，您说的这些问题我都会好好留意，一定会给您一个满意的答案。但现在还不好说，毕竟还没有看到实物。等我做保养的时候，我会好好观察观察，然后再给您一个准信儿！

由于那天车间里的活儿很多，工位紧张，那位"老手"便和我商量：能不能把车留在店里，隔天下午再来取？

224

我同意了。与他约定第二天傍晚六点半，我准时过来取车。为保险起见，他会在下午五点左右先给我来个电话，汇报一下情况，然后我再动身。

可是，一直到第二天傍晚六点，我也没有等到这个电话。

也许是车还没有弄好？也许是对方正忙于干别的活，抽不开身打电话？

一阵揣测之后，我决定给他去个电话。对方电话关机。没办法，只好给售后前台打电话，电话那头传来另一个人的声音：您要找的人已经下班回家了。我是他的同事某某某，现在是我值班的时间。您的车已经保养完毕，晚上七点之前过来取就行。

我心里一阵发凉，忙问：是这样，昨天你的同事接待我的时候，除了保养方面的事儿，我还向他提了好几个别的问题，他也爽快地答应给我一个答复。这个事儿不知道他是否做了安排，或者给我留下什么话了没有？

对方的回答令我愈发失望：哎呀，您说的情况我还真不了解。也没人跟我说过什么。要不这样，我把那位同事的手机号码告诉您，您自己问问他行吗？

我记下了那位"老手"的电话号码，却不知为什么并不想给他打电话。

那天从店里把车取回来之后，有好几天都感到很不爽，心里仿佛憋着一股无名火，不知道该向哪里发泄。

几天之后，那家店终于给我来了一个电话，接听的时候才明白：这是一个"售后回访"电话。无外乎"您对保养的结果是否满意""您对我们的服务是否满意"之类的形式化的东西。

对方形式化地问，我也便形式化地答。挂断电话之后忽然感到有些后悔，觉得自己方才太过心慈手软，应该狠狠地吐槽一番、发泄一下才对。

这个案例很有代表性。

这是一个典型的"人格"的存在被严重忽略的案例。无论是顾客还是员工，都被严重地物化了，完全没有被当成人看。

从顾客的角度来讲，明明第一个工作人员是与顾客结结实实地打过交道的人，是与顾客之间有了人性交流的人，因此，顾客只对这个人有感觉，希望能够从这个人身上享受一段相对完整的服务过程。此乃人之常情，理应受到尊重和理解。但是，由于员工的冷漠和公司制度的无情，顾客被轻率地"转手"给了另外一个工作人员，重点在于，后者与顾客之间从未有过任何接触，也从未产生任何人性与情感的接点。在这个瞬间，"被转让"的顾客与"接手"的员工被第一次物化了。然后，几天之后，顾客又接到了一个"售后服务回访电话"，电话那头的人依然是与顾客从未产生过任何接点的陌生人，等于顾客再一次被转让、被物化。当然，与此同时，那个同样在给陌生人打电话的回访者本身也被物化了。

在这一系列的环节中，人与人彼此之间的关系就是通过一个个物化了的符号构成的，人性的存在基本是零。

这不是服务业应该有的面貌，也不是顾客内心真正期待的样子。这样的服务，能够得到顾客的真心满足，恐怕难度不小。

从这个意义上讲，那通试图确认顾客满意度的"回访电话"充满了例行公事、自欺欺人的味道，实在是讽刺至极。

当然，必须承认，在生活节奏如此之快的现代社会，完全避免"被物化"现象的发生确实比较困难。不过，也正因如此，商家才获得了进行差异化竞争的宝贵机会。具体地说，谁能在"物化"与"人性（或人格）化"这两个概念之间，尽可能地靠近后者，疏离前者，谁就能获得更高的顾客满意度，赢取更多的竞争优势。反之亦然。

具体的操作方法有很多。比如说，尽量提前预测顾客"被转手"的可能，并将这种可能性如实地告知顾客，以便让顾客做好必要的心理准备。然后，条件允许的话，要尽量提前将所有在未来的日子里有可能与顾客发生接触的员工一次性地、全部地介绍给顾客，人为地创造一些接点，哪怕这些接点稍微粗浅一点也没关系。毕竟好歹打个照面，好歹认识一下，也比完全陌生的状态强。

在汽车销售行业，每当一辆新车售出的时候，总会安排销售人员和顾客与新车拍一张照片，而且拍照现场常常还会请来 CR（客户服务部）以及售后服务部的相关责任人共同入镜，其基本出发点就在这里。

当然，如果可能的话，由售前员工对顾客负责到底是最可取的方式，不过万一售前员工另有安排或精力不济，不得不将顾客"转让"给他人之时，一定要做足铺垫，妥善安排，将顾客心中的不适感与不悦感降到最低。

这才是正确的为商之道。

除了上述这种情况之外，在售后服务这个环节上还存在着一些较为普遍、较为严重的"物化"顾客的隐患，应该引起我们的高度重视。

接下来，让我们通过几个颇为典型的案例，详细地说说这个事儿。

第一，制度是死的，人是活的——患难见真情。

说一个真实的小故事。

某年的一个夏日里的周日，我和一位朋友开车去外地办事。

没承想车子刚上高速没多久就抛了锚，于是马上给4S店（姑且称之为甲店）的售后部门打电话。

接电话的是一位小伙子，是那家店的服务顾问（售后部门专门负责接待顾客的员工）。我和他曾经打过几次交道，对他的印象还不错，因此给他打电话的时候，心里还是比较有谱的，觉得他一定能把这个事儿圆满地摆平，却没想到碰了一个软钉子：不好意思先生，今天是礼拜天，我的同事们都休息了。现在公司就我一个人值班，实在脱不开身。要不您给乙店（位于另一座城市，同品牌的销售店）打电话试试？兴许他们能帮上忙！

我有点不高兴了。以我多年的从业经验来看，这位小伙子在这件事情上的处理方式是有问题的。

一般来说，如果客户的车在路上抛锚，求助于4S店，只要店里有人有车，相关人员必须无条件地满足顾客的需求，立刻放下手头的工作，实施"远程救助"。这是起码的常识，也是4S店的天职。毕竟"救人如救火"，把顾客晾在那里置之不顾显然是说不过去的。至于说"人手少，不够用"之类的借口，理论上是绝对不成立的。只要工作人员略微动动脑筋，想一些办法，这个事情便可轻松解决。比如说给其他同事打电话，让他们临时来公司上班，替自己补一下位；或者干脆把情况报告给经理，让自己的上司相机处置也行。总之，什么都不干，一推二六五，绝对是服务顾问这个岗位的大忌。

显然，这位小伙子在偷懒，不愿意给自己找麻烦，惊动自己的同事和上司，从而打扰自己轻松惬意的周末值班时光。

无奈之下，我只好把这通"SOS"的求助电话打给了异地的乙店，希望事情能够有所转机。没承想照样吃了闭门羹。这一回，倒不是因为乙店人手不够，而是遇到一个更奇葩的理由：乙店的人声称，尽管我们的车子已经开到了高速公路上，可由于还没有开进乙店所在城市的地界，因此这种事儿不归他们管！

换言之，我们的车没有进入人家的势力范围，人家想管也管不了！而事实上，由于两个城市距离如此之近，尽管车子在高速上，但是已然形同开进了市区，至少也是城市远郊，这样的借口实在是荒谬至极！

我愤怒了，在电话里发了脾气。对方却丝毫不退却，颇为硬气地把我顶了回来：不好意思，这是我们公司的制度，我们只是照章办事而已。请您理解并予以配合，谢谢！

说完，对方便挂断了电话。

这样的服务态度，已经形同挑衅，甚至是羞辱。我是绝对不能接受的。

盛怒之下，我给这家店所属品牌公司的北京总部挂了电话，投诉自己的遭遇。这一回，总算得到了妥善的接待，北京总部答应立马着手处理这件事。

挂断电话，我的心里颇为感慨。干过这行的人都知道，顾客把投诉电话"越顶"打到公司总部去，对基层店家而言是一件非常严重的事情。"总部级别"的客诉一旦成立，对店家的处罚手段将会非常严厉。店家有可能被扣除返点份额（上下游企业在利润分成方面的数字比例），那将意味着上百万的纯利啊！

如此重大的事情，店家的一线员工居然处理得如此云淡风轻，看来"不当家不知柴米贵"这句话还真不是说着玩的！

不出十分钟，总部那里又来了电话：乙店将负责处理这件事，维修人员已经在路上。

我们总算稍微松了一口气，剩下的事情唯有等待。不过，等待本身却并不轻松。没有WIFI还是小问题，更大的问题是该死的天气。

我们出门时是早上，抛锚时已经临近中午；为了解决问题一通折腾，又耗费了不少时间，摆平问题的时候，已然是正午时分了。

时值盛夏，炎炎烈日高悬空中，炙烤着一切暴露在外的物体。车子打不着火，开不了空调，也开不了车窗，我们只好大开着车门，窝在车里"纳凉"。说是"纳凉"，其实也没有什么"凉"，即便车门开着，刺眼的阳光，滚烫的座椅依然给了我们严酷的考验，漫长等待的煎熬更是让这种考验的严酷性大幅加码，并逐渐接近一种临界状态。

很快，我们便喝光了车里所有的水（其实也没有多少水，就是两三个矿泉水瓶子里只剩下一多半的残水。真后悔出门时没多备上几瓶），尽管时值正午，肚子已经开始咕咕叫，我们也没敢吃从车里和各自兜里搜刮出来的仅有的零食。

……

时间一分一秒地过去。每一秒钟都是一分煎熬。

刚开始我们还打电话催过几回，几通电话过后，也不再催了。因为知道我们在做无用功——无论我们怎么催，对方总是有各种各样"合情合理"的理由为自己做解释、做开脱。因此多说无益，只有等待。

按照手机地图上的显示，我们估计从乙店赶到出事地点顶多需要一个半小时，可是我们足足苦等了三个多小时，快到下午五点，才总算等到了那辆救命的车。

没有人再愤怒了，甚至连生气的心情也没有了。风尘仆仆的救援人员一个劲儿地向我们道歉，忙不迭地找着各种借口，说着各种好话，我们却一个字儿也听不进去，只是不耐烦地催促他"快点，再快点……"。

这件事在我的脑海里留下了终生难忘的印记。这么多年来，"路上抛锚"这种事儿听说过很多，但那些都是别人的事儿，自己并没有什么切身的感受。这就意味着一旦自己碰到同样的事，那种震撼、那种刻骨铭心是无法用语言形容的。

实话实说，迄今为止，我也就碰到过这么一回。可仅此一回，便足以令我浮想联翩了。

我想起一句中国人常说的话：患难见真情。

不知道服务行业的从业人员对这句话做何感想。

我个人认为，顾客的"患难"，绝对是商家的机会，而不应该成为商家的"麻烦"。

你在顾客最困难的时候伸出援手，比风和日丽、风平浪静的日子里给顾客解决一百个乃至一千个技术性问题，对顾客说一百句乃至一千句肉麻的甜言蜜语都更管用，更能打动顾客，征服顾客，提高顾客的忠诚度，让顾客成为你的铁杆粉丝。

反之，如果在顾客患难的时候不能够与顾客同舟共济，又如何能奢望顾客相信你、信赖你，持续不断地把他所有的生意都交给你呢？

看来，在店家眼里，顾客始终都是被物化的存在，仅仅是一个符号或一个概念而已；换言之，顾客从来没有被店家真正地当人看过。

他们在面对顾客的困境时，满脑袋想的都是"业务"二字：这项业务是否合理、是否合算、是否值得去做，而完全没有考虑"业务"背后的"人"是什么状态、什么心情、什么感受。

当然，在商言商、事在人为。搞业务的人处处从"业务"的角度考虑问题也未尝不可。只是说，"业务"与"人"真的没有必要对立起来。恰恰相反，只有"人"，才是业务真正成立的根基。没有了人的信赖，人的真诚，人的帮助，再"合理"的业务逻辑也是空中楼阁，是无本之木、无水之源，不可持续，没有前途。

就拿"制度"来说，"制度"是为什么而存在的东西？是驾驭人，还是被人驾驭的东西？是服务人，还是被人服务的东西？

答案显而易见。如果说一个制度，不能很好地服务于人，不能很好地受制于人；反而处处制于人、驾驭人、妨碍人，扯人的后腿，让人无比难受，这样的制度，要它有什么用？还是趁早废弃的好。

常言道：活人不能让尿憋死。制度是死的，人是活的。尽管制度的存在不可或缺，但是再出色、再完善的制度也不可能面面俱到，十全十美，因此，制度固然需要被严格执行，但执行制度的时候也必须保留适当的灵活性，必须确保制度的执行能够带来最大化的效率，最完美的结果。非如此，制度将形同虚设。

其实说起来，无论是甲店还是乙店，当初只要有一家店能够妥善处理我的问题，我都会毫不犹豫地做它的终身粉丝，把自己这辆车余下寿命的所有生意交给它。遗憾的是，没有一家店懂得我的心情，响应我的期待；抑或即便他们懂得这个逻辑，也懒得做这件事情。因为他们并不在乎丢掉一两个潜在粉丝，这件事对他们不痛不痒，没有什么杀伤力。可是，俗话说"千里之堤毁于蚁穴"，即便一两个粉丝不重要，这样的潜在流失持续下去，迟早有一天店家要倒大霉，蒙受天文数字的损失。

不过，即便如此，这一天的到来至少在目前来看似乎还遥遥无期。因为天下乌鸦一般黑，无论你走到哪里，也见不到几个像样的店家。就拿我自己来说，无论是甲店还是乙店，现在我依然在与他们打交道。不是我没骨气，而是我没办法，没得选。

不知这是我的悲哀，还是店家的悲哀，抑或是整个行业的悲哀。

第二，与顾客做朋友。

显然，与顾客做朋友，甚至是好哥们儿、好姐们儿、好闺蜜，是化解"物化"顾客难题的终极手段。

不错，你可以把顾客当作移动的"钱袋"，甚至直接视顾客为"钞票"也未尝不可。这没有什么不对，毕竟你是生意人，赚钱是你的本分；可问题在于，顾客这个移动的"钱袋子"并不会天然地属于你，他需要你的关照、你的呵护乃至你的"培养"。

总之，需要你投入情感，付出行动。

这既是情商的表现，也是一个生意人必备的基本功。

那么，在售后服务这个环节，如何才能与顾客做朋友呢？

简单，只要你做到六个字就行：放长线，钓大鱼。

记住以下三个原则：

原则一：不谈业务。

原则二：投其所好。

原则三：以退为进。

先说第一个原则：不谈业务。

售后与售前一样，也是业务部门，也有业绩考核指标，工作人员承受着巨大的来自老板和生活的压力。因此，在日常工作中，"谈业务"似乎是一个无法避免的问题。

所以我们可以看到，售后人员见到顾客的时候就像猫见到了鱼腥，总是一副跃跃欲试、垂涎欲滴的样子。一般来说，顾客对这种情况并不感冒，总有一种本能的警惕心理。这样一来，双方的关系便显得过于敌对了，反而不利于业务的推进。

因此，如果你真想拿下顾客，一定要按捺住谈业务的冲动，要反其道而行之，在顾客做好心理准备或者说心理戒备的时候刻意不谈业务，尽可能地卸掉顾客的盔甲，消除顾客的敌意，为后面的业务谈判打下一个坚实的基础，为自己赢得一个更大的回旋空间。

鉴于此，效仿售前部门的做法，在售后部门也引入"零业务沟通"的考核指标是有必要的。具体地说，就是考核售后部门的员工在与顾客沟通的时候，能够在多大程度上避开业务，谈一些其他顾客感兴趣的话题。

因为这些话题顾客必须要感兴趣，所以对售后人员的情商水平是一个重大的考验。能够经受得起这种考验的员工，他的业绩往往差不了。

这就牵扯到第二个原则：投其所好。

常言道：人上一百，形形色色。一百个顾客，会有一百种性格，一百种偏好。你必须要潜下心来，拿出一番赤诚和顾客做真心朋友，如此才能窥探到顾客的内心世界，准确地察觉和把握住顾客的性格与偏好。只有做到这一步，你才会有投其所好的机会。而为了做到这一点，恰恰需要你不谈业务，多谈点儿别的。因为你与顾客之间的所有话题，唯有"业务"方面的事可能是最不容易与顾客产生交集的领域；换言之，唯有业务方面的话题，是最有可能形成"单向通行"状态的话题：只有你自己滔滔不绝，兴奋得不要不要的，而顾客却完全无感，完全跟不上或不想跟上你的节奏。这就是典型的"鸡同鸭讲"的局面，这样的局面很难给你带来任何实质性的收获。

因此，将"单向通行"变成"双向通行"刻不容缓。只有不谈业务，才会为"双向通行"打开一扇大门。抛开业务，海阔天空地聊，你就很容易找到顾客的兴趣点和痛点，很容易做到"投其所好"了。

这是一个诀窍，有机会的话不妨尝试一下。

最后，再来说说第三个原则：以退为进。

无论不同的顾客之间存在着多么明显的个性化差异，至少有一点是所有顾客绝对的共识，那就是"利害关系"。换言之，每一个顾客都希望少花点钱，多占点便宜，此乃人之常情。

因此，你要学会以退为进的招数，尽可能地想办法为顾客省钱，多给顾客一点实惠，才能达到"放长线钓大鱼"的目的。

那么，现实生活中的售后工作人员都是怎么做的呢？恐怕大家对这样一种场面都不会感到陌生：我们的一线员工在见到顾客之后，总是表现得很亲切，很热情，一口一个"帅哥""美女"，张口闭口"大哥""大姐"地称呼顾客，然后便单刀直入，直接端出业务的话题。仿佛只要嘴甜一点，顾客就会立马买单似的。这样的心态实在是可笑至极：如果顾客这么容易搞定，好歹给两句好听的便能乖乖就范，还要我们的工作人员干什么？养一只嘴甜的八哥不就能摆平一切了吗？

可见，这依然是一种没有把顾客真正当人看的表现。问题还是出在心态上、情商上，归根结底，还是工作人员的职业素养过于低下。

所以说，把顾客当人看，是一切服务行业从业人员的必修课。

那位说了：你说的这招不新鲜！这不就是所谓的"让利"吗？这一招早被商家玩滥了呀！现在哪个商家在谈业务的时候不是分分钟把"让利""实惠""为

顾客谋利益"之类的口号放嘴边？可是又有什么用呢？顾客照样不买账啊！

诚如此言。"让利"的做法在当下的商场中确实已经不新鲜了，甚至于让商家玩滥了，而且确实效果不明显，甚至越来越差，这确实是事实。不过，造成这一事实的根源依然在于我们的商家没有把顾客当人看。

这里面有两种情况。

第一种情况：商家的让利是假让利。名为"让利"，其实是给顾客下了一个套，让顾客掏更多钱，吃更大的亏。

正是因为这种陷阱太多，顾客的教训太过频繁、太过惨痛，才造成了顾客对商家本能的不信任，本能的提防心理。

第二种情况：商家确实"出了血"，让了利，并没有给顾客下套，顾客却依然不买账。

造成这种情况的原因很多，除了我们在前面提到的商家自食其果，以自己一再的不诚信行为挫伤了顾客的信任之外，还有一个原因，就是"方法不当"。

具体地说，"让利"这个东西，不是一锤子买卖，不是某种一次性结果，而是一个不断积累的过程。

换言之，"让利"不是商家用嘴巴说出来的，而是商家用一而再再而三扎实的行为证明出来的。而这种证明的标准，也不是商家能够决定的，必须由顾客自己来定。必须是顾客自己的判断，是顾客自己切实的体验才行。

从这个意义上来讲，也只有真正做到把顾客当人看，切实尊重顾客的人格、感受、情感乃至情绪，才能将"让利"扎扎实实地落到实处，落到顾客的心里。

只要你能做到这一点，让顾客买单也便成了一件水到渠成的事情。

可见，把顾客当人看说来容易做来难。需要你耐心观察、认真思考、切实领悟，反复实践、勇于试错、善于调整。非如此，你永远不会真正开窍。

当然，在这方面表现出色的高手也有不少。

我就曾经见识过个中高手的精湛技艺。

有这样一个服务顾问，是我多年前的一员爱将，也是我本人的一位忘年交朋友。当时，这个小伙子只有二十出头，刚从技校毕业进入公司。由于出身农村，个头矮小且其貌不扬，刚开始我并没有对他产生什么深刻的印象，只是觉得这个人很淳朴、很实在，从外表看似乎有着农村人特有的吃苦耐劳的精神，所以便同意留用他，并给了他三个月的试用期。可是，几个月之后，我却发现这个小伙子不简单。淳朴和吃苦耐劳的第一印象固然没有错，这个小伙子身上却还有着一些其他独特的东西。尽管我不太想用"圆滑"或"世故"这样的形容词，可是作为一个农村小伙子，他在这方面的表现确实比城里人有过之而无不及，令我颇感惊讶。照理说，"淳朴""善良"与"圆滑""世故"似乎是两种完全对立的个性，可是如此格格不入的性格特质，却异常圆满、异常和谐地存在于一个人身上，也可以说是一个小小的奇迹了。

那么，这个小伙子到底是怎么实现这个小小奇迹的呢？

让我们来看一下。

先说结果。

这个小伙子有一项神奇的本事：但凡他接待或接触过的客户，极少有"跳槽"的现象发生，几乎无一例外地成了他的粉丝。以至于只要见不到他本人，来店客户会留在店里死等，且拒绝其他服务顾问为其代办业务；如果实在等不到人回来，顾客会干脆回家，等什么时候能够确认这位小伙子人在店里再过来。

仅仅在三个月的试用期内，他便打败了一众前辈，成为本部门的业绩冠军。其蹿升速度之快，令所有老员工都跌碎了眼镜。

一般情况下，这种进步神速的员工在部门内部往往容易受到同事的排挤，人际关系会出现极大的问题，可奇怪的是，这位小伙子在本部门乃至整个公司都有极好的人缘，可谓人见人爱、花见花开；左右逢源、上下通吃，是那种极为罕见的上司和同事都能高度认可、高度信赖的"人物"。

那么，他又是怎么做到这些的呢？

首先，由于出身农村、身材矮小且其貌不扬，这个小伙子并不会给人留下一种咄咄逼人的感觉，相反，他的真诚、朴实与高情商极易赢得人们的好感，让人们在毫无戒备心的状态下彻底沦陷。这种高情商在部门内部的日常工作中体现得淋漓尽致：所有的脏活、累活，他总是抢着干，从无怨言；每次外出旅游或休假归来，所有同事必然会得到一份礼物。而且重点在于，每一个人收到的礼物从来不会重样，都能准确地戳到各自的痛点，让大家得到意外的惊喜；最关键的是，这位小伙子极其慷慨，总会变着法地将自己的生意机会，特别是那些已然快谈成，就差最后成交的生意机会偷偷地让给其他同事，让他们享受丰厚的提成。这一招堪称撒手锏，几乎不费吹灰之力地替他摆平了所有潜在的人际关系摩擦。

从这些细节中可以看出，这个小伙子平日里对自己的同事观察得有多么细致、多么全面、多么透彻，称得上"心细如发"。

这种情商水平，就算城里人恐怕也少有能与其叫板的主儿。

对同事尚能如此，对顾客就更别提了。

无论遇到什么样性格的客户，无论这个客户是话痨还是不善言谈的"闷葫芦"，他总能迅速地找到话题，与对方聊个热火朝天。而且话题的涵盖面相当广泛，甚至包括顾客的家事、单位里的事，居然也能与顾客聊得不亦乐乎，令人称奇。显然，这些"话佐料"都是顾客主动掏给他的，而顾客之所以能这么做，没有一定的信任是不可能的。

可见这个小伙子的人格魅力有多大。

不止如此，这个貌不惊人的小伙子的记忆力也非同小可，他能清楚地记得数百位顾客的姓名以及这些顾客的车况和其他个人信息。只要顾客来店，他几乎从来不用查电脑，直接就能和顾客进行对话，而且绝对能说到对方的心坎儿里去。

最后，也是最关键的一点，这个小伙子真正做到了在日常工作中"与顾客立场一致"。

千万不要小看这一点，要知道"与顾客统一立场"虽然是服务行业永远的口号，却也是服务行业永远的痛，因为能做到这一点的人连百分之一都不到。

换言之，在商场中，顾客与店家永远是"敌对关系"，无论你怎么宣传"为顾客着想""我们与顾客是一家人""顾客的利益就是我们的利益"，无论你把漂亮话说到多么肉麻的程度，事情的真相到底是什么，相信每一个人的心里都门儿清。

在这件事情上，顾客早已身经百战，练就了一身钢筋铁骨，绝无可能轻易就范。而我说的那位农村小伙子，却轻而易举地做到了这一点。

那么，他到底是怎么做到的呢？说来你可能不信，这个小伙子用的招数非常绝，一般人轻易想不到。简单点说，就是"将计就计"。既然店家和顾客之间不可能存在什么"相同立场"，那么真正取信于顾客只剩下一个办法：和顾客一起，站在公司的对立面上。

他是这样做的：每做一笔业务，他都会预备一个小本子记录许多信息，然后当着顾客的面一一替顾客算账，尽可能帮顾客省事、省钱。他的口头禅是：能便宜则便宜，能用国产绝不用进口，能用旧的绝不换新的。

为了达到这个目的，有的时候他会刻意把一些即将报废的旧零件拿到车间去修，然后免费送给顾客使用。

要知道，这样做是违反公司制度的。一来公司需要缩短顾客车辆的零件报废周期，尽量为顾客更换新零件，从而确保一定的收益水平；二来总公司在零件处理方面也有一定的规定流程，店家的回旋空间并不大；三来车间工人违反公司规定为他做事也要冒一定的风险。可是，即便困难重重、陷阱处处，这位小伙子却奇迹般地摆平了所有障碍，为顾客做到了这一点。既没有得罪同事，也没有惹恼上司，总是能够全身而退。

在我的记忆中，像他这样"处处绿灯"的情况绝无仅有。可见，此君极好的人缘在某种程度上将他自己打造成了一个"例外"的人，使他可以做一些别人绝无可能染指的事。

不止如此，这个小伙子还得寸进尺，做了一些其他"令人发指"的事。比如说，每当顾客被店里的广告所吸引，向他提出要购买某种汽车周边产品时，他的第一反应绝不是喜出望外，而是劝顾客要慎重。当然，他不会说自家产品的坏话，而是主动帮助顾客分析购买这种产品是否真的有必要——如果仅仅因为一时冲动买回去，用了几次便不用了，成了鸡肋，就太可惜了。

一般来说，听了他的话，大多数顾客都能抑制住冲动购物的热情。即便是那些非买不可的东西，他也会主动帮助顾客货比三家，给顾客提供大量的商品信息，告诉顾客去哪里买能比自家店更便宜。

说得极端一点，他的表现已经明显地站在了公司利益的对立面，等于在帮着顾客揩公司的油。换言之，"让利"这种事儿在他这里，已经与公司公开的"优惠政策"没有一毛钱关系，而成了一种彻头彻尾的习惯，不折不扣的日常行为。

当然，由于他的专业，顾客也总是非常信任他。表面上看，他这样做好像令他自己以及公司损失了不少潜在的销售机会，可是最后算算总账，客户在他这里花的钱却一点都不少。

显然，这位小伙子卖的不是商品，甚至不是技术，而是他自己。他把自己包装成了一件绝佳的"商品""销售"给了顾客，并赢得了顾客彻头彻尾的信任和依赖。

这才叫真正的"出神入化"。员工与顾客之间只有做到这一点，才会彼此成为一个真正的"人"，而不再是一个简单的商业符号。他们之间的关系，也才会真正地成为一种"人"与"人"之间的关系，而不再是冷冰冰、假惺惺的"生意"关系。

总之，这个案例相信会给大家带来一些有益的启示。

最起码，我自己就从这个案例中受益匪浅，在后来做管理和商业咨询的时候给许多老板支了不少好招，让他们在短时间内扭转了生意的不利局面。

比如说，我曾经给一位杂货店老板支了一招，让他把自己店里的某些商品刻意定价高一些，超过自己的竞争对手，然后再把其他一些商品定价低一些，至少要低于竞争对手的相同品类商品。

这样一来，老板就为自己赢得了一个宝贵的操作空间：当客人进店后询问那些定价相对较高的商品时，可以让自己的员工主动为客人推荐竞争对手的同类商品，通过这种办法为员工赢得顾客的好感和信任。然后，当这种好感和信任逐渐培养起来之后，再通过另外一些商品，当然，主要是那些定价比竞争对手要低一些的商品来为自己盈利。

顾客不傻，顾客会自己调研，以确认事情的真假。不过，这样的调研行为恰恰是一件好事，可以帮助顾客建立对店家的信心。因为店家对顾客说的都是实话，竞争对手在这些商品的定价上，确实比自家店的高。确认了这一点，顾客对店家的信任度会更高，更稳定。

老板听了我的话，依计行事，果然收到不错的效果。再后来，我干脆趁热打铁，怂恿老板在同一条街上给自己开了一家分店，然后两家店之间彼此采用相同的招数"对付"对方。

这样一来，这两家隶属于同一个老板的店都取得了相当可观的效益，可谓"共赢"。

其实，商品还是那些商品，人还是那几个人，"物质不变"，真正发生变化的环节仅有一个而已，那就是顾客的"信任"。

可见，"信任"这个东西对生意人而言有多么的重要。

小结

　　没有了人的信赖，人的真诚，人的帮助，再"合理"的业务逻辑也是空中楼阁，是无本之木、无水之源，不可持续，没有前途。

05 服务细节里的"人性化"

> 人与人之间的关系，是在一对一的贴身互动、直接交流中逐渐培养、慢慢积累起来的。

接下来，让我们从"人性化"的角度出发，再聊几个与服务有关的细节。

第一，要让顾客"看见"。

让所有的服务过程都尽量实现透明化，都能在顾客眼皮子底下完成，亦即我们常说的"可视化服务"，也是把顾客当人看的一种表现。反之亦然。

举一个例子。

有位顾客每次去 4S 店，总会被店员提醒"该做保养了"，可由于自己的车还没有跑够规定的公里数，这位顾客每次都对店员的要求不置可否。不过，有一次一个店员拿着车里的油规（测油计）对这位顾客说：您看看，油规都脏到什么程度了！

看过之后，这位顾客立马下了保养的决定。

所谓"百闻不如一见"。光靠嘴巴说，顾客是不可能动心的，反之，让他亲眼看见，情况则会大不同。

人的行为毕竟是靠感性驱动的，仅仅试图从理性上说服顾客对激发对方的行为而言效果微乎其微，几乎可以忽略不计。但是，如果能给予顾客一定的视觉冲击，对刺激这种感性冲动，从而带出对方的实际行为来说则极为有效。

换一个角度讲，忽视顾客的人格属性，以为仅靠理性说明就能轻松地摆平一切，依然是一种"物化"顾客的表现，需要引起高度注意。

说到底，人类不是电脑，不是机器，可以用一种纯粹的合理化程序任意驱动。对付有血有肉、纤细敏感、瞬息万变的"大活人"，一定要以其"人"之道还治其"人"之身才行。

这样的例子还有很多。

比如说在顾客保养车辆的时候，我们的服务顾问在大多数情况下都会把顾客安顿在休息区看电视，或喝茶看报，然后再拿着一张表格来到顾客面前，一一宣读车辆需要进行的保养项目，并让顾客对照着这些项目一一打上对钩并签上自己的名字。剩下的事，就基本上与顾客无关了。

诚然，大多数顾客对这种情况未必会表现出任何异议，可这并不意味着顾客的感觉就一定会很好，顾客的心里就一定没有任何疑虑。

毕竟是价格不菲的爱车，毕竟顾客是外行，心里会有所忐忑绝对是正常的。哪怕他们对真正的内行，也就是店里的工作人员抱有最起码的信任，这种忐忑的感觉也常常挥之不去。

这就好有一比。当你把自己重病的亲人托付给医院里的医生时，就算你再信任医院的信誉，再相信医生的医术，那种源于自己是外行，源于将自己的亲人托付于他人之手的忐忑与不安是无论如何也无法彻底消除的。此乃人之常情，无可厚非。

因此，作为店家而言，一定要明白"难者不会，会者不难"的道理，一定要想方设法减少顾客心中的不安，而做到这一点，"可视化服务"依然可以有用武之地。

最近有许多店家都在维修车间与顾客休息区之间安装了玻璃墙，让顾客可以隔着玻璃一窥车间内部的风景，随时看得到自己的爱车在车间里的样子。这当然是一种进步，可还是远远不够。

毕竟顾客能够做到的仅仅是"远观"，而这种远观的效果极为有限。既然已经走到了这一步，不妨再往前迈一步，把顾客请到车间内部，请到自己的爱车面前，当着顾客的面进行实务操作，让顾客把所有的环节都看在眼里。当然，顾客是外行，不可能看得懂，这就需要我们的员工耐心地向顾客一一做解释说明，哪怕是一知半解，亲眼看到的事物还是会给予顾客极大的安全感。如果现场气氛融洽的话，顾客会打开话匣子，将自己内心的疑点全部倾倒给员工，如果这些疑点也能得到良好的解决，顾客对于店家的好感和信任度必然会更上一层楼。这也是一种"双赢"的结果。

人与人之间的关系，就是这样一点一滴地在一对一的贴身互动、直接互动中逐渐培养，慢慢积累起来的。前提是，必须是"人"与"人"之间的关系，而不能仅仅是"顾客"与"店家"之间的关系。一字之差，千里之谬。

当然，这样的做法未必适用于所有的场合。比如说，当车间里车满为患，所有工人忙得不可开交、焦头烂额的时候，恐怕让顾客偏安一隅、静静观望，而不是跑到车间里添乱才是一种更为合理的选择。但是，这种场合毕竟是小概率事件，在大多数情况下，店家还是有充分的时间和空间做一些"贴身服务"的。这样的机会万万不可错过。

归根结底还是那句话：心态与情商比什么都重要。

要把顾客当人看。

除此之外，还有一种方式对店家推行"可视化服务"的努力大有助益。那就是巧用员工的照片。

在日本商界有一种说法，叫作"看得见脸的服务"。意思就是说，顾客只对活生生的人与人之间的关系感兴趣，而对冷冰冰的生意关系不感兴趣。因此，正是为了做"生意"，就必须要重视"人"，让生意重回人性的原点。而做到这一点的有效方式之一，就是让顾客尽可能多地看见公司员工的脸，尽可能地感受到"人"的气息、"人"的活力，尽可能真切地感知到与一个个"大活人"之间的接点。

当然，完全做到这一点在实践中具备一定的操作难度，因此，一个现实的变通方法就是：让顾客随时能够看见员工的照片。

在日本，许多超市收银台旁边的墙壁上，会悬挂店长的照片；汽车销售店维修车间客户休息区的墙壁上，也会悬挂服务顾问、车间主任和工人的照片。

这些照片和我们常见到的那种"先进人物表彰榜"上的照片不同，是巨幅海报型的照片，由专业人员设计、摄制与制作，非常的气派，很有一种明星范儿。

效果也是明显的。"看得见脸的服务"让日本的店家充满了人情味，顾客在店里随时可以真切地体会到什么叫作"宾至如归"，随时能够切身地感受到一种"家"的亲密氛围。当然，日本的服务业水准世界领先、有口皆碑，不可能全部源自"看得见脸的服务"模式，可正是这种细节的持续积累最终构成了日本服务业坚不可摧的基石这一点，恐怕没有人能够否定。

"看得见脸的服务"模式还有一个好处，那就是在激励员工方面具有奇效。想象一下，不仅是优秀员工，就连普通员工的巨幅海报也能出现在店里，出现在所有顾客和所有内部员工的面前，那将是一种何等的荣耀！

哪怕为了这份荣耀，也不能不好好表现，不能不拼命干呀！

对于顾客来讲也是一样。如果走进一家店，满眼都是明星的宣传照，都是一些熟悉到不能再熟悉的脸，做作到不能再做作的表情，顾客会有任何感觉吗？相信除了那些明星的骨灰级粉丝之外，绝大多数人都会完全无感。

再者说，顾客是来店家消费商品或服务的，而那些海报上的明星与这件事有一毛钱关系吗？这样的广告看似"吸睛"，其实却与店家的生意没半点关系，实在是鸡肋般的存在。

因此，哪怕仅仅是从广告的角度讲，用基层员工的形象取代明星的形象，一举拉近顾客与店家的距离，也绝对称得上是一种明智之举。

最起码，顾客对从未谋面，今生今世也不大可能谋面的明星"无感"，而对他们正在面对、即将面对，抑或有可能面对的一线员工"有感"，这一点就足以引起我们的高度重视。

不只是日本，即便是国内，近些年来也有了一些这样的趋势。

说两个真实的小故事。

我有一个在大型购物中心工作的远房外甥女，芳龄二十，容貌俊俏、身姿妖娆，是典型的都市时尚靓女。因为长得漂亮，颇有一些优越感和骄娇二气，她在工作中的表现一直都比较一般。尽管公司管理层都认为这个女孩子还有很大的潜力没有被挖掘，可是对于激励她的干劲却没有什么好方法。

不过，一次偶然的事件，却出人意料地彻底改变了她的人生轨迹。

事情是这样的。某一年的"双十一光棍节"，为了配合店里的促销工作，公司领导层想请一位小有名气的明星做代言，可没承想那位明星狮子大开口，开出了一个令人无法接受的价码。考虑再三，领导们决定放弃这个选项，在公司内部寻找一位形象靓丽的女孩子顶替那位明星。我的外甥女幸运中选。几天之后，她的巨幅海报就挂在了购物中心的外墙上。

我亲眼见过那幅海报，其规模甚为惊人。那是一幅十多米宽，几十米长的海报，从楼顶一直挂到楼下，即便相隔几百米远也能瞬间映入眼帘。这一下，外甥女"一战成名"，成了她们公司乃至那座城市的一位小名人。平时接待客人的时候，总少不了有人找她合影，甚至要她的签名——顾客对如此近距离地接触"名人"感到惊喜，她本人也被这突如其来的荣誉所深深地震撼。尽管刚开始的时候还有些不知所措，慢慢地，这种震撼便化成巨大的动力，极大地改变了她待人接物的方式和对待工作的态度。

这一戏剧性的转变也给领导们带来了惊喜和灵感，或者更准确地说，是给领导们结结实实地洗了回脑，让他们真切地意识到"看得见脸的服务"的魅力和威力。

打那以后，领导们彻底改弦更张，不再迷信什么大小明星，而是一而再再而三地把自己的员工请上前台，让他们的形象布满了公司的每个角落。而且重点在于，不只是漂亮的员工、表现好的员工可以得到这个机会，即便是那些相貌平平、业绩一般的员工也能"雨露均沾"、共享荣耀。

到今天为止，这样的做法已经持续了两三年，领导们也结结实实地尝到了甜头：不但公司的面貌焕然一新，顾客满意度也有了奇迹般的改善，正可谓"良性互动""一举两得"。

另一个故事发生在我的一位女性友人身上。

这位女士三十来岁，是两个孩子的母亲。由于生育之后忽视身材的保养导致体型走样，令她倍感烦恼。于是，她痛下决心，决定在自己身上动刀子，做一个大规模的整形手术。

这个手术听起来挺吓人：要从大腿、臀部和腹部取下多余的肉，填充到胸部。而且据说手术时间至少需要六到八个小时！几乎就是一个完整的工作日的时间！

女人爱美的天性真不是说着玩的。可毕竟是女人，胆小的天性也是一种客观存在。在做手术之前的那段日子里，她心中的恐惧也可想而知。

因为这份恐惧，她前后三次拖延手术时间，甚至干脆更换了一家做手术的医院，并心甘情愿地认缴了不菲的违约金。

经过一番折腾之后，她终于选定了一家令她感到放心的整形医院与一位让她觉得还算靠谱的主刀医生，并最终完成了这个艰难的手术。

事后我问她，到底是什么原因让她觉得靠谱、放心，并促使她下了最后的决心？

她说了一大堆有关知名度、经验、信誉之类的理由，也详细地介绍了一些网上查到的信息和数据，然后，在不经意之间，她透露了这样一个细节：当第一次迈进那家整形医院时，墙壁上真人大小的员工海报深深地吸引了她。照理说，现在的整形医院或美容院都在玩这招，并不会让人有新鲜感。可是这家医院却有些不同寻常——别的医院都只张贴招牌医生或招牌护理人员的照片，而且往往只限一面墙壁；而这家医院则是所有员工全部上墙，全部在巨幅海报上占有一席之地。而且重点是，这样的海报每一层都有，几乎你能看到的所有楼层墙壁上全都是硕大的员工照片，好像这些人就活生生地站在你的面前，用充满善意，亲切热诚的目光注视着你。

我的那位女性友人说，这样的氛围好像具有一种说不出的神奇魔力，一下子将她吸了进去，让她有一种被包围甚至被包裹的感觉，可以让她不由自主地将自己托付给这种氛围，省却了许多决策的烦恼和犹豫的疲劳。

她的表达能力很强，描述起当时的情境来颇为形象、生动，让你不由得想相信她说的话。

退一步讲，即便她的话中有夸大的成分，那家整形医院的做法也有可能在最关键的时刻助推了她的决策过程：毕竟女人心细如发，再加上碰到这种一生中少有的天大的事情，任何一个微小且重要的细节都有可能成为"压死骆驼的最后一根稻草"，在最紧要的环节起到决定性的作用。

显然，这又是一个"看得见脸的服务"模式在影响顾客的心理和行为方面发挥神奇效用的典型案例。个中的逻辑值得同业中人细心品味，认真思考，充分借鉴。

第二，"汇报"是关键。

在售后服务环节，不把顾客当人看还有一个经典的表现，那就是"不汇报"。举几个例子。

当服务顾问把顾客引领到顾客休息区落座之后，忽然之间就不见了。正当顾客纳闷的时候，却见他手里拿着一堆资料、一张表格或一杯咖啡回来，顾客在释然的同时也会心生埋怨：哦，原来是做这个去了。可为什么不打个招呼呢？

这还算好的，还有更离谱的事情在后面。

当服务顾问"伺候"着顾客填完一大堆表格之后，再一次人间蒸发，左等不来，右等也不来。

这段等待时间会非常漫长，顾客的焦虑情绪也会逐渐升级，最后很有可能演化成一场客诉。即便不以客诉收场，顾客的满意度水平也会受到莫大的影响。总之，在这一环节上，店家的表现是绝对的负分。

那么，正确的做法是什么呢？简单，两个字而已：汇报。向顾客汇报你的行踪以及事情的进度。

如果有可能，要做到随时随地汇报；如果条件有限，至少也要做到每隔一个时间段，比如说半个小时，汇报一次。

当然，在汇报之前，要先给顾客一个大体上的交代，让顾客对整件事情的进程有一个大致上的把握。然后，无论事情的进展与事前的交代是否一致，都要保持一定的节奏，定时向顾客汇报。

比如说，你可以这样做：

"您的业务即刻开始执行，整个过程大概需要三十五六分钟。请放心，我们会随时向您汇报业务的进度！"——事前交代。

"还有十到十五分钟左右业务即可完成，请稍微等待片刻！"——事中汇报。

"让您久等了，您的业务已经完成，请您验收一下！"——事后汇报。

怎么样？如果你是顾客，遇到这样的员工，你会做何感想？

如果你会这么想，那么其他的顾客也会这么想。你只需照方抓药就行。

说起来，员工之所以总是有意无意地漏掉向顾客"汇报"这一环节，其心理状态也可以理解：我是专业的，你是不专业的。所以我要干什么，要怎么干，什么时候能干完，这些事情全都是我自己的事，与你无关。因此，你大可不必瞎操心，只需放心地将事情全部托付给我，然后等我将最后的结果拿过来端到你的面前就行。

显然，这样的心理活动依然意味着顾客只是一种被物化的存在，在员工眼里，他们是没有自己的人格属性的，仅仅是一种"业务"的对象。可俗话说"难者不会，会者不难"，正因为顾客的不专业以及他们的"外人"立场，顾客才会有不安，才会有疑惑，而这种不安与疑惑一旦积少成多，会演变成被冒犯的感觉并最终化成愤怒的情绪爆发出来。一旦走到这一步，店家就有的受了。这等于平地起雷、没事找事，平添了许多经营管理的不确定性，实在是得不偿失。

因此，万万不可小看这简简单单的"汇报"动作。只要腿快点儿、嘴勤点儿，时不常地跑回来向顾客汇报一下事情的进度，适时安抚一下顾客焦躁的心情，这种经营风险便可顷刻间消弭于无形。

如果自己被一些琐事拖住手脚，确实抽不出时间来，那么至少可以拜托其他同事替自己做这件事。只要你心里有这根弦，解决问题便不可能是什么难事。

这不是做不到的问题，是想不到的问题。总之，还是情商出了问题。

第三，"越俎代庖"要到位。

在"公司一盘棋"这件事上，也能显示出"物化"顾客的倾向。

比如说，由于种种原因，甲部门的员工接待了乙部门的顾客，或者非业务部门的员工接待了业务部门的顾客，这些与顾客"不期而遇"的员工应该怎么做才合适？是例行公事还是以诚相待？这里面就存在着一个是否把顾客当人看的问题。持不同态度的员工，应对方法也截然不同。

举几个例子。

比如说顾客来到一家汽车销售店，碰巧销售部外出搞活动，店里一个销售顾问都没有，只剩下前台接待人员留守。

以下是他们之间两种不同的对话场景，让我们来感受并比较一下：

场景一：

顾客：你们这儿还有某某车的宣传彩页吗？

前台：有。请稍等……（边说边从抽屉里摸出一本宣传彩页递给顾客）您要的是这个吧？

顾客：（接过彩页，随手翻了翻）对，是这个。谢谢啊！

前台：您客气了，不用谢！

顾客：……那好，这个我就拿走了！

前台：好的。再见！谢谢光临！

场景二：

顾客：你们这儿还有某某车的宣传彩页吗？

前台：有。请稍等。（边从抽屉里拿彩页边和顾客聊天）您说的那种车可是我们这儿最畅销的 SUV 车型，看来您对 SUV 很感兴趣呀！

说话间，已将宣传彩页递给顾客。

顾客：（接过彩页）是啊，毕竟到时候坐在车里的是一大家子人啊！

前台：是吗？那么方便问一下您家里有几口人吗？

顾客：有六口人呢！我们夫妻俩，两个上小学的孩子，还有两位老人。

前台：这样啊！那人口可真是不少，是个其乐融融的大家庭呢……您看这样行吗？今天不巧销售部的人都出去搞活动了，展厅里只有我一个人值班。我来给您介绍一下展车怎么样？我的汽车知识尽管和销售部的同事相比还有些差距，但对汽车的事儿也略知一二，而且也受过正规培训。所以如果您信得过我，我愿意给您提供服务！

顾客：当然当然，绝对没问题！再怎么说你们也是专家，我是纯外行。至少给我这样的外行讲解，你是绰绰有余啊！

前台：您真是太谦虚了。那我就不客气了，在您面前班门弄斧啦！不过，在给您介绍展车之前，麻烦您把这张表填一下行吗？

说罢，前台又从抽屉里掏出一张顾客信息调查表来，推到顾客面前：是这样的，我今天接待您，是临时的。等我们的销售人员回来之后，我会将您的情况跟他们说一下，让他们接手和您有关的业务。毕竟他们才是真正的专家，应该能给您提供更为优质的服务。您看这样处理行吗？

顾客爽快地应承下来，填好表格递还给前台。

前台：感谢您的配合，您真是一个痛快人！请跟我到这边来……

前台将顾客领到展车前，拿出一张名片递给顾客：我叫某某某，是这家公司的前台接待员，请多多关照！

说完，前台便在展车前开始了热情、细致的讲解，其间顾客时不常地插几句话，两个人之间的氛围格外融洽……

怎么样？看完这两个对话场景，你有什么感觉？恐怕只能用一句话来形容：酒逢知己千杯少，话不投机半句多。

显然，两个场景中的对话氛围是截然不同的。一个热络，一个冷淡；一个水乳交融，一个略显尴尬。

其实说起来，无论是场景一还是场景二，那位前台的实务操作都没有什么问题，都称得上"恪尽职守"。可是问题在于，场景一中的前台仅仅做到了"恪尽职守"，没有往前多走一步；而场景二中的前台则不同，他不仅做到了"恪尽职守"，而且还往前迈进了不止一步。

这就是区别。而造成这一区别最根本的原因，就在于那位前台是否真正把顾客当人看了：对场景一中的前台而言，顾客是没有人格属性的，他们是自己的同事，亦即销售部员工的"私有物"。因此，自己作为一个前台，只要尽到应尽的职责就好，不应该把手伸得太长，做多余的事情。这是"本分"；而对场景二中的前台而言，顾客显然是有其人格属性的，是一个活生生的人，而不是谁的"私有财产"。因此，即便由于分工不同，这些顾客最后还是要"转交"给自己的销售部同事，但至少在自己接待顾客的时候，这位顾客就是自己的顾客，必须全力以赴、以诚相待，不能有任何犹豫、任何保留。这才是一种专业的表现，是"公司一盘棋"精神的生动体现。

更何况，这样的做法还有利于接下来的商务谈判进程，有利于促进顾客最后的成交。至少，要比从一开始便将顾客匆匆"打发"走强得多。就像场景一中的那位前台做的那样。照那样的做法，估计顾客走了之后便不大可能再回来了。其性质无异于"赶客"。

与此相似的案例，在售后服务环节也不少见。

还是以汽车销售行业为例。一般情况下，客户去店里做保养或维修时，总会面对一段较长的等待时间。这个时候，百无聊赖的顾客也总会在店里到处走走，东看看、西摸摸，特别是喜欢跑到展厅里长时间地摆弄各种展车。

千万不要小看顾客的这些举动，这可都是货真价实的商机。

可问题在于，由于顾客是已购车的售后顾客，店里的员工在面对这样的顾客举动时，常常会有不知所措甚至角色错乱的感觉，不知道什么样的应对方式才是最佳方式。

这就造成了如下几种局面：

即便看到顾客在展厅里摆弄展车，无论是售后还是售前的员工，都不太愿意搭理这种顾客，即便勉强上前接待一下，态度也显得异常随意，异常怠惰。

理由很简单：销售部的人不太待见这些顾客，认为这些顾客"戏不大"，反正也没有什么买车的心思，随便敷衍一下就行；售后服务部门的人也不太重视这些顾客举动，认为他们看的是展车，又不是自己负责销售的周边产品，因此很难激发出"上前接待一下"的热情。

同理，如果这些顾客转悠到售后部门负责销售的周边产品柜台，而四周却恰巧没有售后员工在场的话，售前部门的员工即便看到了这样的场面，也懒得上前与顾客搭腔，宁可坐视商机从眼前消失。

所有这些现象，还是对顾客的"物化"本能使然：有戏，就接待；没戏，就不接待；抑或即便勉强接待，也表现得冷淡敷衍。同理，是我的，就接待；不是我的，就不接待；抑或即便勉强接待，也表现得随意怠惰。

总之，顾客依然是没有人格属性的存在，没有真正被当作人看。这种情况，恐怕与店家天天高喊的"顾客是上帝"的口号相去甚远，也与店家反复强调的"公司一盘棋"的局面完全不沾边。

代价，当然也是显而易见的。这种无形当中的商机流逝，不知是多少老板心中永远的痛。

教训已经够多了，是到了该深刻反省、切实改变的时候了。

小结

人的行为大多是靠感性驱动的，仅仅试图从理性上说服顾客对激发对方的行为而言效果微乎其微，几乎可以忽略不计。